中華文化促進會主持編纂

國家“十一五”~“十四五”重點圖書出版規劃項目

中國社會科學院哲學社會科學創新工程學術出版資助項目

出品人　王石　段先念

今注本二十四史

後漢書

一二

傳〔八〕

南朝宋 范曄 撰

唐 李賢等 注

卜憲群 周天游 主持校注

中國社会科学出版社

後漢書　卷四四

列傳第三十四

鄧彪　張禹　徐防　張敏　胡廣

鄧彪字智伯，南陽新野人，[1]太傅禹之宗也。[2]父邯，中興初以功封鄳侯，[3]仕至勃海太守。[4]彪少勵志，修孝行。父卒，讓國於異母弟荆鳳，[5]顯宗高其節，[6]下詔許焉。

［1］【李賢注】《續漢書》曰："其先楚人，鄧況始居新野，子孫以農桑爲業。"【今注】南陽：郡名。治宛縣（今河南南陽市卧龍區）。　新野：縣名。治所在今河南新野縣南。

［2］【今注】太傅：官名。西漢高后元年（前187）初置，金印紫綬，後省。八年復置，後省。哀帝元壽二年（前1）復置。東漢位居上公。掌以善導，無常職。東漢光武帝以卓茂爲太傅，薨後，因省。此後每帝初即位，置太傅録尚書事，薨後輒省。　禹：鄧禹，字仲華，南陽新野（今河南新野縣）人。明帝時爲太傅。傳見本書卷一六。

［3］【李賢注】鄳音莫庚反。【今注】鄳：縣名。治所在今河

南羅山縣西。

［4］【今注】勃海：郡名。治浮陽縣（今河北滄州市東南）。大德本、殿本作“渤海”。 太守：官名。秦漢郡的最高行政長官，掌一郡政務。秩二千石。原作郡守，西漢景帝時改稱太守。

［5］【李賢注】本或無“荆”。

［6］【今注】顯宗：東漢明帝劉莊，公元57年至75年在位。紀見本書卷二。

後仕州郡，[1]辟公府，[2]五遷桂陽太守。[3]永平十七年，[4]徵入爲太僕。[5]數年，喪後母，辭疾乞身，詔以光禄大夫行服。[6]服竟，拜奉車都尉，[7]遷大司農。[8]數月，代鮑昱爲太尉。[9]彪在位清白，爲百僚式。[10]視事四年，以疾乞骸骨。[11]元和元年，[12]賜策罷，贈錢三十萬，在所以二千石奉終其身。[13]又詔太常四時致宗廟之胙，[14]河南尹遣丞存問，[15]常以八月旦奉羊、酒。[16]

［1］【今注】州郡：州和郡的合稱。指州郡一級的行政單位。

［2］【李賢注】《東觀記》曰：“彪與同郡宗武伯、翟敬伯、陳綏伯、張弟伯同志好，齊名，南陽號曰‘五伯’。”【今注】公府：東漢指太傅、太尉、司徒、司空和大將軍等的官署。

［3］【今注】桂陽：郡名。治郴縣（今湖南郴州市北湖區）。

［4］【今注】永平：東漢明帝劉莊年號（58—75）。

［5］【今注】太僕：官名。掌天子輿馬。王莽時改稱太御。東漢復稱太僕，掌天子車馬。天子出，掌鹵簿並駕車輿。秩中二千石。

［6］【今注】光禄大夫：官名。西漢武帝太初元年（前104），

更名中大夫爲光禄大夫，秩比二千石。屬光禄勳。東漢掌顧問應對，無常事，依詔令行事。監護諸國嗣喪事。　行服：穿孝服居喪。

［7］【今注】奉車都尉：官名。西漢武帝元鼎二年（前 115）置，掌御乘輿車。東漢屬光禄勳。秩比二千石。

［8］【今注】大司農：官名。秦置治粟内史，掌穀貨。西漢景帝後元元年（前 143）更名大農令，武帝太初元年更名大司農。秩中二千石。王莽改曰羲和，後更爲納言。東漢掌錢穀金帛貨幣、郡國錢穀簿、邊郡諸官錢糧調度等。秩中二千石。

［9］【今注】鮑昱：字文泉，上黨屯留（今山西長治市屯留區）人。傳見本書卷二九。　太尉：官名。秦置。漢初，金印紫綬，掌武事。西漢文帝三年（前 177）罷，屬丞相。景帝三年（前 154）復置，七年又罷。武帝建元二年（前 139）省。武帝元狩四年（前 119）更名大司馬。東漢光武帝建武二十七年（51）改大司馬爲太尉，掌全國軍政事務，考核地方長官，參議郊祀大喪。秩萬石。與司徒、司空共同行使宰相職能，或與太傅並録尚書事。

［10］【今注】式：榜樣，楷模。

［11］【今注】乞骸骨：向皇帝乞求骸骨歸葬故鄉，是古代官員申請退休或引咎辭職的習慣用語。

［12］【今注】元和：東漢章帝劉炟年號（84—87）。

［13］【今注】二千石：因漢代所得俸禄以米穀爲準，故官秩等級以“石”名。漢朝二千石爲中央政府機構的九卿等列卿，及地方州牧郡守、諸侯王國相等。又可細分爲中二千石、二千石、比二千石三等。此處泛指漢朝廷的高級官員。案，王先謙《後漢書集解》據《東觀記》云“在所”作“所在”。吴樹平《東觀漢記校注》卷一六《鄧彪》注云姚本、聚珍本《東觀漢記》有此句，不知輯自何書（中華書局 2008 年版，第 703 頁）。

［14］【李賢注】胙，祭廟肉也。禮，凡預祭，異姓則歸之胙，同姓則留之宴。彪不預祭而賜胙，重之。【今注】太常：官

名。西漢景帝中元六年（前144）名奉常。掌祭祀社稷、宗廟和朝會、喪葬禮儀，管理、巡視陵廟所在縣邑，兼管博士和博士弟子的考核、薦舉。王莽時改名秩宗。東漢時掌禮儀祭祀及博士選拔考核。秩中二千石。

［15］【今注】河南尹：官名。東漢光武帝建武十五年置，爲京都雒陽所在河南郡長官。掌京都諸事務，勸課農桑，審理刑獄，舉孝廉，典禁兵。秩二千石。

［16］【李賢注】《東觀記》曰“賜羊一頭，酒二石”也。

和帝即位，[1]以彪爲太傅，録尚書事，[2]賜爵關中侯。[3]永元初，[4]竇氏專權驕縱，[5]朝廷多有諫争，而彪在位修身而已，不能有所匡正。又嘗奏免御史中丞周紆，[6]紆前失竇氏旨，故頗以此致譏，然當時宗其禮讓。及竇氏誅，以老病上還樞機職，[7]詔賜養牛酒而許焉。[8]五年春，薨于位，天子親臨弔臨。[9]

［1］【今注】和帝：東漢和帝劉肇，公元88年至105年在位。紀見本書卷四。

［2］【今注】録尚書事：官名。總領尚書事。西漢中後期，以尚書掌天下章奏，置左右曹諸吏分平尚書奏事，以位高權重者始領尚書事。初稱領尚書事。東漢章帝時，以太傅趙憙、太尉牟融録尚書事。和帝之後，置太傅録尚書事，位在三公之上。

［3］【今注】關中侯：佚名《後漢書考正》引劉攽説，漢無關中侯，“中”當作“内”。關内侯，爵名。秦漢二十等爵制的第十九級，次於列侯。有侯號、封户而無封土，居京畿，有徵收租税之權。也有在關内有封土的，食其租税。

［4］【今注】永元：東漢和帝劉肇年號（89—105）。

［5］【今注】竇氏：竇太后家族。本書卷二三《竇融傳》載，

章帝建初二年（77），女弟立爲皇后，拜竇憲爲郎，稍遷侍中、虎賁中郎將；弟篤，爲黄門侍郎。兄弟親幸，並侍宮省，賞賜累積，寵貴日盛。

［6］【今注】御史中丞：官名。御史大夫屬官。西漢時監御史在殿中，掌密舉非法，受公卿章奏，糾察百僚。成帝綏和元年（前8）轉爲司空，因别留中，爲御史臺長官，後又屬少府。掌受公卿官吏奏事，舉劾違法，監察威儀。秩千石。領治書侍御史、侍御史。與司隸校尉、尚書令並稱"三獨坐"。　周紆：字文通，下邳徐（今江蘇泗洪縣南）人。傳見本書卷七七。

［7］【今注】樞機：指朝廷的重要職位或機構。

［8］【今注】牛酒：牛和酒。古代用作饋贈、宴請、祭祀的物品。

［9］【今注】弔臨：吊唁。

張禹字伯達，趙國襄國人也。[1]

［1］【今注】趙國：諸侯王國名。治邯鄲縣（今河北邯鄲市）。東漢光武帝建武五年（29），徙叔父廣陽王劉良爲趙王。十三年，趙王國降爲趙公國。十九年，趙公劉良復進爵爲趙王，趙公國恢復爲諸侯王國。獻帝建安十七年（212），趙王劉珪徙爲博陵王，趙國除爲漢郡。　襄國：縣名。治所在今河北邢臺市。

祖父況族姊爲皇祖考夫人，[1]數往來南頓，[2]見光武。[3]光武爲大司馬，[4]過邯鄲，[5]況爲郡吏，謁見光武。光武大喜，曰："乃今得我大舅乎！"因與俱北，到高邑，[6]以爲元氏令。[7]遷涿郡太守。[8]後爲常山關長。[9]會赤眉攻關城，[10]況戰歿。[11]父歆，初以報仇逃亡，[12]後仕爲淮陽相，[13]終於汲令。[14]

［1］【李賢注】皇祖考，鉅鹿都尉回。

［2］【今注】南頓：縣名。治所在今河南項城市南頓鎮。

［3］【今注】光武：東漢光武帝劉秀，公元25年至57年在位。紀見本書卷一。

［4］【今注】大司馬：官名。掌武事。西漢武帝元狩四年（前119）爲加官號，以冠大將軍、驃騎將軍、車騎將軍等。宣帝地節三年（前67）置大司馬，不冠將軍，無印綬官屬。成帝綏和元年（前8）賜印綬，置官屬，罷將軍官。哀帝建平二年（前5）復去大司馬印綬、官屬，冠將軍如故。元壽二年（前1）復賜大司馬印綬，置官屬，去將軍，位在司徒上。王莽時置前後左右中大司馬，掌征戰。東漢初改太尉爲大司馬，光武帝建武二十七年（51）又改稱太尉。掌考察四方軍事考課，郊祭掌亞獻。大喪則告謚南郊。秩萬石。

［5］【今注】邯鄲：縣名。治所在今河北邯鄲市。

［6］【今注】高邑：縣名。治所在今河北柏鄉縣固城店。

［7］【今注】元氏：縣名。治所在今河北元氏縣因村鎮故城村。

［8］【今注】涿郡：郡名。治涿縣（今河北涿州市）。

［9］【今注】常山關：關隘名。今河北唐縣西北、太行山東麓的倒馬關。又稱鴻上關。

［10］【今注】赤眉：新莽天鳳五年（18），琅邪（今山東諸城市）人樊崇在莒（今山東莒縣）起兵，因以赤色塗眉爲標誌，號稱“赤眉”。又作“赤麋”。

［11］【李賢注】關，縣，屬常山郡，今定州行唐縣西北有故關邑城。《東觀記》曰：“況遷涿郡太守，時年八十，不任兵馬，上疏乞身，詔許之。後詔問起居何如，子歆對曰‘如故’。詔曰：

‘家人居不足贍，且以一縣自養。’復以況爲常山關長。會赤眉攻關城，況出戰死。上甚哀之。”

[12]【李賢注】《東觀記》曰：“歆守皋長，有報父仇賊自出，歆召囚詣閤（閤，殿本作‘閣’，二字可通），曰：‘欲自受其辭。’既入，解械飲食，便發遣，遂棄官亡命，逢赦出，由是鄉里服其高義。”與此不同。

[13]【今注】淮陽：郡國名。治陳縣（今河南淮陽縣）。東漢初爲淮陽郡。光武帝建武元年九月，遥封更始帝劉玄爲淮陽王。建武十五年，封皇子劉延爲淮陽公，建武十七年進爵爲淮陽王。明帝永平十六年（73）因過徙爲阜陵王，淮陽復爲郡。章帝建初四年（79）徙常山王劉昞爲淮陽王。至章和元年（87），劉昞卒，淮陽國除爲郡。章和二年，章帝崩，遺詔徙封西平王劉羡爲陳王，食淮陽郡。淮陽自此改稱陳。　相：官名。王國内最高行政長官。掌統率百官。初名相國，西漢惠帝元年（前 194），更名爲丞相。景帝中元五年（前 145）更名爲相。

[14]【李賢注】《東觀記》曰：“歆爲相時，王新歸國，賓客放縱，干亂法禁，歆將令尉入宫搜捕，王自（自，殿本作‘白’，是）上，歆坐左遷爲汲令，卒官。”【今注】汲：縣名。治所在今河南汲縣西南。

禹性篤厚節儉。[1]父卒，汲吏人賻送前後數百萬，[2]悉無所受。又以田宅推與伯父，身自寄止。

[1]【李賢注】《東觀記》曰：“禹好學，習歐陽《尚書》，事太常桓榮，惡衣食。”

[2]【今注】賻送：拿錢財幫助别人辦理喪事。

永平八年，舉孝廉，[1]稍遷；建初中，[2]拜楊州刺史。[3]當過江行部，[4]中土民皆以江有子胥之神，[5]難於濟涉。[6]禹將度，吏固請不聽。禹厲言曰："子胥如有靈，知吾志在理察枉訟，豈危我哉？"遂鼓楫而過。[7]歷行郡邑，深幽之處莫不畢到，親録囚徒，[8]多所明舉。吏民希見使者，民懷喜悦，[9]怨德美惡，莫不自歸焉。

［1］【今注】孝廉：漢朝選拔舉薦人才的方式之一。孝指孝悌，廉指廉潔。漢制規定，每年郡國從所屬吏民中推舉孝、廉各一人。東漢和帝時始以人口爲標準，每二十萬人歲舉孝廉一人。

［2］【今注】建初：東漢章帝劉炟年號（76—84）。

［3］【今注】楊州：西漢武帝時所置十三刺史部之一。東漢治壽春縣（今安徽壽縣），順帝永和年間移治歷陽縣（今安徽和縣）。殿本作"揚州"。　刺史：官名。西漢武帝元封五年（前106）置，共十三部（州）。每部置刺史一人，秩六百石。無治所，於每年八月奉詔以六條問事，省察郡國二千石長吏、强宗豪右、諸侯王等，並審理冤獄，每年歲末入奏。西漢成帝綏和元年（前8），更名州牧，秩二千石。哀帝建平二年（前5）復爲刺史，元壽二年（前1）又稱州牧。東漢光武帝建武元年（25）復置牧。建武十一年省。十八年，罷州牧，置刺史。有固定治所，秩六百石。高於郡級地方行政長官。掌監察、選舉、劾奏、領兵等。靈帝中平五年（188），改置州牧。

［4］【今注】行部：漢制刺史、太守於八月巡視所屬郡縣，考察行政刑獄。

［5］【今注】子胥：伍子胥，名員，春秋時楚國人。楚國大夫伍奢次子。公元前522年，因父伍奢及兄爲楚平王所殺，奔吴。助闔閭奪王位，國力增强。與孫武伐楚，攻入郢都，掘楚平王墓，並鞭尸三百。封於申，又稱申胥。後因諫吴王夫差拒越請和與出兵伐

齊，遭讒自殺。傳見《史記》卷六六。案，李慈銘《後漢書札記》謂“中土民”及下文“民懷喜悦”兩“民”字皆當作“人”，此類皆宋以後校者妄以爲李賢注避諱而誤改，當據改。

[6]【李賢注】酈元《水經注》曰，吴王賜子胥死，浮尸於江。夫差悔，與群臣臨江設祭，修塘道及壇，吴人因爲立廟而祭焉。

[7]【今注】鼓楫：划槳，划船。

[8]【今注】録囚徒：巡視記録郡縣囚徒情況，察看是否有冤獄。

[9]【今注】案，民，殿本作“人”。

元和二年，轉兖州刺史，[1]亦有清平稱。[2]三年，遷下邳相。[3]徐縣北界有蒲陽坡，[4]傍多良田，而堙廢莫修。禹爲開水門，[5]通引灌溉，遂成孰田數百頃。勸率吏民，假與種糧，親自勉勞，遂大收穀實。鄰郡貧者歸之千餘户，室廬相屬，[6]其下成市。[7]後歲至墾千餘頃，民用温給。[8]功曹史戴閏，[9]故太尉掾也，[10]權動郡内。有小譴，[11]禹令自致徐獄，然後正其法。[12]自長史以下，[13]莫不震肅。

[1]【今注】兖州：西漢武帝元封五年（前106）置十三刺史部之一。東漢時治昌邑縣（今山東巨野縣東南昌邑故城）。

[2]【今注】清平：廉潔公正。

[3]【今注】下邳：縣名。治所在今江蘇邳州市南。

[4]【李賢注】《東觀記》曰：“坡水廣二十里，徑且百里，在道西，其東有田可萬頃。”“坡”與“陂”同。【今注】徐縣：治所在今江蘇泗洪縣南。　蒲陽坡：地名。在今江蘇睢寧縣西南。

一名“蒲姑陂”。

［5］【今注】水門：水閘。

［6］【今注】室廬：屋舍、住宅。

［7］【今注】案，下，大德本誤作“居”。

［8］【李賢注】《東觀記》曰：“禹巡行守舍，止大樹下，食糒飲水而已（大德本、殿本‘糒’後有‘音憊糗也乾飯屑’七字，誤）。後年，鄰國貧人來歸之者，茅屋草廬千户（户，紹興本作‘尸’，大德本作‘餘户’，誤），屠酤成市。墾田千餘頃，得穀百萬餘斛。”【今注】案，《漢故安鄉侯張禹碑》云：“推誠上省，教民度財。斥逐貪叨，爲民除災；興利萬頃，衆有黍儲；功猶姫棄，東土賴之。”（郭宏濤、周劍曙編著：《偃師碑志選粹》，中州古籍出版社 2014 年版，第 7—8 頁）

［9］【今注】功曹史：官名。郡屬吏。主選署功勞。

［10］【今注】太尉掾：太尉屬官，爲一曹之長，總領曹事。太尉置掾史屬二十四人，分曹辦公，總領一曹事務的正職稱掾，稱某曹掾，其中東西曹秩比四百石，其餘比三百石。副職稱屬或史，秩比二百石。

［11］【今注】小譴：小罪。

［12］【李賢注】徐，縣名也。《東觀記》曰“閭當從行縣，從書佐假車馬什物。禹聞知，令直符責問，閭具以實對。禹以宰士惶恐首實，令自致徐獄”也。

［13］【今注】長史：官名。戰國秦置，掌顧問。西漢丞相、太尉、御史大夫、大將軍、車騎將軍、前後左右將軍皆置，統屬所在官署的掾屬。秩千石。邊郡置長史，掌兵馬。秩六百石。東漢太傅、太尉、司徒、司空、諸將軍沿置。秩千石。度遼將軍、護羌校尉、護烏桓校尉亦置，秩六百石。諸王國、邊郡、屬國不置丞，置長史。

永元六年，入爲大司農，拜太尉，[1]和帝甚禮之。十五年，南巡祠園廟，[2]禹以太尉兼衛尉留守。[3]聞車駕當進幸江陵，[4]以爲不宜冒險遠，[5]驛馬上諫。詔報曰："祠謁既訖，[6]當南禮大江，[7]會得君奏，臨漢回輿而旋。"[8]及行還，[9]禹特蒙賞賜。

［1］【今注】案，《漢故安鄉侯張禹碑》云："命爲太尉，掌司天官；日月光澤，星辰順行。賢人顯□，野毋逸民；五載之間，邊竟方安。"（郭宏濤、周劍曙編著《偃師碑志選粹》，第7—8頁）

［2］【今注】祠園廟：東漢祖考園陵章陵，在今湖北棗陽市。東漢光武帝建武二年（26），以皇祖、皇考墓爲昌陵，置陵令守視；六年春正月丙辰，改爲章陵，因以舂陵爲章陵縣。十八年，立考侯、康侯廟，比園陵，置嗇夫。詔零陵郡奉祠節侯、戴侯廟，以四時及臘歲五祠焉。置嗇夫、佐吏各一人。光武帝建武三年、十年、十一年、十七年、十八年二月、十八年十月、十九年、二十二年，中元元年；明帝永平元年（58）、二年、十年；章帝建初七年（82），元和元年（84）；和帝永元十五年（103）；安帝延光三年（124）、四年；順帝永和二年（137）；桓帝延熹二年（159）、七年等均幸章陵，祠園廟。（參見楊樹達《漢代婚喪禮俗考》，江西教育出版社2018年版，第164—165頁）

［3］【李賢注】《東觀記》曰"禹留守北宫，太官朝夕送食，賜關登具物，除子男盛爲郎"也。【今注】衛尉：官名。掌宫門衛士和宫内巡察。秩中二千石。

［4］【今注】江陵：郡國名。東漢章帝建初四年改江陵縣爲江陵。元和二年江陵復爲南郡縣。治所在今湖北荆州市荆州區西北。

［5］【今注】案，李慈銘《後漢書札記》謂"冒險遠"不成完整句子，"遠"下當有"行"字。

［6］【今注】祠謁：拜謁祭祀。

［7］【今注】大江：指長江。

［8］【今注】漢：水名。即漢水。源出今陝西寧强縣，經陝西南部、湖北西北部，在武漢入長江。本書卷四《和帝紀》載，永元十五年十月戊午，進幸雲夢，臨漢而還。

［9］【今注】案，大德本無“行”字，是。

延平元年，[1]遷爲太傅，[2]録尚書事。鄧太后以殤帝初育，[3]欲令重臣居禁内，乃詔禹舍宫中，給帷帳牀褥，太官朝夕進食，[4]五日一歸府。每朝見，特贊，[5]與三公絶席。[6]禹上言：“方諒闇密静之時，不宜依常有事於苑囿。[7]其廣成、上林空地，[8]宜且以假貧民。”太后從之。[9]及安帝即位，[10]數上疾乞身。詔遣小黄門問疾，[11]賜牛一頭，酒十斛，勸令就第。其錢布、刀劍、衣物，[12]前後累至。

［1］【今注】延平：東漢殤帝劉隆年號（106）。元興元年（105）十二月漢殤帝即位沿用元興年號，次年正月初一改元延平。延平元年八月漢安帝即位沿用，次年正月初一改元永初。

［2］【今注】案，《漢故安鄉侯張禹碑》云：“衆宰之任，□□□□。若涉淵水，臨事而懼。”（郭宏濤、周劍曙編著：《偃師碑志選粹》，第7—8頁）

［3］【李賢注】育，生也。【今注】鄧太后：東漢和帝皇后鄧綏。南陽新野（今河南新野縣南）人。鄧禹孫女。和帝元興元年立殤帝，被尊爲皇太后。又立安帝。稱制十六年。紀見本書卷一〇上。

［4］【今注】太官：官名。即太官令，又作大官。少府屬官。掌御膳飲食。秩六百石。屬吏有左丞、甘丞、湯官丞、果丞各一

人。掌飲食、膳具、酒、果等。

[5]【今注】特贊：特別對待。

[6]【今注】三公：官名。西周時指太師、太傅、太保或司徒、司馬、司空。西漢初指丞相、御史大夫、太尉。西漢武帝建元二年（前139）省太尉。元狩四年（前119）置大司馬。成帝綏和元年（前8）改御史中丞爲大司空。哀帝元壽二年（前1）改丞相爲大司徒。此後以丞相（大司徒）、大司馬、御史大夫（大司空）爲三公。王莽定三公之號曰大司馬、大司徒、大司空。東漢初，因而不改。光武帝建武二十七年（51），大司馬改爲太尉，大司徒、大司空去“大”字，亦稱“三司”。掌參議朝政，監察百官。　絶席：單獨坐一席。司隸校尉、御史中丞、尚書令並專席而坐，時號“三獨坐”。

[7]【李賢注】鄭玄注《論語》曰：“諒闇謂凶廬也。”《尚書》曰“帝乃徂落，四海遏密八音”也。【今注】諒闇：居喪時所住的房子。此指帝王居喪。《禮記·喪服四制》：“《書》曰：‘高宗諒闇，三年不言。’善之也。”鄭玄注：“闇，謂廬也。”《論語·憲問》引作“諒陰”。《文選》潘岳《閑居賦》：“今天子諒闇之際，領太傅主簿。”李善注：“諒闇，今謂凶廬裏寒涼幽闇之處，故曰諒闇。”

[8]【今注】廣成：苑囿名。東漢都城洛陽的皇家園林。在今河南汝州市西。一作“廣城”。　上林：苑囿名。秦惠王時始建，西漢武帝時擴建，内有宫觀禽獸，供皇帝游樂射獵。舊址在今陝西西安市西南至鄠邑區、周至縣一帶。

[9]【今注】案，殿本脱“太”字。

[10]【今注】安帝：東漢安帝劉祜，公元106年至125年在位。紀見本書卷五。

[11]【今注】小黄門：宦官名。名義上隸屬少府。掌侍從皇帝，收受尚書奏事，宣布詔令。秩六百石。

［12］【今注】錢布：錢幣。

永初元年，[1]以定策功封安鄉侯，[2]食邑千二百户，與太尉徐防、司空尹勤同日俱封。[3]其秋，以寇賊水雨策免防、勤，[4]而禹不自安，上書乞骸骨，更拜太尉。四年，新野君病，[5]皇太后車駕幸其第。禹與司徒夏勤、司空張敏俱上表言：[6]"新野君不安，車駕連日宿止，臣等誠竊惶懼。臣聞王者動設先置，[7]止則交戟，[8]清道而後行，清室而後御，[9]離宫不宿，[10]所以重宿衞也。陛下體烝烝之至孝，[11]親省方藥，恩情發中，久處單外，百官露止，議者所不安。宜且還宫，上爲宗廟社稷，下爲萬國子民。"比三上，固争，乃還宫。後連歲災荒，府臧空虚，[12]禹上疏求入三歲租税，以助郡國稟假。[13]詔許之。五年，以陰陽不和策免。七年，卒于家。使者弔祭。除小子曜爲郎中。[14]長子盛嗣。

［1］【今注】永初：東漢安帝劉祜年號（107—113）。

［2］【今注】安鄉：侯國名。治所在今河北晉州市東南。

［3］【今注】司空：官名。即大司空。漢初御史大夫。西漢成帝綏和元年（前8）更名大司空。哀帝建平二年（前5）又稱御史大夫，元壽二年（前1）改稱大司空。東漢初仍稱大司空，光武帝建武二十七年（51）去"大"字，改稱司空。掌築城、溝洫、陵墓等水土工程，及水土工程考核等。與太尉、司徒一同參議大政。屬官有長史、將軍等。　尹勤：字叔梁，南陽人。篤性好學，時人重其節。東漢和帝時爲司空，以定策立安帝，封福亭侯。安帝永初元年，策免就國。

[4]【今注】案，水雨，大德本誤作“雨水”。

[5]【李賢注】鄧太后母陰氏。【今注】案，東漢安帝永初元年，爵鄧太后母陰氏爲新野君，以萬户供湯沐邑。

[6]【今注】司徒：官名。三公之一。西漢哀帝元壽二年，正三公官分職，改丞相爲大司徒。東漢光武帝建武二十七年去“大”字，稱司徒，掌全國民政、教化等事宜。秩萬石。　夏勤：字伯宗，九江人。師事樊修，傳《公羊春秋》。爲京、宛二縣令，零陵太守。東漢安帝永元三年（91）纍遷至司徒。

[7]【今注】動設先置：古代天子出行時，先置供具於前。

[8]【今注】止則交戟：古代天子停留時有宿衛。交戟，衛士執戟相交。

[9]【李賢注】《前書》曰：“舊典，天子行幸，所至必遣静室令先案行，清静殿中，以虞非常。”

[10]【今注】離宫：古代皇帝正宫以外的臨時居所，常設於都城以外。

[11]【今注】烝烝：淳厚。

[12]【今注】案，府臧空虚，大德本、殿本誤作“府藏虚空”。

[13]【李賢注】稟，給也。假，貸也。

[14]【今注】郎中：官名。春秋戰國爲郎官通稱。秦、西漢掌執戟殿下，守衛宫殿門户，出充車騎，有議郎、中郎、侍郎、郎中，又分車、户、騎。秩比三百石。東漢罷郎中三將，分隸五官、左、右中郎將三署，皆主更直執戟，宿衛諸殿門，出充車騎。衹有議郎不在直中。

徐防字謁卿，沛國銍人也。[1]祖父宣，爲講學大夫，以《易》教授王莽。[2]父憲，亦傳宣業。

［1］【李賢注】銍故城，今亳州臨涣縣也。【今注】沛：郡國名。東漢光武帝建武二十年（44）改沛郡置，治相縣（今安徽淮北市相山區）。　銍：縣名。治所在今安徽濉溪縣西南。

［2］【李賢注】王莽置六經祭酒各一人，秩上卿。長安國由爲講易祭酒，宣爲講學大夫，蓋當屬於祭酒也。【今注】講學大夫：官名。王莽置六經祭酒各一人，秩上卿。講學大夫爲其副職。徐宣當爲講《易》祭酒。《漢書》卷八八《儒林傳》有衡咸、歐陽地餘、陳俠、蕭秉爲講學大夫。　易：書名。又稱《易經》《周易》。有交易、變易之義，故謂之《易》。分經、翼兩部分。經包括卦、卦辭、爻辭。翼有十篇，分上下彖、上下象、上下繫、文言、説卦、序卦、雜卦，爲解説經的文字。　王莽：字巨君，魏郡元城（今河北大名縣東北）人。西漢元帝皇后王政君侄子。孺子嬰初始元年（8）稱帝，改國號爲新，年號始建國。傳見《漢書》卷九九。

防少習父祖學，永平中，舉孝廉，除爲郎。[1]防體貌矜嚴，占對可觀，[2]顯宗異之，特補尚書郎。[3]職典樞機，周密畏慎，奉事二帝，未嘗有過。[4]和帝時，稍遷司隸校尉，[5]出爲魏郡太守。[6]永元十年，遷少府、大司農。[7]防勤曉政事，所在有迹。十四年，拜司空。

［1］【今注】郎：官名。掌守宫門，備諮詢，出充車騎。東漢於光禄勳下設五官、左、右中郎將署，主管諸中郎、侍郎、郎中，實爲儲備官吏人才的機構，其郎官多達二千餘人。

［2］【今注】占對：應答。

［3］【今注】尚書郎：官名。西漢初爲掌文書小吏。武帝後置四員分曹治事，領諸郎。又置中書，以宦者擔任。成帝建始四年（前29），增爲五員，分爲五曹。東漢置三十六員，分隸尚書臺六

曹尚書，分六曹治事，領曹務的稱尚書郎。掌傳遞章奏，文書起草。初上臺稱守尚書郎，中歲滿稱尚書郎，三年稱侍郎。秩六百石。

[4]【今注】案，嘗，殿本誤作"常"。

[5]【今注】司隸校尉：官名。簡稱司隸。掌察舉三輔（京兆、左馮翊、右扶風）、三河（河東、河内、河南）、弘農七郡的犯法者。秩比二千石。西漢成帝元延四年（前9）省，哀帝時復置，改名司隸，隸大司空。東漢仍名司隸校尉，掌糾察宫廷皇親、貴戚百官，兼領兵、搜捕罪犯，並爲司隸州行政長官。治所在河南洛陽。秩比二千石。東漢光武帝特詔朝會時與御史中丞、尚書令並專席而坐，時號"三獨坐"。

[6]【今注】魏郡：治鄴縣（今河北臨漳縣西南）。

[7]【今注】少府：官名。掌山澤陂池市肆租税，兼管宫廷日常事務及手工製作。西漢武帝時期將少府部分山澤陂池之税移交大司農。東漢掌宫中服御諸物、寶貨珍膳的供給和服務。秩中二千石。

防以五經久遠，[1]聖意難明，宜爲章句，[2]以悟後學。上疏曰："臣聞詩書禮樂，定自孔子；發明章句，始於子夏。[3]其後諸家分析，各有異説。[4]漢承亂秦，經典廢絶，本文略存，[5]或無章句。收拾缺遺，建立明經，[6]博徵儒術，開置太學。[7]孔聖既遠，微旨將絶，故立博士十有四家，[8]設甲乙之科，[9]以勉勸學者，所以示人好惡，改敝就善者也。伏見太學試博士弟子，[10]皆以意説，不修家法，[11]私相容隱，[12]開生姦路。每有策試，輒興諍訟，論議紛錯，互相是非。孔子稱'述而不作'，[13]又曰'吾猶及史之闕文'，[14]疾史有所不知而不肯闕也。今不依章句，妄生穿鑿，以遵師爲非義，意説爲得理，輕侮道術，寖以成俗，誠非詔書實選本意。改薄從忠，三世常道，[15]專精務本，儒學所先。臣以爲博士及甲乙策試，宜從其家章句，開五十難以試之。解釋多者爲上第，引文明者爲高説；若不依先師，義有相伐，[16]皆正以爲非。五經各取上第六人，《論語》不宜射策。[17]雖所失或久，差可矯革。"[18]詔書下公卿，[19]皆從防言。

［1］【今注】五經：《易》《書》《詩》《禮》《春秋》。代指儒家學説。

［2］【今注】章句：漢代學者將經書劃分章節，斷明句讀，解説經文辭旨義的一種教授方式。

［3］【李賢注】《史記》，孔子没，子夏居西河，教弟子三百人，爲魏文侯師。【今注】子夏：卜商，衞（今河南北部與河北南部一帶）人。孔子弟子，魏文侯師。詳見《史記》卷六七《仲尼弟子列傳》。《索隱》按，子夏文學著於四科，序詩，傳易。又孔子以春秋屬商。又傳禮，著在禮志。

［4］【李賢注】《前書》："仲尼没而微言絶，七十子喪而大義乖（大，大德本作'太'），故《春秋》爲五，《詩》分爲四，《易》有數家之傳。"

［5］【今注】本文：指經典原文。

［6］【今注】明經：漢代選舉制度。指通曉經學。西漢武帝尊崇儒術，多補博士、議郎。東漢章帝元和二年（85），始令郡國舉通曉經學者，凡十萬以上舉五人，十萬以下舉三人。質帝本初元年（146），定年五十以上，七十以下。

［7］【李賢注】武帝時開學官，置博士弟子員也。【今注】太

學：古代學校名稱。虞時的庠、夏朝的序、殷代的瞽宗、西周的辟雍，均爲古代大學。亦稱國學、國子學。西漢武帝元朔五年（前124），置太學，立五經博士。東漢因之。

［8］【李賢注】《漢官》曰："光武中興，恢弘稽古，《易》有施、孟、梁丘賀、京房，《書》有歐陽和伯、夏侯勝、建，《詩》有申公、轅固、韓嬰，《春秋》有嚴彭祖、顔安樂，《禮》有戴德、戴聖。凡十四博士。太常差選有聰明威重一人爲祭酒，總領綱紀也。"【今注】案，秦及漢初，博士的職務主要是掌管圖書，通古今以備顧問。西漢武帝設五經博士，教授弟子，從此博士成爲專門傳授儒家經學的學官。《易》《書》《詩》《禮》《春秋》每經衹有一家，每經置一博士，各以家法教授，故稱"五經博士"。到西漢末年，研究五經的學者逐漸增至十四家，所以也稱五經十四博士。本書卷七九上《儒林傳上》："於是立五經博士，各以家法教授，《易》有施、孟、梁丘、京氏，《尚書》歐陽、大小夏侯，《詩》齊、魯、韓，《禮》大小戴，《春秋》嚴、顔，凡十四博士，太常差次總領焉。"

［9］【李賢注】《前書》曰："歲課甲科四十人爲郎中，乙科二十人爲太子舍人，丙科四十人補文學掌故。"【今注】甲乙之科：漢代考試科目名。太常選試博士，掌試策，考其優劣，爲甲乙丙之科。

［10］【今注】博士弟子：漢代太學學生名。博士官置弟子學於太學，或稱太學生。其設置始於西漢武帝元朔五年（前124）丞相公孫弘建議。

［11］【李賢注】諸經爲業，各自名家。

［12］【今注】私相容隱：包庇隱瞞。

［13］【李賢注】但述先聖之言，不自制作。【今注】述而不作：叙述前人的成説，自己不創作。見《論語·述而》。孔穎達《正義》曰："此章記仲尼著述之謙也。作者之謂聖，述者之謂明。

老彭，殷賢大夫也。老彭於時，但述修先王之道而不自制作，篤信而好古事。孔子言，今我亦爾，故云比老彭。猶不敢顯言，故云竊。"

［14］【李賢注】古者史官於書事，有不知則闕，以待能者。孔子言"吾少時猶及見古史官之闕文，今則無之"，疾時多穿鑿也。見《論語》也。【今注】吾猶及史之闕文：指孔子早年還見到史書對於不知道的歷史則闕而不書，從而不會穿鑿附會。見《論語·衞靈公》。孔穎達《正義》曰："史是掌書之官也。文，字也。古之良史，於書字有疑則闕之，以待能者，不敢穿鑿。孔子言我尚及見此古史闕疑之文。"

［15］【李賢注】大史公曰（大，紹興本、大德本、殿本作"太"）："夏之政忠。忠之敝，小人以野，故殷人承之以敬。敬之敝，小人以鬼，故周人承之以文。文之敝，小人以僿，故救僿莫若以忠。三王之道若循環，周而復始。"僿音西志反，《史記》"僿"或作"薄"。【今注】世：佚名《後漢書考正》引劉攽説，後人因唐太宗諱，將此書中"世"改爲"代"。但此處應作"代"，故屬誤改，當改爲"世"。中華本校勘記據汲本改。

［16］【李賢注】伐謂自相攻伐也。

［17］【今注】論語：書名。此書記録孔子應答弟子和當時人的言語，以及孔子弟子之間的討論，由再傳弟子共同纂輯而成。《隋書·經籍志》稱孔子弟子"與夫子應答，及私相講肄，言合於道，或書之於紳，或事之無厭。仲尼既没，遂緝而論之，謂之《論語》"。西漢景帝末年，魯恭王壞孔子宅，古文《論語》二十一篇，河間獻王獻九篇，共三十篇。經魯人、齊人删並重複，形成《魯論》二十篇，《齊論》二十二篇。《齊論》有《問王》《知道》，多於《魯論》二篇。《古論》無《問王》《知道》二篇，分《堯曰》下章"子張問"以爲一篇，所以《古論》有兩子張，一是"子張曰士見危致命"爲一篇，一是"子張問孔子從政"爲一篇，

共二十一篇。篇次以《鄉黨》爲第二篇，《雍也》爲第三篇，與齊、魯《論》不同。　射策：漢代考試取士的方式之一。是由主試者預先將多道考題寫於竹簡上，依難易分爲甲乙兩科。題目覆蓋不讓應試者看到，由受試者任選一策作答，然後依其所選科别，評審作答内容，以決定成績高下。《漢書》卷七八《蕭望之傳》："望之以射策甲科爲郎。"顔師古注："射策者，謂爲難問疑義書之於策，量其大小署爲甲乙之科，列而置之，不使彰顯。有欲射者，隨其所取得而釋之，以知優劣。射之言投射也。"

［18］【李賢注】《東觀記》防上疏曰："試《論語》本文章句，但通度，勿以射策。冀令學者務本，有所一心，專精師門，思核經意，事得其實，道得其真。於此弘廣經術，尊重聖業，有益於化。雖從來久，大經衰微（大，殿本作'六'，是），學問寖淺，誠宜反本，改矯其失。"【今注】差可矯革：尚可以矯正更改。

［19］【今注】公卿：三公、九卿。後泛指朝廷中的高級官員。

十六年，拜爲司徒。延平元年，遷太尉，與太傅張禹參録尚書事，數受賞賜，甚見優寵。[1]

［1］【今注】優寵：優待寵信。

安帝即位，以定策封龍鄉侯。[1]食邑千一百户。其年以災異寇賊策免，就國。凡三公以災異策免，始自防也。[2]

［1］【今注】龍鄉：縣名。治所在今山東泰安市西南。

［2］【李賢注】《東觀記》曰："郡國被水災，比州湮没，死者以千數。災異數降。西羌反畔，殺略人吏。京師淫雨，蝨賊傷

稼穡。防比上書自陳過咎，遂策免。"【今注】案，大德本脱"凡三公以災異策免"八字。

防卒，子衡當嗣，讓封於其弟崇。數歲，不得已，乃出就爵云。[1]

[1]【今注】就爵：接受爵位。

張敏字伯達，河間鄚人也。[1]建初二年，舉孝廉，四遷，五年，爲尚書。[2]

[1]【李賢注】鄚，今瀛州縣也。音莫。【今注】河間：諸侯王國名。治樂成縣（今河北獻縣東南）。東漢光武帝建武七年（31），封前河間王劉邵爲河間王。十三年，劉邵以皇室疏屬之故降爲樂成侯，河間國轉屬信都郡。和帝永元二年（90），分樂成、涿郡、勃海三郡之縣置河間國，封皇弟劉開爲河間王。傳國至獻帝末，魏受漢禪，以河間王劉陔爲崇德侯。

[2]【今注】尚書：官名。東漢尚書臺分六曹，各置尚書，秩六百石，位在令、僕射下，丞、郎上。掌接納章奏、擬定詔令，位輕權重。與令、僕射合稱"八座"。

建初中，有人侮辱人父者，而其子殺之，肅宗貰其死刑而降宥之，[1]自後因以爲比。[2]是時遂定其議，以爲輕侮法。[3]敏駁議曰："夫輕侮之法，先帝一切之恩，不有成科班之律令也。[4]夫死生之决，宜從上下，猶天之四時，有生有殺。若開相容恕，著爲定法者，則是故設姦萌，生長罪隙。孔子曰：'民可使由之，不可使知之。’[5]《春秋》之義，子不報讎，非子也。[6]而法令不爲之減者，以相殺之路不可開故也。今託義者得減，妄殺者有差，使執憲之吏得設巧詐，[7]非所以導‘在醜不争’之義。[8]又輕侮之比，寖以繁滋，至有四五百科，[9]轉相顧望，彌復增甚，難以垂之萬載。臣聞師言：‘救文莫如質。’[10]故高帝去煩苛之法，[11]爲三章之約。[12]建初詔書，有改於古者，可下三公、廷尉蠲除其敝。”[13]議寢不省。敏復上疏曰：“臣敏蒙恩，特見拔擢，愚心所不曉，迷意所不解，誠不敢苟隨衆議。臣伏見孔子垂經典，皋陶造法律，[14]原其本意，皆欲禁民爲非也。未曉輕侮之法將以何禁？必不能使不相輕侮，而更開相殺之路，執憲之吏復容其姦枉。議者或曰：‘平法當先論生。’臣愚以爲天地之性，唯人爲貴，殺人者死，三代通制。[15]今欲趣生，反開殺路，一人不死，天下受敝。記曰：‘利一害百，人去城郭。’[16]夫春生秋殺，天道之常。春一物枯即爲災，[17]秋一物華即爲異。[18]王者承天地，順四時，法聖人，從經律。[19]願陛下留意下民，考尋利害，廣令平議，天下幸甚。”和帝從之。

[1]【李賢注】貰，寬也，音示夜反。【今注】肅宗：東漢章帝劉炟，公元75年至88年在位。紀見本書卷三。

[2]【今注】比：事例。《禮記·王制》：“衆疑赦之，必察大小之比以成之。”鄭玄注：“已行故事曰比。”

[3]【今注】輕侮法：漢代法律名。父被人侮辱，子可爲父報仇並免死。張敏上書反對，認爲這是章帝施一時之恩，不可作爲常

法，如此法施行，有違“殺人者死”的三代通制，勢必造成相殺不止，建議廢除，被和帝采納。

［4］【今注】不有成科班之律令：指宥恕子女殺侮辱父者之罪，原來是肅宗一時的恩惠成爲“比”，當時尚非確定的科，未分屬“班”到相關律令的條文中〔參見［日］中田薰《漢律令》，《中國古代法律文獻研究》第3輯，中國政法大學出版社2007年版〕。

［5］【李賢注】由，從也。言設政教，可但使人從之，若知其本末，愚者或輕而不行。事見《論語》也（大德本、殿本無“也”字）。【今注】案，孔穎達《正義》云：指聖人之道深遠，人不易知。民可使用之而不可使知之。百姓能日用而不知其故。

［6］【李賢注】《公羊傳》曰：“父不受誅，子復讎可也。”注云：“不受誅，罪不當誅也。”

［7］【今注】執憲之吏：執法的官員。

［8］【李賢注】導，教也。醜，類也。【今注】在醜不争：在同輩人中間不與人争鬬。醜，衆人。《曲禮》云：在醜夷不争。案，語見《孝經·紀孝行》：“事親者，居上不驕，爲下不亂，在醜不争。”

［9］【今注】科：法令。對現有法律的具體條文補充和實施細則的規範，多爲對具體罪行的條文。

［10］【今注】救文莫如質：挽救文飾繁縟的弊病，衹有樸實。文，繁縟的文飾，指繁多的法條。

［11］【今注】高帝：西漢高祖劉邦，公元前206年至前195年在位。紀見《史記》卷八、《漢書》卷一。　煩苛之法：《漢書》卷四《文帝紀》載：漢興，除秦煩苛，約法令，施德惠，人人自安，難動摇，三矣。

［12］【今注】三章之約：《漢書》卷一上《高帝紀上》載：（劉邦）與父老約，法三章耳：殺人者死，傷人及盜抵罪。

[13]【今注】廷尉：官名。西漢景帝中元六年（前 144）改名大理，武帝建元四年（前 137）復舊。九卿之一，秩中二千石。掌司法刑獄，主管詔獄。王莽改稱作士。東漢又名廷尉，秩中二千石。

[14]【李賢注】史游《急就篇》曰"皋陶造獄法律存"也。【今注】皋陶：或作咎繇。偃姓。舜命作掌刑法之官。

[15]【今注】三代：夏商周三代。

[16]【今注】利一害百人去城郭：《三略·下略》作"利一害百，民去城郭"。

[17]【李賢注】《禮記·月令》曰"孟春行夏令，則風雨不時，草木早落"也。

[18]【李賢注】《月令》曰"仲秋行春令，則秋雨不降，草木生榮，國乃有恐"也。

[19]【今注】經律：常行的法律。

九年，拜司隸校尉。視事二歲，遷汝南太守。[1]清約不煩，[2]用刑平正，[3]有理能名。[4]坐事免。延平元年，拜議郎，[5]再遷潁川太守。[6]徵拜司空，[7]在位奉法而已。[8]視事三歲，以病乞身，不聽。六年春，行大射禮，[9]陪位頓仆，[10]乃策罷之。[11]因病篤，卒于家。

[1]【今注】汝南：郡名。治平輿縣（今河南平輿縣北）。

[2]【今注】清約不煩：清廉節儉而不煩苛。

[3]【今注】平正：公平正直。

[4]【今注】理能：治理正事的能力。

[5]【今注】議郎：官名。西漢爲光禄勳屬官。掌顧問應對，參與議政。秩比六百石。東漢更爲顯要，除議政外，也給事宫中。

[6]【今注】潁川：郡名。治陽翟縣（今河南禹州市）。

［7］【今注】案，錢大昭《後漢書辨疑》卷八認爲，張敏代周章爲司空，本書卷五《安帝紀》在永初元年，"徵拜"上當有"永初元年"四字，則下文"六年"二字含義明確，否則下文的"六年"或爲延平六年，南監本不誤。當據補。

［8］【今注】奉法：遵守法令。

［9］【今注】大射禮：爲祭祀擇士而舉行的射禮。《周禮·天官·司裘》："王大射，則共虎侯、熊侯、豹侯，設其鵠；諸侯則共熊侯、豹侯；卿大夫則共麋侯，皆設其鵠。"鄭玄注："大射者，爲祭祀射。王將有郊廟之事，以射擇諸侯及群臣與邦國所貢之士可以與祭者。射者可以觀德行，其容體比於禮，其節比於樂，而中多者，得與於祭。"本書卷二《明帝紀》李賢注引《儀禮》："大射之禮，王將祭射宫，擇士以助祭也。張虎侯、熊侯、豹侯，其制若今之射的矣。謂之爲侯者，天子射中之，可以服諸侯也。天子侯中一丈八尺，畫以雲氣焉。王以六耦射三侯，樂以《騶虞》九節；諸侯以四耦射二侯，樂以《貍首》七節；孤卿、大夫以三耦射一侯，樂以《采蘋》五節；士以二耦射豻侯，樂以《采蘩》三節。"

［10］【今注】陪位：陪伴入座。　頓仆：跌倒。

［11］【李賢注】《東觀記》載策曰："今君所苦未瘳，有司奏君年體衰羸，郊廟禮儀仍有曠廢。鼎足之任不可以缺，重以職事留君。其上司空印綬。"

胡廣字伯始，南郡華容人也。[1]六世祖剛，[2]清高有志節。平帝時，[3]大司徒馬宫辟之。[4]值王莽居攝，[5]剛解其衣冠，縣府門而去，遂亡命交阯，[6]隱於屠肆之間。後莽敗，乃歸鄉里。父貢，交阯都尉。[7]

［1］【李賢注】華容，縣，故城在今荆州東。【今注】南郡：治江陵縣（今湖北荆州市荆州區西北）。東漢章帝建初四年（79）

改爲江陵國。至元和二年（85）復爲郡。　華容：縣名。治所在今湖北潛江市西南。

［2］【今注】案，剛，惠棟《後漢書補注》卷一一引《渚宫故事》作“綱”。

［3］【今注】平帝：西漢平帝劉衎，公元前1年至5年在位。紀見《漢書》卷一二。

［4］【今注】大司徒：官名。三公之一。西漢哀帝元壽二年（前1），正三公官分職，改丞相爲大司徒。王莽托古改制，以儒家學説爲依據，重新確定了三公的分職。東漢光武帝建武二十七年（51）去“大”字，稱司徒，掌全國民政、教化等事宜。秩萬石。

［5］【今注】居攝：元始五年（5），孺子嬰年幼不能親政，由王莽代行皇帝之權，處理政務，稱居攝。

［6］【今注】交阯：郡名。西漢及東漢前期治羸縣（今越南河内市西北）。東漢順帝永和年間，周敞爲交趾太守，徙郡治於龍編縣（今越南北寧省北寧市）。交趾，或作“交阯”。

［7］【今注】都尉：官名。原作郡尉，西漢景帝時改爲都尉。郡中掌統兵作戰的武官，職位次於將軍。

廣少孤貧，親執家苦。[1]長大，隨輩入郡爲散吏。[2]太守法雄之子真，[3]從家來省其父。真頗知人。會歲終應舉，雄勑真助求其才。[4]雄因大會諸吏，真自於牖間密占察之，乃指廣以白雄，遂察孝廉。[5]既到京師，試以章奏，[6]安帝以廣爲天下第一。[7]旬月拜尚書郎，五遷尚書僕射。[8]

［1］【李賢注】《襄陽耆舊記》，廣父名寵，寵妻生廣，早卒，寵更娶江陵黄氏，生康，字仲始。

［2］【今注】散吏：閑散的官吏。指有官階而無職事的官員。

［3］【今注】法雄：字文彊，扶風郿（今陝西眉縣）人。初爲郡功曹，被辟舉，爲平氏長，遷宛陵令。後爲青州刺史，與王宗鎮壓張伯路等。遷南郡太守。傳見本書卷三八。　真：法真，字高卿。博學，爲關西大儒。性恬静寡欲，不應徵辟。號玄德先生。傳見本書卷八三。

［4］【今注】案，助求其才，殿本作“助其求才”。

［5］【今注】案，察，殿本作“舉”，是。

［6］【今注】章奏：臣僚呈報皇帝的文書。

［7］【李賢注】《謝承書》曰：“廣有雅才，學究五經，古今術藝皆畢覽之。年二十七，舉孝廉。”《續漢書》曰“故事，孝廉高第，三公尚書輒優文（大德本、殿本‘三公’後有‘及’字；文，大德本作‘之’，是），特勞來其舉將，於是公府下詔書勞來雄焉。及拜郎，恪勤職事，所掌辯護（辯，大德本、殿本作‘辨’，二字可通）”也。

［8］【今注】尚書僕射：官名。秦、西漢爲尚書令副貳，秩六百石。東漢爲尚書臺次官，職權益重，若公爲之，增秩至二千石。職掌拆閲封緘章奏文書，參議政事，諫諍駁儀，監察百官。令不在，則代理其職。

順帝欲立皇后，[1]而貴人有寵者四人，[2]莫知所建，議欲探籌，[3]以神定選。廣與尚書郭虔、史敞上疏諫曰：[4]“竊見詔書以立后事大，謙不自專，欲假之籌策，決疑靈神。篇籍所記，祖宗典故，未嘗有也。恃神任筮，[5]既不必當賢；就值其人，猶非德選。夫岐嶷形於自然，[6]俔天必有異表。[7]宜參良家，簡求有德，德同以年，年鈞以貌，稽之典經，斷之聖慮。[8]政令猶汗，往而不反。[9]詔文一下，形之四方。[10]臣職在拾遺，[11]憂深責重，是以焦心，冒昧陳聞。”帝從之，以梁貴人良家子，[12]定立爲皇后。

[1]【今注】順帝：東漢順帝劉保，公元125年至144年在位。紀見本書卷六。

[2]【今注】貴人：東漢光武帝裁減後宫諸妃名目，總共分爲五級：皇后、貴人、美人、宫人、采女。貴人始正式列爲皇帝妃嬪位號，且爲第一等，僅次於皇后。本書卷一〇上《皇后紀上》載："六宫稱號，唯皇后、貴人。貴人金印紫綬，奉不過粟數十斛。又置美人、宫人、采女三等，並無爵秩，歲時賞賜充給而已。"

[3]【今注】籌：計數的用具，多用竹子製成，上面做出各種記號，由籌上的記號，用以決定事情。

[4]【今注】郭虔：字君賢，池陽人。東漢順帝永和二年（137）爲司空。延光中，爲尚書僕射。 史敞：陳留考城人。爲京兆尹，有能名。順帝時以能辯，官至尚書。

[5]【今注】恃神任筮：借助神靈和卜筮，就知其人猶非德選；即使選中有德行的人，也並非合適的人選。

[6]【李賢注】《詩》云："克岐克嶷。"鄭玄注云："岐岐然意有所知也。其貌嶷然，有所識别也。"【今注】岐嶷：形容人幼年天生聰慧。指周始祖后稷。《詩·大雅·生民》載："誕實匍匐，克岐克嶷。"案，岐，大德本誤作"歧"。

[7]【李賢注】俔音苦見反。《説文》曰："俔，譬諭也。"《詩》云："文王嘉止，俔天之妹。"文王聞太姒之賢則美之。言大邦有子女，譬天之有女弟，故求爲配焉（大德本、殿本"爲"後有"之"字，是）。【今注】俔天：指太姒。《詩·大雅·大明》載："大邦有子，俔天之妹。"指大國有一個女兒，女子比天上的僊子。

[8]【李賢注】《左傳》曰“昔先王之命曰：‘王后無嫡，則擇立長，年均以德（均，大德本、殿本作“鈞”，是），德鈞以卜’”也。【今注】典經：即經典。可以作爲典範的著作。

[9]【李賢注】《易》曰：“渙汗其大號，王居無咎。”劉向曰“汗出而不反”者也。

[10]【李賢注】形，見也。

[11]【今注】拾遺：匡正别人過失或缺點。

[12]【今注】梁貴人：少時喪母，被舞陰長公主養大。東漢章帝建初二年（77）爲貴人。四年，生和帝。　良家子：良家的子女。漢代規定從軍不在七科謫内或非醫、巫、商賈、百工之子女，爲良家子。

時尚書令左雄議改察舉之制，[1]限年四十以上，儒者試經學，[2]文吏試章奏。[3]廣復與敞、虔上書駮之，曰：“臣聞君以兼覽博照爲德，[4]臣以獻可替否爲忠。[5]《書》載《稽疑》，謀及卿士；[6]《詩》美先人，詢于芻蕘。[7]國有大政，必議之於前訓，諮之於故老，[8]是以慮無失策，舉無過事。竊見尚書令左雄議郡舉孝廉，皆限年四十以上，諸生試章句，文吏試牋奏。[9]明詔既許，復令臣等得與相參。竊惟王命之重，載在篇典，[10]當令縣於日月，固於金石，[11]遺則百王，施之萬世。《詩》云：‘天難諶斯，不易惟王。’可不慎與！[12]蓋選舉因才，無拘定制。六奇之策，不出經學；[13]鄭、阿之政，非必章奏。[14]甘、奇顯用，年乖彊仕；[15]終、賈揚聲，亦在弱冠。[16]漢承周、秦，[17]兼覽殷、夏，[18]祖德師經，參雜霸軌，[19]聖主賢臣，世以致理，貢舉之制，莫或回革。今以一臣之言，剗戾舊章，[20]便利未明，衆心不猒。[21]矯枉變常，政之所重，而不訪台司，[22]不博卿士。[23]若事下之後，議者剥異，異之則朝失其便，同之則王言已行。臣愚以爲可宣下百官，參其同異，然後覽擇勝否，詳採厥衷。敢以瞽言，冒干天禁，[24]惟陛下納焉。”帝不從。

［1］【今注】尚書令：官名。西漢爲尚書署長官，掌文書，爲少府屬官。秩六百石。西漢武帝以後，職權稍重，掌傳達詔命章奏。秩千石。東漢爲尚書臺長官，掌決策詔令、總領朝政。如以公兼任，增秩至二千石。朝會時，與御史中丞、司隸校尉皆專席坐，時號“三獨坐”。

［2］【今注】經學：即注經之學，爲闡釋儒家經典的學問。

［3］【今注】文吏：文法之吏。指執法吏。

［4］【李賢注】即明四目，達四聰也。

［5］【李賢注】《左傳》曰，齊晏子曰：“君所謂可而有否焉，臣獻其否，以成其可。君所謂否而有可焉，臣獻其可，以去其否。”【今注】獻可替否：見《左傳》昭公二十年。指勸善歸過，提出興革的建議。獻，進；替，廢。

［6］【李賢注】稽，考也。考正疑事，謀及卿士。見《尚書》。【今注】案，“《書》載，《稽疑》，謀及卿士”，《尚書·周書·洪範》載，《稽疑》：“擇建立卜筮人，乃命卜筮。曰雨，曰霽，曰蒙，曰驛，曰克，曰貞，曰悔，凡七。卜五，占用二，衍忒。立時人作卜筮，三人占，則從二人之言。汝則有大疑，謀及乃心，謀及卿士，謀及庶人，謀及卜筮。”孔穎達《正義》：“卿士，指六卿掌事者。”所謂“謀及卿士”，指以卿爲首，並涉及大夫及士，又謀及庶人、卜筮。

［7］【李賢注】《詩·大雅》曰：“先人有言，詢于芻蕘。”注

云："詢，謀也。芻蕘，薪采者也。言有疑事，當與薪采者謀之也（當，大德本、殿本誤作'嘗'）。"【今注】案，"《詩》美先人，詢于芻蕘"，《詩·大雅·民勞》載，先世上古賢者的至理名言，如有疑問的事情，要向割草打柴的人請教。

［8］【李賢注】《國語》叔向曰（殿本無"國語"二字）："國有大事，必順於典刑，而訪於耇老，而後行之。"（大德本無此注）【今注】案，《國語·晉語》載："吾聞國家有大事，必順於典型，而訪諮於耇老而後行之。"大德本無"國有大政，必議之於前訓，諮之於故老"。

［9］【李賢注】周成《雜字》曰："牋，表也。"《漢雜事》曰："几群臣之書（几，紹興本、大德本、殿本作'凡'，是），通於天子者四品：一曰章，二曰奏，三曰表，四曰駮議。章者需頭，稱'稽首上以聞'。謝恩陳事，詣闕通者也。奏者亦需頭，其京師官但言'稽首言'，下'稽首以聞'，其中有所請，若罪法劾案，公府送御史臺，卿校送謁者臺也。表者不需頭，上言'臣某言'，下言'誠惶誠恐，頓首頓首，死罪死罪（死罪死罪，殿本作"死罪"）'，左方下附曰'某官臣甲乙上'。"【今注】牋奏：奏章。臣下呈給天子的公文。

［10］【李賢注】《禮記》曰："動則左史書之，言則右史書之。"《尚書》曰："王言惟作命，弗言，臣下罔由稟令。"又曰："令出惟行，不惟反。"【今注】篇典：典籍。

［11］【今注】縣於日月固於金石：如日月般永遠高懸，如刻於金屬和石刻一般永不磨滅。

［12］【李賢注】《詩·大雅》也。諶，信也。斯，詞也（詞也，殿本作"語詞"，可通）。天之意難信矣，不可改易者天子也。【今注】案，《詩·小雅·大明》云："天難忱斯，不易維王。"指天意無常難測又難信，但對於文王的護佑從未改易。今紂王居天子之位而又是殷之正嫡，因其作惡而被天下棄絕，使商朝的教令不

行於四方，四方都反叛之，故天命雖然無常，也祇是誰有德行就把好處給誰。

［13］【李賢注】《前書》陳平設六奇策以佐高祖。【今注】六奇之策：張玉春疏證《史記日本古注疏證》引《通鑑綱目集覽》："請捐金行反間一也；以惡草具進楚使二也；夜出女子二千人解滎陽圍三也；躡足請封齊王信四也；請僞遊雲夢縛信五也；今解白之圍六也。"（中華書局2016年版，第695頁）《史記》卷五六《陳丞相世家》："凡六出奇計，輒益邑，凡六益封。奇計或頗祕，世莫能聞也。"《漢書》卷四〇《陳平傳》載："平自初從，至天下定後，常以護軍中尉從擊臧荼、陳豨、黥布。凡六出奇計，輒益邑封。奇計或頗祕，世莫得聞也。"

［14］【李賢注】《説苑》曰："子產相鄭，内無國中之亂，外無諸侯之患也。子產從政也，擇能而使之。晏子化東阿，三年，景公召而數之，晏子請改道易行。明年上計，景公迎而賀之，晏子對曰：'臣前之化東阿也，屬託不行，貨賂不至，君反以罪臣。今則反是，而更蒙賀。'景公下席而謝。"【今注】鄭：諸侯國名。周宣王二十二年（前806）封其庶弟姬友於鄭（今陝西華縣）。鄭武公時，都新鄭（今河南新鄭市）。公元前375年，爲韓國所滅。阿：東阿。縣名。治所在今山東陽穀縣東北阿城鎮。

［15］【李賢注】《史記》曰，秦欲與燕共伐趙，以廣河間之地。甘羅年十二，使於趙，説趙王立割五城，以廣河間，秦乃封羅爲上卿。《説苑》曰，子奇年十八，齊君使主東阿，東阿大化。《禮記》曰："四十彊而仕。"【今注】年乖彊仕：指甘羅、子奇的年齡不合《禮記》所説的四十彊仕。

［16］【李賢注】《前書》，終軍年十八，爲博士弟子，自請願以長纓必羈南越王而致之闕下。上奇其對，擢爲諫大夫（大德本、殿本"諫"後有"議"字），往説越。越聽命，天子大悦。賈誼年十八，以誦詩屬文稱於郡中，文帝召爲博士。【今注】弱冠：古

代男子年滿二十歲加冠，稱爲“弱冠”。《禮記·曲禮上》：“二十曰弱冠。”唐孔穎達《正義》：“二十成人，初加冠，體猶未壯，故曰弱也。”後泛指男子二十歲左右的年紀。

［17］【今注】周：周朝。公元前11世紀，武王滅商，都鎬（今陝西西安市西灃水東岸）。分西周和東周。公元前771年，周幽王被殺，西周滅亡，平王遷都洛邑（今河南洛陽市），爲東周。東周分春秋（前770—前476）、戰國（前475—前221）兩個時期。 秦：秦國。戰國七雄之一。秦孝公十二年（前350）遷都咸陽（今陝西咸陽市東北）。公元前221年，秦王嬴政滅六國，建立秦朝。

［18］【今注】殷：商朝。朝代名。約公元前16世紀至前11世紀。都亳（今河南商丘市北），後盤庚遷殷（今河南安陽市小屯村）。 夏：朝代名。約公元前21世紀至前16世紀。相傳爲夏禹之子啓所建。先後建都陽城、斟鄩（今河南洛陽偃師市夏都二里頭）、安邑（今山西夏縣西北）。

［19］【李賢注】宣帝曰：“漢家自有制度，本以霸王道雜理之。”【今注】霸軌：霸道。以法家學説治國。《漢書》卷九《元帝紀》：“漢家自有制度，本以霸王道雜之，奈何純任德教，用周政乎！”

［20］【李賢注】剗，削也。戾，乖也。【今注】剗戾：撤銷。

［21］【李賢注】猒，服也。

［22］【今注】台司：指三公等輔佐君王掌握軍政大權的重要官員。古代以三台星象徵三公之位。本書卷三〇下《郎顗傳》李賢注：“《春秋元命包》曰：‘魁下六星，兩兩而比，曰三台。’《前書音義》曰：‘泰階，三台也。’又《黄帝泰階六符經》曰：‘泰階者，天之三階也。上階爲天子，中階爲諸侯、公卿、大夫，下階爲士、庶人。三階平則陰陽和，風雨時。’《尚書》曰：‘君爲元首，臣作股肱。’言三公上象天之台階，下與人君同體也。”

［23］【今注】案，博，大德本、殿本誤作"謀"。 卿士：指卿、大夫。後用以泛指官吏。

［24］【李賢注】瞽，無目者也。不察人君顏色而言，如無目之人也。孔子曰："未見顏色而言謂之瞽。"干，犯也。

時陳留郡缺職，[1]尚書史敞等薦廣。曰："臣聞德以旌賢，[2]爵以建事，[3]'明試以功'，典謨所美，[4]'五服五章'，天秩所祚，[5]是以臣竭其忠，君豐其寵，[6]舉不失德，下忘其死。竊見尚書僕射胡廣，體真履規，[7]謙虚温雅，博物洽聞，探賾窮理，[8]六經典奥，[9]舊章憲式，無所不覽。柔而不犯，文而有禮，[10]忠貞之性，憂公如家。不矜其能，不伐其勞，翼翼周慎，行靡玷漏。密勿夙夜，[11]十有餘年，心不外顧，志不苟進。臣等竊以爲廣在尚書，劬勞日久，後母年老，既蒙簡照，宜試職千里，匡寧方國。[12]陳留近郡，今太守任缺。廣才略深茂，堪能撥煩，願以參選，紀綱頽俗，使束脩守善，有所勸仰。"

［1］【今注】陳留：郡名。治陳留縣（今河南開封市東南陳留鎮）。

［2］【李賢注】旌，明也。《書》曰"德懋懋官"也。

［3］【李賢注】能建立事則與之爵。

［4］【李賢注】明白考試之，有功者則授之以官。《舜典》《咎繇謩》皆有比言（比，紹興本、大德本、殿本作"此"，是），故云"典謩所美"也。【今注】案，"明試以功"，見《尚書·舜典》："敷奏以言，明試以功，車服以庸。"孔安國傳："諸侯四朝，各使陳進治禮之言。明試其言，以要其功，功成則賜車服以表顯其

能用。”

［5］【李賢注】五服謂天子、諸侯、卿、大夫、士之服也。五者之服必須章明。《尚書·咎繇謨》曰：“天秩有禮，自我五禮有庸哉。天命有德，五服五章哉。”秩，序也。【今注】五服五章：天子、諸侯、卿、大夫、士的禮服有五種不同文采，用以區别尊卑。五服，天子、諸侯、卿、大夫、士之服。先王制爲五服，所以表貴賤。服飾上的文采有差别，所以明確尊卑。《左傳》昭公二十五年：“五章以奉五色。”杜預注：“青與赤謂之文，赤與白謂之章，白與黑謂之黼，黑與青謂之黻。”案，祚，大德本、殿本誤作“作”。

［6］【李賢注】豐，厚也。

［7］【今注】體真履規：以自然之道爲心性，躬行規則。

［8］【今注】探賾窮理：深究事物的道理。賾，紹興本作“頤”。

［9］【今注】六經典奥：儒家經籍典雅深奥。六經，《易》《書》《詩》《禮》《樂》《春秋》。

［10］【李賢注】柔而不犯謂性和柔而不可犯以非義也。

［11］【李賢注】密勿，僶勉（僶，大德本、殿本作“黽”，二字可通）。

［12］【李賢注】《詩》曰（曰，大德本、殿本作“云”，二字可通）：“厥德不回，以受方國。”

廣典機事十年，出爲濟陰太守，[1]以舉吏不實免。復爲汝南太守，[2]入拜大司農。漢安元年，[3]遷司徒。質帝崩，[4]代李固爲太尉，[5]録尚書事。以定策立桓帝，[6]封育陽安樂鄉侯。[7]以病遜位。又拜司空，告老致仕。尋以特進徵拜太常，[8]遷太尉，以日食免。復爲太常，拜太尉。

［1］【今注】濟陰：郡名。治定陶縣（今山東菏澤市定陶區西北）。

［2］【今注】汝南：郡名。治平輿縣（今河南平輿縣北）。

［3］【今注】漢安：東漢順帝劉保年號（142—144）。

［4］【今注】質帝：東漢質帝劉纘，公元145年至146年在位。紀見本書卷六。

［5］【今注】李固：字子堅，漢中南鄭（今陝西漢中市）人。沖帝即位後，任太尉。因上書以清河王劉蒜爲帝，遭梁冀忌恨，下獄死。傳見本書卷六三。

［6］【今注】桓帝：東漢桓帝劉志，公元146年至167年在位。紀見本書卷七。

［7］【今注】育陽：縣名。也作“淯陽”。治所在今河南南陽市宛城區瓦店鎮。　安樂鄉：鄉名。在今河南新野縣樊集鄉安樂寨。

［8］【今注】特進：加官。賜予列侯中有特別功德的人。本書卷四《和帝紀》李賢注引《漢官儀》曰：“諸侯功德優盛，朝廷所敬異者，賜位特進，在三公下。”

延熹二年，[1]大將軍梁冀誅，[2]廣與司徒韓縯、司空孫朗坐不衞宫，[3]皆減死一等，[4]奪爵土，免爲庶人。[5]後拜太中大夫、太常。[6]九年，復拜司徒。

［1］【今注】延熹：東漢桓帝劉志年號（158—167）。

［2］【今注】大將軍：重號將軍名。西漢武帝以衞青征匈奴有功，封大將軍。此後大將軍常冠大司馬之號，秩萬石，領尚書事。成帝綏和元年（前8），改稱大司馬。東漢光武帝復置，主征伐，事訖皆罷。秩萬石，不冠大司馬之號。多授予貴戚，常兼録尚書事，與太傅、太尉等共同主持政務。開府置僚屬，屬官有前、後、

左、右等雜號將軍。　梁冀：字伯卓，安定烏氏（今寧夏固原市東南）人。東漢順帝時拜大將軍。順帝卒後，先後立沖、質、桓帝。桓帝與宦官單超等誅梁氏，被迫自殺。傳見本書卷三四。

［3］【今注】韓縯：東漢桓帝永壽元年（155）爲司空。三年爲司徒。惠棟《後漢書補注》引《風俗通》"縯"作"演"。　孫朗：字代平。東漢桓帝永壽三年爲司空。

［4］【今注】減死一等：即對判處死刑的罪囚依法寬減，免去死刑，改判其他徒刑。漢代有減死一等至三等。按重輕程度爲刑罪（斬左趾、斬右趾、宮、劓、黥）、耐罪、遷罪、贖罪、笞罪與罰金。東漢時常以死罪囚減死一等戍邊或從軍。（參見趙海龍《兩漢"減死刑"問題探析》，《咸陽師範學院學報》2014年第3期）

［5］【今注】庶人：没有爵位的平民。

［6］【今注】太中大夫：官名。秦置，掌顧問應對、奉詔出使，隸屬郎中令。西漢秩比千石，東漢秩千石。

靈帝立，[1]與太傅陳蕃參録尚書事，[2]復封故國。以病自乞。會蕃被誅，代爲太傅，總録如故。

［1］【今注】靈帝：東漢靈帝劉宏，公元168年至189年在位。紀見本書卷八。

［2］【今注】陳蕃：字仲舉，汝南平輿（今河南平輿縣北）人。靈帝時爲太傅録尚書事，與外戚竇武謀誅宦官，事泄被殺。傳見本書卷六六。

時年已八十，而心力克壯。[1]繼母在堂，朝夕瞻省，傍無几杖，言不稱老。[2]及母卒，居喪盡哀，率禮無愆。性温柔謹素，常遜言恭色。[3]達練事體，明解朝章。雖無謇直之風，[4]屢有補闕之益。[5]故京師諺曰："萬事不理問伯始，天下中庸有胡公。"[6]及共李固定策，大議不全，[7]又與中常侍丁肅婚姻，[8]以此譏毀於時。

[1]【李賢注】盛弘之《荆州記》曰"菊水出穰縣。芳菊被涯，水極甘香。谷中皆飲此水，上壽百二十，七八十者猶以爲夭。太尉胡廣所患風疾，休沐南歸，恒飲此水，後疾遂瘳，年八十二薨"也。【今注】心力克壯：精神和體力都很健壯。

[2]【李賢注】《禮記》曰："夫爲人子者，恒言不稱老。"

[3]【李賢注】遜，順也。【今注】遜言恭色：言語謙遜，神情恭順。

[4]【今注】謇直：正直。

[5]【今注】補闕：填補帝王的缺漏，匡正錯失。

[6]【李賢注】庸，常也。中和可常行之德也。孔子曰："中庸之爲德，其至矣乎！"

[7]【李賢注】質帝崩，固爲太尉，與廣及司空趙戒議欲立清河王蒜。梁冀以蒜年長有德，恐爲後患，盛意立蠡吾侯志。廣、戒等懾憚不能與争，而固與杜喬堅守本議。

[8]【今注】中常侍：官名。初稱常侍，掌侍從皇帝。西漢武帝後參與朝議，爲中朝官。元帝後稱中常侍，爲加官。東漢時非加官，而成爲專職。掌侍從皇帝，顧問應對。秩千石，又增爲比二千石。本無員數，明帝時定爲四人。章帝、和帝時，漸以宦官擔任。丁肅：濟陰人。本書卷七八《宦者傳》載，宦者濟陰丁肅、下邳徐衍、南陽郭耽、汝陽李巡、北海趙祐五人稱爲清忠，皆在里巷，不争威權。

自在公台三十餘年，歷事六帝，[1]禮任甚優，每遜位辭病，及免退田里，未嘗滿歲，輒復升進。凡一履司空，再作司徒，三登太尉，又爲太傅。其所辟命，[2]皆天下名士。與故吏陳蕃、李咸並爲三司。[3]蕃等每朝會，[4]輒稱疾避廣，時人榮之。年八十二，熹平元年薨。[5]使五官中郎將持節奉策贈太傅、安樂鄉侯印綬，[6]給東園梓器，[7]謁者護喪事，[8]賜家塋于原陵，[9]謚文恭侯，拜家一人爲郎中。故吏自公、卿、大夫、博士、議郎以下數百人，皆縗絰殯位，[10]自終及葬。漢興以來，人臣之盛，未嘗有也。

［1］【李賢注】廣以順帝漢安元年爲司空，至靈帝熹平元年薨，三十一年也。六帝謂安、順、沖、質、桓、靈也。

［2］【今注】辟命：徵辟、任命。

［3］【李賢注】《謝承書》曰："咸字元卓，汝南西平人。孤特自立。家貧母老，常躬耕稼以奉養。學魯《詩》《春秋》《公羊傳》三禮。三府並辟，司徒胡廣舉茂才，除高密令，政多奇異，青州表其狀。建寧三年，自大鴻臚拜太尉。自在相位，約身率下，常食脱粟飯、醬菜而已。不與州郡交通。刺史、二千石牋記，非公事不發省。以老乞骸骨，見許，悉還所賜物，乘敝牛車，使子男御。晨發京師，百僚追送盈塗，不能得見。家舊貧狹，庇蔭草廬。"【今注】三司：東漢太尉、司徒、司空同爲中央最高行政長官，稱"三司"。

［4］【今注】朝會：古代稱臣見君爲朝，君見臣爲會，合稱朝會。每歲首正月，爲大朝受賀。

［5］【今注】熹平：東漢靈帝劉宏年號（172—178）。

［6］【今注】五官中郎將：官名。主五官郎。掌更直執戟，宿衞諸殿門，出充車騎。秩比二千石。　持節：使者持節代表皇帝出

使、指揮軍隊或處理政務。節，漢代使者所持的信物，以竹爲杆，柄長八尺，上綴飾旄牛尾。 奉策：奉行皇帝的詔令。

［7］【今注】東園：官署名。屬少府，掌製棺椁等。 梓器：棺椁。梓木爲棺，以漆畫之。《漢書》卷九三《董賢傳》師古注："東園，署名也。《漢舊儀》云東園祕器作棺梓，素木長二丈，崇廣四尺。珠襦，以珠爲襦，如鎧狀，連縫之，以黄金爲鏤，要以下，玉爲柙，至足，亦縫以黄金爲縷。"

［8］【今注】謁者：官名。戰國始置。西漢隸中郎將（光禄勳屬官），主賓贊受事，秩比六百石。設謁者僕射統領，秩比千石。東漢謁者僕射秩比千石，爲謁者臺率，主謁者，天子出，掌在前導引。屬下有常侍謁者，秩比六百石，掌殿上時節威儀；給事謁者四百石，灌謁者郎中比三百石。掌賓贊受事及上章報問。多從郎官、孝廉中選拔。

［9］【今注】原陵：光武帝劉秀陵。故址在東漢洛陽都城西北，今河南洛陽市東白馬寺東洛水北岸漢魏洛陽故城西北劉家井大冢。

［10］【今注】縗絰：麻布做成的喪服。也指服喪。

初，楊雄依《虞箴》作十二州二十五官箴，[1]其九箴亡闕，後涿郡崔駰及子瑗又臨邑侯劉騊駼增補十六篇，[2]廣復繼作四篇，[3]文甚典美。乃悉撰次首目，爲之解釋，名曰《百官箴》，[4]凡四十八篇。其餘所著詩、賦、銘、頌、箴、弔及諸解詁，[5]凡二十二篇。

［1］【李賢注】《楊雄傳》曰（楊，大德本、殿本作"揚"）："箴莫大於《虞箴》，故遂作九州箴。"《左傳》曰，昔周辛甲之爲太史也，命百官官箴王闕，於虞人之箴曰："芒芒禹迹，畫爲九州。經啓九道，人有寢廟，獸有茂草，各有攸處，德用不擾，在帝夷羿

（夷羿，大德本誤作‘羿夷’），冒于原獸，忘其國恤，而思其麀牡。武不可重，用不恢于夏家，獸臣司原，敢告僕夫。”【今注】案，文見嚴可均《全漢文》卷五四。楊，大德本、殿本作“揚”。

［2］【今注】涿郡：治涿縣（今河北涿州市）。　崔駰：字亭伯，涿郡安平（今河北安平縣）人。博學有才，善屬文。所著詩、賦、銘、頌、書、記、表、《七依》、《婚禮結言》、《達旨》、《酒警》合二十一篇。傳見本書卷五二。　臨邑：縣名。治所在今山東東阿縣。東漢光武帝建武三十年（54），封北海王劉興之子劉復爲臨邑侯。　劉騊駼：劉復子。騊駼及從兄平望侯毅，並有才學。東漢安帝永寧中，鄧太后召毅及騊駼入東觀，與謁者僕射劉珍著中興以下名臣列士傳。騊駼又自造賦、頌、書、論凡四篇。

［3］【今注】案，《隋書·經籍志四》載後漢太傅《胡廣集》二卷，録一卷。亡。

［4］【今注】案，王應麟《玉海·藝文》據《太平御覽》卷五八八引胡廣《百官箴叙》云：“胡廣曰：‘箴諫之興，所由尚矣。聖君求之於下，忠臣納之於上。’”胡廣《百官箴叙》曰：“墨子著書，稱《夏箴》之辭。”

［5］【今注】賦：文體名。以大量華麗的詞句，張揚文采，細緻地描寫事物，並表達思想感情。《漢書·藝文志》：“傳曰：‘不歌而誦謂之賦，登高能賦可以爲大夫。’”　銘：文體名。古代刻在器物上，多用於警誡自己或稱述功德。　頌：文體名。用於頌美、告神，也有勸誡、諷諫的作用。　箴：文體名。用於告誡規勸的韻文。　弔：文體名。用來哀悼、紀念死者的文章，多用韻文。解詁：重在詮釋訓詁名物，文辭簡略。

熹平六年，靈帝思感舊德，乃圖畫廣及太尉黄瓊於省内，[1]詔議郎蔡邕爲其頌云。[2]

［1］【今注】黄瓊：字世英，江夏安陸（今湖北雲夢縣）人。東漢桓帝永興元年（153），遷司徒，轉太尉。傳見本書卷六一。

［2］【李賢注】《謝承書》載其頌曰："巖巖山岳，配天作輔。降神有周，生申及甫。允兹漢室，誕育二后。曰胡曰黄，方軌齊武。惟道之淵，惟德之藪。股肱元首，代作心膂。天之烝人，有則有類。我胡我黄，鐘厥純懿（鐘，大德本、殿本作'鍾'，是）。巍巍特進，仍踐其位。赫赫三事，七佩其紱。弈弈四牡，沃若六轡。衮職龍章，其文有蔚。參曜乾台，窮寵極貴。功加八荒，群生以遂。超哉邈乎，莫與爲二！"【今注】蔡邕：字伯喈，陳留圉（今河南杞縣）人。著《獨斷》《勸學》等。後人輯有《蔡中郎集》。傳見本書卷六〇下。

論曰：爵任之於人重矣，全喪之於生大矣。懷禄以圖存者，仕子之恒情；[1]審能而就列者，出身之常體。[2]夫紆於物則非己，直於志則犯俗，[3]辭其艱則乖義，徇其節則失身。[4]統之，方軌易因，險塗難御。[5]故昔人明慎於所受之分，遲遲於岐路之間也。[6]如令志行無牽於物，臨生不先其存，後世何貶焉？[7]古人以宴安爲戒，豈數公之謂乎？[8]

［1］【今注】仕子：仕宦之人。

［2］【李賢注】列，位也。【今注】出身：入仕爲官。

［3］【李賢注】紆，曲也。【今注】紆於物則非己：牽就事物則會否定自己。　直於志則犯俗：直抒胸志則觸犯世俗。

［4］【李賢注】徇（大德本、殿本誤作"狥"），營也。【今注】辭其艱則乖義：懼怕艱難則違背道義。　徇其節則失身：捨身保全氣節則會失去性命。案，徇，大德本、殿本作"狥"。

卷四四　列傳第三十四

［5］【李賢注】統者，總論上事也。方軌謂平路也。若履平路，易可因循；如踐險塗，則難免顛覆也。

［6］【李賢注】呈材效職，則受之分明矣。遲遲，疑不前之貌也。明其分，則不可妄進。【今注】案，此二句指前人明白自己應該得到的，故在岐路之間能謹慎選擇。明慎，審慎明察。

［7］【李賢注】守志直道，視死如歸，則後之人何從而貶責矣。【今注】案，此三句指做事情不受外物的牽扯，面臨生死而不苟且偷生，後世又有什麼可貶斥的呢？

［8］【李賢注】《左傳》曰："宴安酖毒，不可懷也。"

贊曰：鄧、張作傳，無咎無譽。敏正疑律，防議章句。胡公庸庸，飾情恭貌。朝章雖理，據正或橈。[1]

［1］【李賢注】橈，曲也，《易》曰"揀橈凶"也（揀，紹興本誤作"棟"）。

後漢書　卷四五

列傳第三十五

袁安 子敞 玄孫閎　張酺　韓棱　周榮 孫景

袁安字邵公，汝南汝陽人也。[1]祖父良，習孟氏《易》，[2]平帝時舉明經，[3]爲太子舍人；[4]建武初，[5]至成武令。[6]

［1］【今注】汝南：郡名。治平輿縣（今河南平輿縣北）。汝陽：縣名。治所在今河南商水縣西北。案，《後漢紀》卷一〇《明帝紀》作“汝南宛人”。曹金華《後漢書稽疑》：“汝南郡無宛縣，《司徒袁安碑》作‘汝南女陽人’，‘女’同‘汝’，《後漢紀》誤。”（中華書局2014年版，第597頁）

［2］【李賢注】孟喜字長卿，東海人。明《易》，爲丞相掾。見《前書》。【今注】孟氏易：孟氏，孟喜，字長卿，東海蘭陵（今山東蘭陵縣）人。舉孝廉爲郎，供事於曲臺殿，後爲丞相掾。從田王孫學《易》，主卦氣說，因改師法，不得被薦爲博士。《漢書·藝文志》載《易》經十二篇，施、孟、梁丘三家。傳見《漢書》卷八八。

[3]【今注】平帝：西漢平帝劉衎，公元前1年至5年在位。紀見《漢書》卷一二。　明經：漢代選舉制度。指通曉經學。西漢武帝尊崇儒術，多補博士、議郎。東漢章帝元和二年（85）始令郡國舉通曉經學者，凡十萬以上舉五人，十萬以下舉三人。質帝本初元年（146）定年五十以上、七十以下。

[4]【李賢注】《續漢志》曰：太子舍人，秩二百石（大德本、殿本"秩"後有"比"字，誤），無員。【今注】太子舍人：官名。秦朝始置。兩漢因之，隸太子太傅、少傅。秩二百石。東漢隸太子少傅，無固定員額，掌更直宿衛。無太子則隸少府。

[5]【今注】建武：東漢光武帝劉秀年號（25—56）。

[6]【李賢注】成武，今曹州縣。【今注】成武：縣名。治所在今山東成武縣。　令：官名。即縣令。漢代萬户以上縣的長官稱"縣令"，不足萬户稱"長"。邊地縣不滿萬户也稱"令"。

安少傳良學。爲人嚴重有威，見敬於州里。初爲縣功曹，[1]奉檄詣從事，從事因安致書於令。[2]安曰："公事自有郵驛，[3]私請則非功曹所持。"辭不肯受，從事瞿然而止。[4]後舉孝廉，[5]除陰平長、任城令，[6]所在吏人畏而愛之。

[1]【李賢注】《續漢志》曰：縣功曹史，王選署功勞（王，紹興本、大德本、殿本作"主"，是）。【今注】功曹：官名。指郡縣府所置功曹掾、功曹史的簡稱。秩百石。掌統率諸曹，並有升遷黜免衆吏的權力。

[2]【李賢注】《續漢志》曰：每州刺史皆有從事史。【今注】奉檄：收到了被徵召録用的通知書。　從事：州部屬吏。又稱"從事史"。西漢元帝時丞相于定國，條奏州吏員，有治中、別駕、諸部從事，秩百石，同諸郡從事。又有都官從事、簿曹從事、兵曹從

事。掌督促文書，察舉非法，皆州郡自辟除。

[3]【今注】郵驛：公文往來、軍情傳遞等。各郡設有“主郵驛科程事”的郡法曹。此外，漢代各郡國還設有督郵一職。最初衹是督送郵書，後來則成了專司督察縣政（包括郵驛事務）的郡吏。驛馬三十里一置，卒皆赤幘絳韝。中央政府具體負責郵驛事務的機構，在西漢成帝以前是典屬國及其屬官；成帝以後，將其職能併入大鴻臚；東漢精簡機構，郵驛事務又歸太尉府下的法曹掌管。（參見高榮《秦漢郵驛的管理系統》，《西北師大學報》2004年第4期）

[4]【李賢注】瞿音九具反（瞿，紹興本、大德本、殿本作“懼”，二字可通）。【今注】案，瞿，紹興本、大德本、殿本作“懼”。

[5]【李賢注】《汝南先賢傳》曰“時大雪積地丈餘，洛陽令身出案行（殿本考證引孫礦説，謂‘洛陽’當作‘汝陽’；身，大德本、殿本作‘自’），見人家皆除雪出，有乞食者。至袁安門，無有行路。謂安已死，令人除雪入户，見安僵卧。問何以不出。安曰：‘大雪人皆餓，不宜干人。’令以爲賢，舉爲孝廉”也。【今注】孝廉：漢朝選拔舉薦人才的科目之一。孝指孝悌，廉指廉潔。漢制規定，每年郡國從所屬吏民中推舉孝、廉各一人。東漢和帝時始以人口爲標準，每二十萬人歲舉孝廉一人。

[6]【李賢注】陰平，縣，故城在今沂州承縣西南。任城，今兖州縣也。【今注】陰平：縣名。治所在今山東棗莊市嶧城區。任城：縣名。治所在今山東濟寧市東南。曹金華《後漢書稽疑》謂《後漢紀》卷一〇作“舉孝廉爲郎、謁者、陰平長、任城令”。《司徒袁安碑》載：“永平三年二月庚午，以孝廉除郎中。四□十一月庚午，除給事謁者。五年四月乙□，遷東海陰平長。十年二月辛巳，遷東平□城令。”（曹金華：《後漢書稽疑》，第597頁）

永平十三年，[1]楚王英謀爲逆，[2]事下郡覆考。明年，[3]三府舉安能理劇，[4]拜楚郡太守。[5]是時英辭所連及繫者數千人，顯宗怒甚，[6]吏案之急，迫痛自誣，死者甚衆。安到郡，不入府，先往案獄，理其無明驗者，條上出之。府丞掾史皆叩頭争，[7]以爲阿附反虜，法與同罪，不可。安曰："如有不合，太守自當坐之，[8]不以相及也。"遂分别具奏。帝感悟，即報許，得出者四百餘家。歲餘，徵爲河南尹。[9]政號嚴明，然未曾以臧罪鞫人。常稱曰："凡學仕者，高則望宰相，下則希牧守。[10]錮人於聖世，尹所不忍爲也。"聞之者皆感激自勵。在職十年，京師肅然，名重朝廷。建初八年，[11]遷太僕。[12]

［1］【今注】永平：東漢明帝劉莊年號（58—75）。

［2］【今注】楚王英謀爲逆：楚王劉英造作妖書謀反事。楚王劉英，東漢光武帝建武十五年（39）封爲楚公，十七年進爵爲王，二十八年就國。十三年，男子燕廣告英與漁陽王平、顔忠等造作圖書，有逆謀，事下案驗。有司奏英招聚姦猾，造作圖讖，擅相官秩，置諸侯王公將軍二千石，大逆不道，請誅之。帝以親親不忍，乃廢英，徙丹陽涇縣，賜湯沐邑五百户。明年，英至丹陽，自殺。楚，郡國名。治彭城縣（今江蘇徐州市雲龍區）。東漢初爲楚郡。建武十五年，封皇子劉英爲楚公，楚郡爲楚公國。建武十七年，楚公劉英進爵爲楚王，楚公國升格爲楚王國。

［3］【今注】案，曹金華《後漢書稽疑》認爲，前文謂"永平十三年，楚王英謀爲逆"，"明年"當是十四年，而《司徒袁安碑》作"十三年十二月丙辰，拜楚郡□守"，"丙辰"十四日，故"明年"二字當是衍文（第597頁）。

［4］【今注】三府：太尉、司徒、司空府。

［5］【今注】楚郡：郡國名。治彭城縣（今江蘇徐州市）。東漢章帝章和二年（88）改彭城國。

［6］【今注】顯宗：東漢明帝劉莊，公元 57 年至 75 年在位。紀見本書卷二。

［7］【今注】府丞：漢朝郡府的屬吏。　掾史：分曹治事的屬吏，多由長官自行辟舉。

［8］【今注】太守：官名。秦漢郡的最高行政長官。掌一郡政務。秩二千石。原作"郡守"，西漢景帝時改稱太守。

［9］【今注】河南尹：官名。東漢光武帝建武十五年置，爲京都雒陽所在河南郡長官，設一員，二千石。曹金華《後漢書稽疑》謂，前文"永平十三年"，"歲餘"當是永平十五年。《司徒袁安碑》作"十三年十二月丙辰，拜楚郡□守。十七年八月庚申，徵拜河南尹"，又本傳下文"在職十年……建初八年，遷太僕"，可證遷河南尹在十七年。"歲餘"當爲"十七年"。(第 597—598 頁)

［10］【今注】牧守：州牧和郡太守的合稱。泛指州郡長官。

［11］【今注】建初：東漢章帝劉炟年號（76—84）。

［12］【今注】太僕：官名。掌天子輿馬。屬官有大厩、未央、家馬、車府、路軨、騎馬、駿馬諸令丞，龍馬、閑駒、橐泉、騊駼、承華五監長丞及邊郡諸牧師官。王莽時改稱太御。東漢復稱太僕，掌天子車馬。天子出，掌鹵簿並駕車輿。秩中二千石。屬官有車府、未央令丞。原隸少府的考工令則移歸之，遂兼掌兵器製作、織綬等。

元和二年，[1]武威太守孟雲上書：[2]"北虜既已和親，[3]而南部復往抄掠，[4]北單于謂漢欺之，[5]謀欲犯邊。宜還其生口，[6]以安慰之。"詔百官議朝堂。公卿皆言夷狄譎詐，求欲無猒，[7]既得生口，當復妄自誇大，不可開許。安獨曰："北虜遣使奉獻和親，有得邊生口者，輒以歸漢，此明其畏威，而非先違約也。雲以大臣典邊，不宜負信於戎狄，還之足示中國優貸，而使邊人得安，誠便。”司徒桓虞改議從安。[8]太尉鄭弘、司空第五倫皆恨之。[9]弘因大言激勵虞曰：“諸言當還生口者，皆爲不忠。”虞廷叱之，倫及大鴻臚韋彪各作色變容，[10]司隸校尉舉奏，[11]安等皆上印綬謝。[12]肅宗詔報曰：[13]“久議沈滯，各有所志。蓋事以議從，策由衆定，誾誾衎衎，得禮之容，[14]寢嘿抑心，[15]更非朝廷之福。君何尤而深謝？其各冠履。”帝竟從安議。明年，代第五倫爲司空。章和元年，[16]代桓虞爲司徒。

［1］【今注】元和：東漢章帝劉炟年號（84—87）。

［2］【今注】武威：郡名。治姑臧縣（今甘肅武威市城區）。

［3］【今注】北虜既已和親：東漢光武帝建武二十四年（48）春，匈奴八部大人共議立比爲呼韓邪單于。於是款五原塞，願永爲蕃蔽，扞禦北虜。帝用五官中郎將耿國議，許之。其冬，比自立爲呼韓邪單于。匈奴始分爲南北單于。本書卷八九《南匈奴傳》載，東漢明帝永平六年（63）左右，會北單于欲合市，遣使求和親，顯宗冀其交通，不復爲寇。乃許之。又載南匈奴伊屠於閭鞮單于宣，章帝元和二年（85）立。其歲，單于遣兵千餘人獵至涿邪山，卒與北虜溫禺犢王遇，因戰，獲其首級而還。冬，孟雲上言：“北虜以前既和親，而南部復往鈔掠，北單于謂漢欺之，謀欲犯塞，謂宜還南所掠生口，以慰安其意。”肅宗從太僕袁安議，許之。北虜，北匈奴。

［4］【今注】南部復往抄掠：本書《南匈奴傳》載，東漢明帝永平十六年，南單于遣左賢王信隨太僕祭肜及吴棠出朔方高闕，攻

北單于皋林温禺犢王於涿邪山。章帝建初元年（76），皋林温禺犢王復將衆還居涿邪山，南單于聞知，遣輕騎與緣邊郡及烏桓兵出塞擊之，斬首數百級，降者三四千人。元和元年，武威太守孟雲上言北單于復願與吏人合市，詔書聽雲遣驛使迎呼慰納之。北單于遣大且渠伊莫訾王等，驅牛馬萬餘頭來與漢賈客交易。諸王大人或前至，所在郡縣爲設官邸，賞賜待遇之。南單于聞，乃遣輕騎出上郡，遮略生口，鈔掠牛馬，驅還入塞。

［5］【今注】北單于：北匈奴單于。或爲優留單于。南匈奴伊屠於閭鞮單于宣，東漢章帝元和二年立，遣兵千餘人獵至涿邪山，與北匈奴温禺犢王遇，因交戰，獲其首級而還。章和元年（87），鮮卑入左地擊北匈奴，大破之，斬優留單于。和帝永元三年（91），北單于爲右校尉耿夔所破，逃亡不知所至。其弟右谷蠡王於除鞬自立爲單于，將右温禺鞮王、骨都侯以下數千人，止蒲類海，遣使款塞。大將軍竇憲上書，立於除鞬爲北單于，朝廷從之。

［6］【今注】生口：俘虜。

［7］【李賢注】譎亦詐也。

［8］【今注】司徒：官名。三公之一。西漢哀帝元壽二年（前1），正三公官分職，改丞相爲大司徒。東漢光武帝建武二十七年去“大”字，稱司徒，掌全國民政、教化等事。秩萬石。　桓虞：字仲春，馮翊萬年（今陝西西安市臨潼區）人。初爲魯令，以父母老，去官。遷尚書僕射，據法斷事，周密平正，以爲能。東漢明帝永平初爲南陽太守，表賢黜惡，校練名實，豪吏無所容其姦，百姓悦之。東漢章帝建初年間，爲司徒、光禄勳。

［9］【今注】太尉：官名。東漢光武帝建武二十七年改大司馬爲太尉，秩萬石，列三公之首，與司徒、司空共同行使宰相職能，名位甚重。或與太傅並録尚書事，綜理全國軍政事務，考核地方長官，參議大政。開府辟僚屬，設長史等屬僚，置諸曹分管各種行政事務。秩萬石。　鄭弘：字巨君，會稽山陰（今浙江紹興市越城區）人。傳見本書卷三三。

［10］【今注】大鴻臚：官署名。秦及漢初稱“典客”。掌管歸降少數民族。西漢景帝中元六年（前144）改稱大行令，武帝太初元年（前104）更名大鴻臚。屬官有行人、譯官、别火三令丞和郡邸長丞。王莽改名“典樂”。東漢復稱“大鴻臚”。掌諸侯和四方歸降少數民族，及典郊廟行禮贊導、諸王入朝、郡國上計、皇子拜王及拜諸侯、諸侯嗣子及四方少數民族禮儀。吊唁諸侯王薨。秩中二千石。

［11］【今注】司隸校尉：官名。簡稱“司隸”。掌察舉三輔（京兆、左馮翊、右扶風）、三河（河東、河内、河南）、弘農七郡的犯法者。秩比二千石。西漢成帝元延四年（前9）省，哀帝時復置，改名“司隸”，隸大司空。東漢仍名司隸校尉，掌糾察宫廷皇親、貴戚百官，兼領兵、搜捕罪犯，並爲司隸州行政長官。秩比二千石。光武帝特詔朝會時與御史中丞、尚書令並專席而坐，時號“三獨坐”。此時爲鄭據。

［12］【今注】印綬：繫印鈕的絲帶，顏色不同代表官職高低。此處代指印信。

［13］【今注】肅宗：東漢章帝劉炟，公元75年至88年在位。紀見本書卷三。

［14］【李賢注】誾誾，忠正貌。衎衎，和樂貌。【今注】誾誾衎衎：正直而又態度和善。　得禮之容：言行符合禮制的規定。

［15］【今注】寢嘿抑心：沉默不言。寢嘿，又作“寢默”。

［16］【今注】章和：東漢章帝劉炟年號（87—88）。

和帝即位，[1]竇太后臨朝，[2]后兄車騎將軍憲北擊匈奴，[3]安與太尉宋由、司空任隗及九卿詣朝堂上書諫，[4]以爲匈奴不犯邊塞，而無故勞師遠涉，損費國用，徼功萬里，非社稷之計。書連上輒寢。宋由懼，遂不敢復署議，[5]而諸卿稍自引止。唯安獨與任隗守正不移，至免冠朝堂固争者十上。太后不聽，衆皆爲之危懼，安正色自若。竇憲既出，而弟衛尉篤、執金吾景各專威權，[6]公於京師使客遮道奪人財物。景又擅使乘驛施檄緣邊諸郡，[7]發突騎及善騎射有才力者，[8]漁陽、鴈門、上谷三郡各遣吏將送詣景第。[9]有司畏憚，莫敢言者。安乃劾景擅發邊兵，驚惑吏人，二千石不待符信而輒承景檄，[10]當伏顯誅。又奏司隸校尉、河南尹阿附貴戚，無盡節之義，[11]請免官案罪。竝寢不報。憲、景等日益横，盡樹其親黨賓客於名都大郡，[12]皆賦斂吏人，更相賂遺，其餘州郡，亦復望風從之。安與任隗舉奏諸二千石，又它所連及貶秩免官者四十餘人，竇氏大恨。但安、隗素行高，亦未有以害之。

[1]【今注】和帝：東漢和帝劉肇，公元 88 年至 105 年在位。紀見本書卷四。

[2]【今注】竇太后：東漢章帝皇后。扶風平陵（今陕西咸陽市西北）人。和帝即位，臨朝執政，其兄、弟位居顯要。永元四年 (92)，和帝與宦官鄭衆等誅滅竇氏，被迫歸政。紀見本書卷一〇上。

[3]【今注】車騎將軍：漢初爲臨時將軍名，掌領車騎士。臨時設置，事訖即罷。西漢武帝後常設，地位次於大將軍、驃騎將軍。掌京城、皇宫禁衛軍隊，出征時常總領諸將軍。東漢時位比三公，常以貴戚充任。秩萬石。掌領兵征伐，參議朝政。靈帝時作爲加官或贈官。靈帝中平元年（184）分置左、右。　憲：竇憲，字伯度，扶風平陵（今陕西咸陽市西北）人。其妹爲章帝皇后。傳見本書卷二三。

［4］【今注】宋由：初爲大司農，東漢章帝元和三年（86），任太尉。和帝永元四年，坐與竇憲同黨自殺。　司空：官名。即大司空。漢初爲“御史大夫”。成帝綏和元年（前 8）更名“大司空”。哀帝建平二年（前 5）又稱“御史大夫”，元壽二年（前 1）改稱“大司空”。東漢初仍稱“大司空”，光武帝建武二十七年（51）去“大”字，改稱“司空”。掌築城、溝洫、陵墓等水土工程，及水土工程考核等。與太尉、司徒一同參議大政。屬官有長史、將軍等。　任隗：字仲和，南陽宛（今河南南陽市卧龍區）人。傳見本書卷二一。　九卿：太常、光禄勳、衛尉、廷尉、太僕、大鴻臚、宗正、大司農、少府等諸卿。泛指朝廷中的高級官員。

［5］【今注】署議：謂上書議事。因上書須署名，故稱。

［6］【今注】衛尉：官名。掌宫門衛士和宫内巡察。秩中二千石。　篤：竇篤。竇憲之弟。東漢章帝建初二年（77）爲黄門侍郎。和帝即位，爲虎賁中郎將。和帝永元年間，爲衛尉。封郾侯。永元四年自殺。　執金吾：官名。本爲秦中尉，西漢武帝太初元年（前 104）改名執金吾。掌京師治安，督捕盜賊，皇帝出行則充護衛儀仗。秩中二千石。　景：竇景。東漢和帝即位，任中常侍。和帝永元年間，封汝陽侯，爲執金吾。永元四年自殺。

［7］【今注】檄：古代官方文書，用以徵召、封賞、曉喻、聲討等。

［8］【今注】突騎：指用以突破敵陣的騎兵。《漢書》卷四九《晁錯傳》顔師古注：“突騎，言其驍鋭可用衝突敵人也。”

［9］【今注】漁陽：郡名。治漁陽縣（今北京市懷柔區北房鎮梨園莊東）。　鴈門：郡名。治陰館縣（今山西朔州市東南夏關城）。　上谷：郡名。治沮陽縣（今河北懷來縣東南）。

［10］【今注】二千石：因漢代所得俸禄以米穀爲準，故官秩等級以“石”名。漢朝二千石爲中央政府機構的九卿等列卿，及地方州牧郡守、諸侯王國相等。又可細分爲中二千石、二千石、比二

千石三等。此處泛指漢朝廷的高級官員。　符信：即符節，古代調兵遣使，用驛傳郵所用的憑證。《説文·竹部》："符，信也。漢制以竹長六寸分而相合。"案，有銅虎符，竹節符。後有傳、棨、繻等。《史記》卷一〇《孝文本紀》文帝二年（前178）九月，初與郡國守相爲銅虎符、竹使符。《集解》應劭曰："銅虎符第一至第五，國家當發兵，遣使者至郡合符，符合乃聽受之。竹使符皆以竹箭五枚，長五寸，鐫刻篆書，第一至第五。"

［11］【李賢注】《續漢書》曰，安奏司隸鄭據、河南尹蔡嵩入（紹興本、大德本、殿本無"入"字，是）。

［12］【李賢注】《袁山私書》曰（私，紹興本、大德本、殿本作"松"，是），河南尹王調，漢陽太守朱敞，南陽太守滿殷、高丹等皆其賓客（其，大德本誤作"具"）。《前書》曰"十一萬户爲大郡"也（一，紹興本、大德本、殿本作"二"，是）。

時竇憲復出屯武威。明年，北單于爲耿夔所破，[1]遁走烏孫，[2]塞北地空，餘部不知所屬。憲日矜己功，欲結恩北虜，乃上立降者左鹿蠡王阿佟[3]爲北單于，置中郎將領護，[4]如南單于故事。[5]事下公卿議，太尉宋由、太常丁鴻、光禄勳耿秉等十人議可許。[6]安與任隗奏，以爲"光武招懷南虜，[7]非謂可永安内地，正以權時之筭，可得扞禦北狄故也。今朔漠既定，宜令南單于反其北庭，并領降衆，無緣復更立阿佟，以增國費"。宗正劉方、大司農尹睦同安議。[8]事奏，未以時定。安懼憲計遂行，乃獨上封事曰：[9]"臣聞功有難圖，不可豫見；事有易斷，較然不疑。伏惟光武皇帝本所以立南單于者，欲安南定北之策也，恩德甚備，故匈奴遂分，邊境無患。孝明皇帝奉承先意，[10]不敢失墜，赫然命將，爰伐塞北。至乎章和之初，降者十餘萬人，[11]議者欲置之濱塞，東至遼東，[12]太尉宋由、光禄勳耿秉皆以爲失南單于心，不可，先帝從之。[13]陛下奉承洪業，[14]大開疆宇，大將軍遠師討伐，[15]席卷北庭，[16]此誠宣明祖宗，崇立弘勳者也。宜審其終，以成厥功。[17]伏念南單于屯，先父舉衆歸德，自蒙恩以來，四十餘年。三帝積累，以遺陛下。陛下深宜遵述先志，成就其業。況屯首唱大謀，空盡北虜，輟而弗圖，更立新降，以一朝之計，違三世之規，失信於所養，建立於無功。由、秉實知舊議，而欲背棄先恩。夫言行君子之樞機，[18]賞罰理國之綱紀。《論語》曰：'言忠信，行篤敬，雖蠻貊行焉。'[19]今若失信於一屯，則百蠻不敢復保誓矣。又烏桓、鮮卑新殺北單于，[20]凡人之情，咸畏仇讎，今立其弟，則二虜懷怨。兵、食可廢，信不可去。[21]且漢故事，[22]供給南單于費直歲一億九十餘萬，[23]西域歲七千四百八十萬。今北庭彌遠，其費過倍，是乃空盡天下，而非建策之要也。"詔下其議。安又與憲更相難折。憲險急負埶，言辭驕訐，[24]至詆毁安，稱光武誅韓歆、戴涉故事，安終不移。[25]憲竟立匈奴降者右鹿蠡王於除鞬爲單于，[26]後遂反叛，卒如安策。

[1]【今注】耿夔：字定公，扶風茂陵（今陝西興平市東北）人。東漢和帝永元初，以車騎將軍從竇憲北擊匈奴，拜騎都尉。永元三年（91），任大將軍左校尉，隨憲出居延塞，大破匈奴。封粟邑侯。傳見本書卷一九。

［2］【今注】烏孫：西域古國名。都赤谷城（今新疆阿克蘇河上游、中亞伊什提克一帶）。分布在今新疆伊犁河到天山一帶。

［3］【李賢注】徒冬反工（紹興本、大德本、殿本無“工”字，是）。【今注】左鹿蠡王：匈奴官名。又作“左谷蠡王”。本書卷八九《南匈奴傳》載，匈奴單于下有貴族大臣，分別爲左賢王、左谷蠡王、右賢王、右谷蠡王，謂之四角；又有左右日逐王、左右温禺鞮王、左右漸將王，是爲六角。皆爲單于子弟，按次第繼位爲單于。　阿佟：左鹿蠡王阿佟。惠棟《後漢書補注》卷一一謂《後漢紀》“阿佟”作“阿條”。錢大昭《後漢書辨疑》卷八疑即於除鞬，“左”當作“右”。《資治通鑑》卷四七《漢紀》孝和皇帝永元二年考異引《袁安傳》云：“憲請立左鹿蠡王阿佟爲北單于，安以爲不可，憲竟立右鹿蠡王於除鞬。”據此，則阿佟與於除鞬是二人。《後漢紀》卷一三《和帝紀》作“阿條”，南匈奴傳止有右谷蠡王於除鞬，無阿佟名。今從之。《後漢紀》又云：“宋由、丁鴻、尹睦以爲阿條誅君之子，又與烏丸、鮮卑爲父兄之讎，不可立。南單于先帝所置，今首破北虜，新建大功，宜令并領降衆。”與本書不同。又云“卒從安議”，蓋誤。今從《袁安傳》。

［4］【今注】中郎將：官名。郎中令屬官。掌監羽林、虎賁等，宿衛宫禁，出充車騎，選拔郎官等。秩比二千石。東漢省併郎署，中郎、侍郎、郎中悉歸五官、左、右三署。五官、左、右中郎將仍隸光禄勳。掌考核選拔郎官。又置虎賁、羽林中郎將掌宫禁宿衛侍從，匈奴中郎將管理南匈奴事務。　領護：指管理保衛。曹金華《後漢書稽疑》案，本傳謂竇憲欲立北單于，宋由、丁鴻等議可許，袁安與任隗以爲不可許，而《後漢紀》卷一三作“司徒袁安、太尉宋由、太常丁鴻、少府尹睦”以爲“不可立”，二書不同。周天游《校注》云“宋由乃竇氏之黨，不當從安議，且太尉不當列司徒下，此‘太尉宋由’恐系‘司空任隗’之誤”，其説甚是。然本傳下文袁安上書僅及“太尉宋由、光禄勳耿秉”，而不及“丁

鴻”，《丁鴻傳》載“和帝即位，遷太常。永元四年，代袁安爲司徒。是時竇太后臨政，憲兄弟各擅威權。鴻因日食，上封事曰：……書奏十餘日，帝以鴻行太尉兼衛尉，屯南、北宫。於是收竇憲大將軍印綬，憲及諸弟皆自殺”，似丁鴻非爲竇黨。史書未明，不敢擅斷，録之存疑。（曹金華：《後漢書稽疑》，第598—599頁）

［5］【今注】如南單于故事：本書《南匈奴傳》載，東漢光武帝建武二十三年（47），匈奴立蒲奴爲單于，日逐王比率衆南下，自立呼韓邪單于，建庭五原塞（今内蒙古包頭市），依附東漢稱臣，被光武帝安置在河套地區。次年，遷庭於美稷縣（今内蒙古准格爾旗西北），即“南庭”。漢朝置使匈奴中郎將，控制南匈奴部衆。分布地區包括今甘肅慶陽、寧夏、山西、陝西、河北省北部、内蒙古呼和浩特至包頭一帶。建武二十六年，匈奴内附，於是復詔單于徙居西河美稷，因使中郎將段郴及副校尉王鬱留西河擁護之，爲設官府、從事、掾史。

［6］【今注】太常：官名。西漢景帝中元六年（前144）名“奉常”。掌祭祀社稷、宗廟和朝會、喪葬禮儀，管理、巡視陵廟所在縣邑，兼管博士和博士弟子的考核、薦舉。王莽時改名“秩宗”。東漢時掌禮儀祭祀及博士選拔考核。秩中二千石。　丁鴻：字孝公，潁川定陵（今河南舞陽縣東北）人。少從桓榮受學《歐陽尚書》。傳見本書卷三七。　光禄勳：官名。秦置郎中令，掌宫殿門户。漢初因之，西漢武帝太初元年（前104）更爲光禄勳。東漢因置。秩中二千石，爲宫内總管，統領皇帝的顧問參議、宿衛侍從，傳達接待等官。　耿秉：字伯初，扶風茂陵（今陝西興平市東北）人。能説《司馬兵法》，尤好將帥之略。傳見本書卷一九。

［7］【今注】光武招懷南虜：東漢光武帝建武二十三年，南單于復遣使詣闕，奉藩稱臣，獻國珍寶，求使者監護，遣侍子，修舊約。

［8］【今注】宗正：官名。掌管理皇室及外戚事務。西漢平帝元始四年（4）更名“宗伯”。王莽時併於秩宗（太常）。東漢復名

“宗正”，秩中二千石。　劉方：平原人。先爲襄城令。東漢章帝章和二年任宗正。和帝永元四年爲司空。六年爲司徒。九年自殺。　大司農：官名。秦置治粟内史，掌穀貨。西漢景帝後元元年（前143）更名“大農令”，武帝太初元年更名“大司農”。秩中二千石。王莽改曰“羲和”，後更爲“納言”。東漢掌錢穀金帛貨幣、郡國錢穀簿、邊郡諸官錢糧調度等。秩中二千石。　尹睦：河南人。東漢章帝章和二年任大司農。和帝永元四年，爲太尉，録尚書事。五年薨。

［9］【今注】封事：密封的奏章。爲防止奏章泄密，用皂囊密封。始於西漢宣帝時。

［10］【今注】孝明皇帝：東漢明帝劉莊，公元57年至75年在位。

［11］【今注】案，十餘萬，大德本、殿本作“十萬餘”。本書卷八九《南匈奴傳》載，東漢章帝章和元年，“北庭大亂，屈蘭、儲卑、胡都須等五十八部，口二十萬，勝兵八千人，詣雲中、五原、朔方、北地降”。

［12］【李賢注】濱，邊也。【今注】遼東：郡名。治襄平縣（今遼寧遼陽市白塔區）。

［13］【今注】太尉宋由光禄勳耿秉皆以爲失南單于心不可先帝從之：本書《南匈奴傳》載，東漢章帝章和二年，休蘭屍逐侯鞮單于屯屠何上書：“臣將餘兵萬人屯五原、朔方塞，以爲拒守。”太后以示耿秉。耿秉上言：“昔武帝單極天下，欲臣虜匈奴，未遇天時，事遂無成。宣帝之世，會呼韓來降，故邊人獲安，中外爲一，生人休息六十餘年。及王莽篡位，變更其號，耗擾不止，單于乃畔。光武受命，復懷納之，緣邊壞郡得以還復。烏桓、鮮卑咸脅歸義，威鎮四夷，其效如此。今幸遭天授，北虜分争，以夷伐夷，國家之利，宜可聽許。”耿秉因自陳受恩，分當出命效用。太后從之。

［14］【今注】案，洪，大德本、殿本作“鴻”，二字可通。

［15］【今注】大將軍：重號將軍名。西漢武帝以衛青征匈奴

有功，封大將軍。此後大將軍常冠大司馬之號，秩萬石，領尚書事。成帝綏和元年（前8），改稱“大司馬”。東漢光武帝復置，主征伐，事訖皆罷。秩萬石，不冠大司馬之號。多授予貴戚，常兼録尚書事，與太傅、太尉等共同主持政務。開府置僚屬，屬官有前、後、左、右等雜號將軍。

［16］【今注】北庭：北匈奴單于王庭（今蒙古國烏蘭巴托）。東漢光武帝建武二十三年匈奴分裂爲南北兩單于。同年，匈奴立蒲奴爲單于，日逐王比率衆南下，自立呼韓邪單于，建庭五原塞（今内蒙古包頭市），依附東漢稱臣，被漢光武帝安置在河套地區。次年，遷庭於美稷縣（今内蒙古准格爾旗西北），即“南庭”。

［17］【今注】案，功，紹興本、殿本誤作“初”。

［18］【李賢注】《易》曰：“言行者（行，大德本誤作‘語’），君子之樞機。樞機之發，榮辱之主也。”

［19］【今注】案，《論語·衛靈公上》作：“子張問行。子曰：‘言忠信，行篤敬，雖蠻貊之邦，行矣。言不忠信，行不篤敬，雖州里，行乎哉？’”

［20］【今注】鮮卑：古族名。東胡的一支，因别依鮮卑山，故稱。漢初，爲冒頓所敗，入遼東塞外，與烏桓相接。東漢初，與匈奴攻遼東。和帝永元中，北匈奴西遷後，徙據其地。因兼併其衆，逐漸强盛，多次攻漢邊郡。桓帝時，首領檀石槐建庭立制，分爲東、中、西三部，各置大人率領。其後聯合體瓦解，步度根、軻比能等首領各擁其衆，附屬曹魏。　新殺北單于：東漢章帝章和元年（87），鮮卑入左地擊北匈奴，大破之，斬優留單于，取其匈奴皮而還。

［21］【李賢注】《論語》：“孔子曰：‘足食足兵，人信之矣。’‘必不得已而去，於斯三者何先？’曰：‘去兵。’曰：‘必不得已而去，於斯二者何先？’曰：‘去食。自古皆有死，人無信不立。’”

［22］【今注】漢故事：東漢章帝章和二年七月，單于自請出

擊北匈奴曰：“臣等生長漢地，開口仰食，歲時賞賜，動輒億萬，雖垂拱安枕，慚無報效之地。”（參見廖伯源《論漢廷與匈奴關係之財務問題》，《中國文化研究所學報》2008 年第 48 期）

［23］【今注】案，大德本、殿本無“一”字。《後漢紀》卷一三《和帝紀》“十”作“千”。

［24］【李賢注】訐謂發揚人之惡。

［25］【李賢注】大司徒歆坐非帝讀隗囂書，自殺。大司徒涉坐殺太倉令，下獄死。【今注】韓歆：字翁君，南陽（今河南南陽市）人。新莽末爲河内太守。後降劉秀，爲鄧禹軍師，以從攻伐有功，封扶陽侯。任尚書令、沛郡太守。提議設立《費氏易》《左氏春秋》博士。本書卷二六《侯霸傳》載，東漢光武帝建武十三年，位至大司徒。韓歆曰：“亡國之君皆有才，桀紂亦有才。”帝大怒，以爲激發。韓歆又證歲將飢凶，指天畫地，言甚剛切，坐免歸田里。帝猶不釋，復遣使宣詔責之。建武十五年，歆及子嬰皆自殺。又案，帝讀隗囂書，本書《侯霸傳》作“聞帝讀隗囂、公孫述相與書”。　戴涉：東漢光武帝建武十五年，關内侯戴涉爲大司徒。二十年夏四月庚辰，大司徒戴涉下獄死。章懷注：“《古今注》曰：‘坐入故太倉令奚涉罪。’”曹金華《後漢書稽疑》謂，《袁安傳》“稱光武誅韓歆、戴涉故事”，章懷注：“大司徒涉坐殺太倉令，下獄死。”《張湛傳》“後大司徒戴涉被誅”，章懷注：“坐所舉人盜金下獄。”其諸説各異。又據《竇融傳》“大司徒戴涉坐所舉人盜金下獄”，當是戴涉舉太倉令奚涉，奚涉因盜金被戴涉所殺，戴涉因而坐罪被誅。（第 43 頁）

［26］【李賢注】鞬音九言反。【今注】右鹿蠡王於除鞬爲單于：東漢和帝永元三年，北單于復爲右校尉耿夔所破，逃亡不知所在。其弟右谷蠡王於除鞬自立爲單于，將右温禺鞬王、骨都侯已下衆數千人，止蒲類海，遣使款塞。大將軍竇憲上書，立於除鞬爲北單于，朝廷從之。右鹿蠡王，匈奴官名。地位次於左賢王，往往以

單于子弟充當。右鹿蠡王，又作“右谷蠡王”。本書卷《南匈奴傳》載，匈奴單于下有貴族大臣，分别爲左賢王、左谷蠡王、右賢王、右谷蠡王，謂之四角；又有左右日逐王、左右温禺鞮王、左右漸將王，是爲六角。皆爲單于子弟，按次第繼位爲單于。

安以天子幼弱，[1]外戚擅權，[2]每朝會進見，[3]及與公卿言國家事，未嘗不噫嗚流涕。[4]自天子及大臣皆恃賴之。四年春，薨，朝廷痛惜焉。

[1]【今注】天子幼弱：東漢章帝章和二年（88），和帝劉肇即位，祇有十歲。

[2]【今注】外戚：指竇氏家族。東漢和帝即位後，由養母竇太后執政，竇太后排斥異己，讓哥哥竇憲掌權。竇家人一犯法，竇太后就再三庇護，竇氏的專横跋扈引起漢和帝不滿。永元四年（92），和帝聯合宦官鄭衆將竇氏一網打盡，但也導致“於是中官始盛焉”。

[3]【今注】朝會：古代稱臣見君爲朝，君見臣爲會，合稱朝會。每歲首正月，爲大朝受賀。

[4]【李賢注】噫音醫，又乙戒反。嗚音一故反。歎傷之貌也。

後數月，竇氏敗，[1]帝始親萬機，[2]追思前議者邪正之節，乃除安子賞爲郎。[3]策免宋由，以尹睦爲太尉，劉方爲司空。睦，河南人，[4]薨於位。方，平原人，[5]後坐事免歸，自殺。[6]

[1]【今注】案，竇氏敗，本書卷二三《竇融傳》載，東漢和

帝永元四年（92），憲等既至，帝乃幸北宮，詔執金吾、五校尉勒兵屯衞南、北宮，閉城門，收捕疊、磊、璜、舉，皆下獄誅，家屬徙合浦。遣謁者僕射收憲大將軍印綬，更封爲冠軍侯。憲及篤、景、瓌皆遣就國。帝以太后故，不欲名誅憲，爲選嚴能相督察之。憲、篤、景到國，皆迫令自殺，宗族、賓客以憲爲官者皆免歸本郡。瓌以素自修，不被逼迫，明年坐稟假貧人，徙封羅侯，不得臣吏人。

［2］【今注】萬機：帝王處理的各種重要事務。《尚書·虞書·皋陶謨》："亡敖佚欲有國，兢兢業業，一日二日萬機。"

［3］【今注】郎：官名。掌守宮門，備諮詢，出充車騎。東漢於光禄勳下設五官、左、右中郎將署，主管諸中郎、侍郎、郎中，其郎官多達二千餘人。

［4］【今注】河南：郡名。治洛陽縣（今河南洛陽市東北漢魏故城）。

［5］【今注】太原：郡名。治晉陽縣（今山西太原市西南晉源鎮）。

［6］【今注】案，曹金華《後漢書稽疑》謂，《和帝紀》載永元四年"宗正劉方爲司空"，六年"司空劉方爲司徒"，九年"司徒劉方策免，自殺"，當作"後爲司徒，坐事免歸"（第600頁）。

初，安父没，母使安訪求葬地，道逢三書生，問安何之，安爲言其故，生乃指一處，云"葬此地，當世爲上公"。[1]須臾不見，安異之。於是遂葬其所占之地，故累世隆盛焉。安子京、敞最知名。

［1］【今注】上公：官名。周制，太傅、太師、太保稱上公。西漢設太師、太傅、太保，皆金印紫綬，地位雖高，但無實權。東漢上公僅有太傅一人，多授與元老重臣，掌善導群臣，無常職，其

以太傅録尚書事者，則有實權。

京字仲譽。習孟氏《易》，作難記三十萬言。初拜郎中，[1]稍遷侍中，[2]出爲蜀郡太守。[3]

[1]【今注】郎中：官名。春秋戰國爲郎官通稱，侍從君主左右，參與謀議，執兵宿衛，亦備差遣出使。秦、西漢掌執戟殿下，守衛宫殿門户，出充車騎扈從，又分車、户、騎郎。東漢罷郎中三將，遂分隸五官、左、右中郎將三署，名義上備宿衛，實爲後備官吏人材。

[2]【今注】侍中：官名。西漢時爲加官。東漢爲正式職官。掌侍從皇帝左右，贊導衆事，顧問應對。皇帝出行則參乘騎從，多由功臣貴戚擔任。秩比二千石，無固定員數。長官本有僕射一人，東漢轉爲祭酒，或置或否。

[3]【今注】蜀郡：治成都縣（今四川成都市武侯區）。

子彭，字伯楚。少傳父業，歷廣漢、南陽太守。[1]順帝初，[2]爲光禄勳。行至清，爲吏麤袍糲食，[3]終於議郎。[4]尚書胡廣等追表其有清絜之美，[5]比前朝貢禹、第五倫。[6]求蒙顯贈，[7]當時皆嗟歎之。

[1]【今注】廣漢：郡名。西漢治梓潼縣（今四川梓潼縣）。東漢安帝永初二年（108）移治涪縣（今四川綿陽市東），又徙治雒縣（今四川廣漢市）。　南陽：郡名。治宛縣（今河南南陽市卧龍區）。曹金華《後漢書稽疑》謂，《風俗通·正失篇》“彭城相袁元服”作“歷典三郡，致位上列”，與本傳異（第600頁）。

[2]【今注】順帝：東漢順帝劉保，公元125年至144年在位。

紀見本書卷六。

[3]【今注】麤袍糲食：粗糙的衣服和米。麤，不精。《周禮·天官·内宰》："比其小大，與其麤良，而賞罰之。"賈公彦《疏》："布帛等縷小者則細良，縷大者則麤惡。"糲食，粗糙的食物。

[4]【今注】議郎：官名。西漢爲光禄勳屬官。掌顧問應對，參與議政。秩比六百石。東漢除議政外，也給事宫中。

[5]【今注】尚書：官名。西漢初爲掌文書小吏。武帝後置四員分曹治事，領諸郎。又置中書，以宦者擔任。成帝建始四年（前29），增爲五員，掌文書章奏詔命。東漢尚書臺分六曹，各置尚書，秩六百石，位在令、僕射下，丞、郎上，掌接納章奏、擬定詔令，位輕權重。與令、僕射合稱"八座"。　胡廣：字伯始，南郡華容（今湖北潜江市西南）人。著有《百官箴》及詩、賦、銘、箴等二十二篇。卒謚文恭。傳見本書卷四四。

[6]【李賢注】貢禹，元帝御史大夫。經明行修，清絜憂國也。【今注】貢禹：字少翁，琅邪（今山東諸城市）人。以明經徵爲博士，遷涼州刺史。又以賢良爲河南令。西漢元帝即位，爲諫大夫，遷御史大夫。傳見《漢書》卷七二。

[7]【今注】案，求，殿本作"未"，是。

彭弟湯，字仲河，少傳家學，諸儒稱其節，多歷顯位。桓帝初爲司空，[1]以豫議定策封安國亭侯，[2]食邑五百户。累遷司徒、太尉，以灾異策免。[3]卒，謚曰康侯。[4]

[1]【今注】桓帝：東漢桓帝劉志，公元146年至167年在位。紀見本書卷七。

[2]【今注】安國：縣名。治所在今河北博野縣東南。　亭

侯：東漢爵位名。爲第五級。東漢有縣侯、都鄉侯、鄉侯、都亭侯、亭侯，共五級。

［3］【今注】灾異：自然災害或某些異常的自然現象。

［4］【李賢注】《風俗通》曰："湯時年八十六，有子十二人。"

湯長子成，[1]左中郎。[2]早卒，次子逢嗣。

［1］【今注】案，湯長子成，曹金華《後漢書稽疑》據《三國志·魏書·袁紹傳》注引《華嶠書》作"湯四子：長子平，平弟成，左中郎將，並早卒"，與此不同；又注引《英雄記》曰"成字文開"，本傳不載（第600頁）。

［2］【今注】左中郎：王先謙《後漢書集解》引何焯説，謂"左中郎"下當有"將"字。又《校補》引柳從辰説，謂《後漢紀》亦作"左中郎將"，與華嶠書同。當據補。左中郎將，官名。主左署郎。秩比二千石。

逢字周陽，以累世三公子，[1]寬厚篤信，著稱於時。靈帝立，[2]逢以太僕豫議，[3]增封三百户。後爲司空，卒於執金吾。朝廷以逢嘗爲三老，[4]特優禮之，賜以珠畫特詔祕器，[5]飯含珠玉二十六品，[6]使五官中郎將持節奉策，[7]贈以車騎將軍印綬，加號特進，[8]謚曰宣文侯。子基嗣，位至太僕。

［1］【今注】三公：官名。西周時指太師、太傅、太保或司徒、司馬、司空。西漢初指丞相、御史大夫、太尉。武帝建元二年（前139）省太尉。元狩四年（前119）置大司馬。成帝綏和元年（前8）改御史中丞爲大司空。哀帝元壽二年（前1）改丞相爲大司

徒。此後以丞相（大司徒）、大司馬、御史大夫（大司空）爲三公。王莽定三公之號曰大司馬、大司徒、大司空。東漢初，因而不改。光武帝建武二十七年（51），大司馬改爲太尉，大司徒、大司空去“大”字，亦稱“三司”。掌參議朝政，監察百官。

［2］【今注】靈帝：東漢靈帝劉宏，公元168年至189年在位。紀見本書卷八。

［3］【今注】太僕：官名。掌天子輿馬。王莽時改稱“太御”。東漢復稱“太僕”，掌天子車馬。天子出，掌鹵簿並駕車輿。秩中二千石。

［4］【今注】三老：漢代鄉、縣、郡年老且有德行的人，參與地方政事，掌教化。

［5］【李賢注】《前書》曰，董賢死，以沙畫棺（沙，殿本作“砂”，二字可通，本注下同）。《音義》云：“以朱沙畫之也。”“珠”與“朱”同。祕器，棺也。

［6］【李賢注】《穀梁傳》曰：“貝王曰含（王，紹興本、殿本作‘玉’，大德本作‘五’，當以‘玉’爲是）。”

［7］【今注】五官中郎將：官名。主五官郎。掌更直執戟，宿衞諸殿門，出充車騎。秩比二千石。

［8］【今注】加號特進：《漢官儀》卷上曰：“諸侯功德優盛，朝廷所敬異者，賜位特進，在三公下。”從本官車服，無吏卒，唯食其禄賜、列其班位。

逢弟隗，少歷顯官，[1]先逢爲三公。時中常侍袁赦，[2]隗之宗也，用事於中。以逢、隗世宰相家，推崇以爲外援。故袁氏貴寵於世，富奢甚，不與它公族同。獻帝初，[3]隗爲太傅。

［1］【李賢注】隗字次陽。

［2］【今注】中常侍：官名。初稱“常侍”，掌侍從皇帝。西漢武帝後參與朝議，爲中朝官。元帝後稱“中常侍”，爲加官。東漢時非加官，而成爲專職。掌侍從皇帝，顧問應對。秩千石，又增爲比二千石。本無員數，明帝時定爲四人。章帝、和帝時，漸以宦官擔任。　案，袁赦，惠棟《後漢書補注》卷一一謂，《後漢紀》作“袁朗”，據本書《梁冀傳》當作“袁赦”。

［3］【今注】獻帝：東漢獻帝劉協，公元189年至220年在位。紀見本書卷九。

成子紹，[1]逢子術，[2]自有傳。董卓忿紹、術背己，[3]遂誅隗及術兄基等男女二十餘人。[4]

［1］【今注】紹：袁紹，字本初，汝南汝陽（今河南商水縣）人。傳見本書卷七四上。

［2］【今注】術：袁術，字公路，汝南汝陽（今河南商水縣西北）人，袁紹從弟。傳見本書卷七五。

［3］【今注】董卓：字仲穎，隴西臨洮（今甘肅岷縣）人。傳見本書卷七二。

［4］【今注】案，本書卷九《獻帝紀》李賢注引《獻帝春秋》曰：“尺口以上男女五十餘人，皆下獄死。”卷七四上《袁紹傳》李賢注引《獻帝春秋》曰：“太傅袁隗，太僕袁基，術之母兄，卓使司隸宣璠盡口收之，母及姊妹嬰孩以上五十餘人下獄死。”此處云二十餘人，恐有誤。

敞字叔平，少傳《易經》教授，[1]以父任爲太子舍人。和帝時，歷位將軍、大夫、侍中，[2]出爲東郡太守，[3]徵拜太僕、光禄勳。[4]元初三年，[5]代劉愷爲司空。[6]明年，坐子與尚書郎張俊交通，[7]漏洩省中語，[8]策免。敞廉勁不阿權貴，[9]失鄧氏旨，遂自殺。

［1］【今注】易經：書名。《易》，又稱《易經》《周易》。有交易、變易之義，故謂之《易》。分經、翼兩部分。經包括卦、卦辭、爻辭。翼有十篇，分上下彖、上下象、上下系、文言、説卦、序卦、雜卦，爲解説經的文字。傳説伏羲作八卦，文王、周公作六十四爻，孔子作十翼。秦始皇焚書，《易》爲卜筮之書，故没有被禁。漢代田何傳今文《易》，有施、孟、梁丘、京氏列於學官。此處經爲今文《易》，已佚，今流行傳本爲古文《易》。劉向以古文《易》校以施、孟、梁丘三本，脱去"無咎""悔亡"，祇有費氏《易》與古文《易》相同。東漢光武帝時，曾議立費氏《易》爲博士，但因"無有本師"而作罷。馬融、荀爽爲費氏《易》作傳。

［2］【今注】將軍：武官名。不常置。掌征伐背叛。比公者四：第一大將軍，次驃騎將軍，次車騎將軍，次衞將軍。又有前、後、左、右將軍。　大夫：官名。指光禄大夫、太中大夫、中散大夫、諫議大夫等。

［3］【今注】東郡：治濮陽縣（今河南濮陽市華龍區西南）。東漢獻帝初平二年（191），郡治徙至東武陽縣（今山東莘縣南）。

［4］【今注】案，拜太僕，《漢司空袁敞碑》作"□□□□月庚子，以河南尹子除太子舍人（下闕）。□□□□五月丙戌，除郎中。九年（下闕）。□□□黄門侍郎。十年八月丁丑（下闕）。□□□□十月甲申，拜侍中（下闕）。□□□□□步兵校尉。延平元年（下闕）。□□將作大匠。其十月丁丑，拜東郡太守。□□□□□丙戌，徵拜大僕。五年（下闕）。□□□□元初二年十二月庚戌，拜司空（下闕）。年四月戊申薨。其辛酉葬"（録文據馬衡《漢司空袁敞碑跋》，《北京大學研究所國學門周刊》1925年第1卷第2期）。

［5］【今注】元初：東漢安帝劉祜年號（114—120）。案，曹金華《後漢書稽疑》云："'三年'當作'二年'，'明年'當作'四年'。《安帝紀》載元初二年十二月'庚戌，司空劉愷爲司徒，光禄勳袁敞爲司空'，四年'夏四月戊申，司空袁敞薨'。《漢司徒袁敞碑》載'□初二年，十二月庚戌，□□□'，'□'當作'元'字，'□□□'當作'拜司空'。"（第601頁）

［6］【今注】劉愷：字伯豫，沛國豐（今江蘇豐縣）人。傳見本書卷三九。

［7］【今注】尚書郎：官名。即尚書侍郎。西漢初尚書爲掌文書小吏。武帝後置四員分曹治事，領諸郎。成帝初置尚書四人，分爲四曹。尚書六人，六百石。分六曹。每曹有侍郎六人，共三十六人。掌文書起草。秩四百石。

［8］【今注】省中：禁中。

［9］【今注】廉勁：剛强正直。

張俊者，蜀郡人，有才能，與兄龕竝爲尚書郎，[1]年少勵鋒氣。郎朱濟、丁盛立行不脩，俊欲舉奏之，二人聞，恐，因郎陳重、雷義往請俊，[2]俊不聽，因共私賂侍史，[3]使求俊短，得其私書與敞子，遂封上之，皆下獄，當死。俊自獄中占獄吏上書自訟，[4]書奏而俊獄已報。[5]廷尉將出穀門，臨行刑，[6]鄧太后詔馳騎以減死論。[7]俊假名上書謝曰："臣孤恩負義，自陷重刑，情斷意訖，無所復望。廷尉鞠遣，歐[8]刀在前，[9]棺絮在後，[10]魂魄飛揚，形容已枯。[11]陛下聖澤，以臣嘗在近密，[12]識其狀貌，傷其眼目，[13]留心曲慮，特加偏覆。[14]喪車復還，[15]白骨更肉，披棺發椁，[16]起見白日。天地父母能生臣俊，不能使臣俊當死復生。陛下德過天地，恩重父母，誠非臣俊破碎骸骨，舉宗腐爛，所報萬一。臣俊徒也，不得上書；不勝去死就生，驚喜踴躍，觸冒拜章。”[17]當時皆哀其文。

[1]【今注】案，紹興本、大德本脱“與”字。

[2]【今注】陳重：字景公，豫章宜春（今江西宜春市）人。學魯《詩》、顏氏《春秋》。舉孝廉、拜尚書郎。代人還債錢數十萬而不言。後舉茂才，任細陽令、會稽太守、侍御史等官。傳見本書卷八一。　雷義：字仲公，豫章鄱陽（今江西鄱陽縣東）人。初爲郡功曹。不受人謝金。舉孝廉，拜尚書侍郎。舉茂才，任守灌謁者。拜侍御史、南頓令。傳見本書卷八一。

[3]【今注】侍史：官名。侍奉左右，掌管文書。

[4]【李賢注】占謂口授也，《前書》曰“陳遵憑几口占書吏”是也。

[5]【李賢注】謂奏報論死也。

[6]【李賢注】穀明（明，紹興本、大德本、殿本作“門”，是），洛陽城北面中門也。【今注】廷尉：官名。西漢景帝中元六年（前144）改名大理。武帝建元四年（前137）復舊。掌司法刑獄，主管詔獄。秩中二千石。王莽改名作士。東漢復舊。掌管平決詔獄，處理郡國奏讞疑罪。秩中二千石。屬官有正、左監、左平。　穀門：東漢洛陽城北邊中間的門。

[7]【今注】鄧太后：鄧綏。東漢和帝皇后。南陽新野（今河南新野縣）人。鄧禹孫女。紀見本書卷一〇上。　減死：減免死刑。

[8]【李賢注】音一口反。

[9]【今注】歐刀：漢代行刑用的刀。將刀刃向上横架於某種器具上，使犯人投身就死。刀架下放盛血的容器。本書卷五八《虞詡傳》李賢注：“歐刀，刑人之刀也。”《資治通鑑》卷五〇《漢

紀》孝安皇帝延光元年："賜以歐刀。"胡三省注："古歐冶子善作劍，故謂劍爲歐刀。"

［10］【今注】棺絮：用來塞到槨的縫隙中的紵絮。

［11］【今注】形容：形體容貌。

［12］【李賢注】謂爲尚書郎。

［13］【今注】案，其，殿本作"臣"，是。

［14］【今注】案，徧，紹興本誤作"偏"。

［15］【今注】喪車：車名。用於喪事，或載送葬者，或載靈柩。

［16］【今注】案，椁，殿本作"槨"。

［17］【今注】觸冒：低觸冒犯。　拜章：上給皇帝的奏章。

朝廷由此薄敞罪而隱其死，以三公禮葬之，[1]復其官。子盱。[2]

［1］【今注】三公禮：本書《禮儀志下》載，諸侯王、貴人、公主、公、將軍、特進皆賜器，官中二十四物。使者治喪，穿作，柏椁，百官會送，如故事。諸侯王、公主、貴人皆樟棺，洞朱，雲氣畫。公、特進樟棺黑漆。

［2］【李賢注】況于反。【今注】案，盱，紹興本、大德本、殿本誤作"盰"。

盱後至光禄勳。時大將軍梁冀擅朝，[1]内外莫不阿附，唯盱與廷尉邯鄲義正身自守。及桓帝誅冀，[2]使盱持節收其印綬，[3]事已具《梁冀傳》。

［1］【今注】梁冀：字伯卓，安定烏氏（今寧夏固原市東南）

人。傳見本書卷三四。

[2]【今注】案，桓帝誅冀，事在東漢桓帝延熹二年（159）。

[3]【今注】持節：使者持節代表皇帝出使、指揮軍隊或處理政務。節，漢代使者所持的信物，以竹爲杆，柄長八尺，上綴飾旄牛尾。

閎字夏甫，彭之孫也。少勵操行，苦身脩節。父賀，爲彭城相。[1]閎往省謁，變名姓，徒行無旅。既至府門，連日吏不爲通，會阿母出，[2]見閎驚，[3]入白夫人，乃密呼見。既而辭去，賀遣車送之，閎稱眩疾不肯乘，[4]反，郡界無知者。及賀卒郡，閎兄弟迎喪，不受賻贈，[5]縗絰扶柩，[6]冒犯寒露，禮貌枯毁，手足血流，見者莫不傷之。服闋，[7]累徵聘舉召，皆不應。居處仄陋，[8]以耕學爲業。從父逢、隗竝貴盛，[9]數餽之，無所受。

[1]【李賢注】《風俗通》曰："賀字元服（元，大德本誤作'无'）。祖父京，爲侍中。安帝始加元服，百僚會賀，臨莊垂出而孫適生，喜其嘉會，因名字焉。"【今注】彭城：郡國名。治彭城縣（今江蘇徐州市雲龍區）。東漢初爲楚郡。光武帝建武十五年（39），封皇子劉英爲楚公，楚郡爲楚公國。建武十七年，楚公劉英進爵爲楚王，楚公國升格爲楚王國。明帝永平十三年（70），楚王劉英謀反被廢，楚國除爲漢郡。章帝章和二年（88），以楚郡爲彭城國，徙六安王劉恭爲彭城王。

[2]【今注】阿母：乳母。

[3]【李賢注】《謝承書》曰："乳母從内出，見在門側，面貌省瘦（周天游《八家後漢書輯注》引作'消'），爲其垂泣。

閎厚丁寧：‘此間不知吾，慎勿宣露也。’”

［4］【今注】眩疾：頭目暈眩之病。

［5］【今注】賻贈：贈送財物幫助喪家。

［6］【今注】縗絰：麻布做成的喪帶和喪服。

［7］【今注】服闋：古代父母死後守喪三年，期滿後除去喪服。

［8］【今注】案，仄，大德本、殿本作“側”，二字可通。

［9］【今注】從父：父親的兄弟。即伯父或叔父。

閎見時方險亂，而家門富盛，常對兄弟歎曰：“吾先公福祚，後世不能以德守之，而競爲驕奢，與亂世争權，此即晉之三郤矣。”[1]延熹末，[2]黨事將作，[3]閎遂散髮絶世，欲投迹深林。以母老不宜遠遁，乃築土室，四周於庭，不爲户，自牖納飲食而已。旦於室中東向拜母。[4]母思閎，時往就視，母去，便自掩閉，兄弟妻子莫得見也。及母歿，不爲制服設位，[5]時莫能名，或以爲狂生。潛身十八年，黄巾賊起，[6]攻没郡縣，百姓驚散，閎誦經不移。賊相約語不入其閭，鄉人就閎避難，皆得全免。年五十七，卒於土室。[7]二弟忠、弘，節操皆亞於閎。

［1］【李賢注】三郤謂郤錡、郤孌、三郤（孌，紹興本、大德本、殿本作“犨”，是；後“三郤”二字，紹興本、大德本、殿本作“郤至”，是），皆晉卿也。各驕奢，爲厲公所教（教，紹興本、大德本、殿本作“殺”，是）。事見《左傳》。

［2］【今注】延熹：東漢桓帝劉志年號（158—167）。

［3］【今注】黨事：第一次黨錮之禍。東漢桓帝延熹九年

（166），宦官趙津、侯覽等黨羽在大赦之前犯罪，被官員成瑨等按律處置。宦官等人向桓帝進言，桓帝重處了這些官員。太尉陳蕃等向桓帝進諫，希望清除宦官亂政。但官員被免官下獄。河南尹李膺在大赦後處死張成之子。張成弟子牢修上書，誣陷李膺等人"共爲部黨，誹訕朝廷，疑亂風俗"。桓帝詔告天下，逮捕並審理黨人。太尉陳蕃拒絶平署詔書。桓帝讓宦官負責的北寺獄審理此案。李膺、陳寔、范滂等人入獄。陳蕃再度上書，但被免職。次年，竇皇后的父親竇武上書求情。李膺等人在獄中故意供出宦官子弟。宦官向桓帝進言，大赦天下。同年六月庚申日，改元永康，大赦天下。黨人等獲得釋放，但放歸田里，終身罷黜。

［4］【今注】東向：面向東方。表示尊敬。

［5］【今注】制服設位：製作喪服設置牌位。

［6］【今注】黄巾：東漢末年張角領導的農民起義。太平道首領張角，稱天公將軍，將信徒分爲三十六方，大方萬餘人，小方六七千人，各設渠帥，提出"蒼天已死，黄天當立，歲在甲子，天下大吉"的口號。靈帝中平元年（184）二月起事，以頭纏黄巾爲標志。經歷了九個月。

［7］【李賢注】《汝南先賢傳》曰："閎臨卒，勑其子曰：'勿設殯棺，但著禪衫疏布單衣幅巾，儭尸於板牀之上（儭，紹興本、大德本、殿本誤作"親"），以五百墼爲藏。'"

忠字山甫，[1]與同郡范滂爲友，[2]俱證黨事得釋，語在《滂傳》。初平中，[3]爲沛相，[4]乘葦車到官，[5]以清亮稱。及天下大亂，忠棄官客會稽上虞。[6]一見大守王朗徒從整飾，[7]心嫌之，遂稱病自絶。後孫策破會稽，[8]忠等浮海南投交阯。[9]獻帝都許，[10]徵爲衛尉，[11]未到，卒。

[1]【今注】案，山，紹興本、大德本、殿本作“正”，是。

[2]【今注】范滂：字孟博，汝南征羌（今河南商水縣西）人。傳見本書卷六七。

[3]【今注】初平：東漢獻帝劉協年號（190—193）。

[4]【李賢注】沛王琮相也。琮，光武八戊孫也（戊，紹興本、大德本、殿本作“代”，是）。【今注】沛：諸侯王國名。治相縣（今安徽濉溪縣西北）。建武二十年（44），光武帝徙封皇子中山王劉輔爲沛王。

[5]【今注】葦車：柴車。簡陋無飾的車。

[6]【李賢注】縣名，城在今娥州餘姚縣西天（娥，紹興本、大德本、殿本作“越”；紹興本、大德本、殿本無“天”字，是）。【今注】會稽：郡名。治山陰縣（今浙江紹興市越城區）。上虞：縣名。治所在今浙江上虞市百官鎮。

[7]【李賢注】王朗字景興，肅之父也，《魏志》有傳。《謝承書》曰“忠乘船載笠蓋詣朗，見朗左右僮從皆著青絳采衣（著，殿本誤作‘着’），非其奢麗，即辭疾發而退”也。【今注】案，大，紹興本、大德本、殿本作“太”。

[8]【今注】孫策：字伯符，吴郡富春（今浙江杭州市富陽區）人。東漢獻帝興平初，依袁術，得堅殘部千餘人，乞率軍助吴景。術表爲折衝校尉，渡江轉鬭，擊破劉繇。又渡浙江，擊破嚴白虎等，自領會稽太守。後又奪廬江郡，在江東地區建立孫氏政權。曹操表爲討逆將軍，封吴侯。獻帝建安五年（200）擬乘官渡之戰的時機襲擊許都，兵未發，後遇刺卒。傳見《三國志》卷四六。

[9]【今注】交阯：郡名。西漢及東漢前期治羸𨻻縣（今越南河内市西北）。東漢順帝永和年間，周敞爲交趾太守，徙郡治於龍編縣（今越南北寧省北寧市）。交趾，或作“交阯”。

[10]【今注】許：縣名。治所在今河南許昌市建安區東。

[11]【今注】衛尉：官名。掌宫門衛士和宫内巡察。秩中二

千石。

弘字邵甫，恥其門族貴執，乃變姓名，徒步師門，不應徵辟，[1]終於家。[2]

［1］【今注】徵辟：西漢武帝時期推行的一種自上而下選拔官吏制度。所謂徵，即皇帝徵召；辟，即各地官府的官員招聘。

［2］【李賢注】《謝承書》曰："弘嘗入京師大學（大，紹興本、大德本、殿本作'太'），其從父逢爲太尉（中華本校勘記引張森《楷校勘》記云，袁逢以太僕爲司空，未嘗爲太尉，'尉'字疑誤），呼弘與相見。遇逢宴會作樂，弘伏稱頭痛，不聽音聲而退（音，紹興本誤作'呼'），遂不復往。紹、術兄弟亦不與通。"

忠子祕，爲郡門下議生。[1]黄巾起，祕從太守趙謙擊之，軍敗，祕與功曹封觀等七人以身扞刃，[2]皆死於陳，謙以得免。詔祕等門閭號曰"七賢"。[3]

［1］【今注】門下議生：漢置，也稱"議生"，爲郡縣門下散吏，屬議曹，無固定職事。掌參議應對。

［2］【今注】功曹：即功曹史。漢代郡國屬吏。掌選署功勞、官吏賞罰任免。

［3］【李賢注】《謝承書》曰"祕字永寧。封觀與主簿陳端、門下督范仲禮、賊曹劉偉德、主記史丁子嗣、記室史張仲然、議生袁祕等七人擢刃突陳，與戰並死"也。【今注】案，《太平御覽》卷一五七引作"詔復祕等閭號曰七賢閭"。

封觀者，有志節，當舉孝廉，以兄名位未顯，恥先受之，遂稱風疾，[1]喑不能言。[2]火起觀屋，徐出避之。忍而不告。後數年，兄得舉，觀乃稱損而仕郡焉。[3]

[1]【今注】風疾：指風痹、半身不遂、失言不語、口眼歪斜等症。

[2]【今注】喑不能言：啞而不能説話。

[3]【李賢注】《謝承書》曰："觀字孝起，南頓人也。"

論曰：陳平多陰謀，而知其後必廢；[1]邴吉有陰德，夏侯勝識其當封及子孫。[2]終陳掌不侯，而邴昌紹國，雖有不類，未可致詰，其大致歸然矣。袁公竇氏之間，乃情帝室，[3]引義雅正，可謂王臣之烈。[4]及其理楚獄，[5]未嘗鞫人於臧罪，其仁心足以覃乎後昆。[6]子孫之盛，不亦宜乎？[7]

[1]【李賢注】丞相陳平爲高祖謀臣，出六奇，歎曰："我多陰謀，道家之所禁，吾世即廢，以吾多陰謀禍也。"其後曾孫掌以衛氏親戚貴達，願得續封，而終不得也。

[2]【李賢注】武帝末，戾太子巫蠱事起，邴吉爲廷尉監。時宣帝年二歲（曹金華《後漢書稽疑》第601頁據《漢書·丙吉傳》《宣帝紀》謂，此時宣帝生數月，"年二歲"誤），坐太子事繫。望氣者言長安獄中有天子氣，於是上遣使者分條中都官詔獄，繫者亡輕重一切皆殺之。内者令郭穰至郡邸獄（内者令，《漢書·宣帝紀》《丙吉傳》作"内謁者令"），吉閉門扞拒曰："它人無辜猶不可，況親曾孫乎？"穰不得入，還以聞。上曰："天使

之也。”因大赦天下。曾孫賴吉得立（《後漢書考正》引劉攽説，據《漢書》“立”當作“全”）。宣帝立，吉爲丞相，未及封而病。上憂吉不起，夏侯勝曰：“此未死也。臣聞有陰德者必饗其樂以及子孫。”後吉病愈，封博陽侯。薨，子顯嗣。甘露中，削爵爲關内侯。至孫昌，復封博陽侯。傳子至孫，王莽敗乃絶。

[3]【李賢注】乃情猶竭情也。

[4]【李賢注】《易》曰：“王臣蹇蹇，匪躬之故。”烈，業也。

[5]【今注】楚獄：楚王劉英造作妖書謀反事。楚王劉英，東漢光武帝建武十五年（39）封爲楚公，十七年進爵爲王，二十八年就國。明帝永平十三年（70），男子燕廣告英與漁陽王平、顔忠等造作圖書，有逆謀，事下案驗。有司奏英招聚姦猾，造作圖讖，擅相官秩，置諸侯王公將軍二千石，大逆不道，請誅之。帝以親親不忍，乃廢英，徙丹陽涇縣，賜湯沐邑五百户。明年，英至丹陽，自殺。

[6]【李賢注】《爾雅》曰：“覃，延也。”

[7]【李賢注】此論竝華嶠之詞也。

張酺字孟侯，汝南細陽人，[1]趙王張敖之後也。[2]敖子壽，封細陽之池陽鄉，[3]後廢，因家焉。

[1]【今注】細陽：縣名。治所在今安徽太和縣東南。

[2]【李賢注】敖父耳，自楚降漢，高祖封爲趙王。敖嗣，後有罪，廢爲宣平侯。【今注】張敖：張耳之子。公元前202年襲封爲趙王，娶魯元公主。公元前200年被貶爲宣平侯。

[3]【今注】池陽鄉：縣名。治所在今陝西涇陽縣西北。

酺少從祖父充受《尚書》，能傳其業。[1]又事大常桓榮。[2]勤力不怠，聚徒以百數。永平九年，[3]顯宗爲四姓小侯開學於南宫，[4]置五經師。[5]酺以尚書教授，數講於御前。以論難當意，除爲郎，賜車馬衣裳，遂令入授皇太子。

［1］【李賢注】《東觀記》曰："充與光武同門學，光武即位，求問充，充已死。"【今注】尚書：書名。古稱《書》，至漢代稱《尚書》。基本内容是古代帝王的文告和君臣談話内容的記録，相傳爲孔子所編定。其内容有典、謨、訓、誥、誓、命六種。伏生藏於壁中。漢初仍存二十九篇。西漢武帝時，魯恭王劉餘得孔壁所藏《古文尚書》。經孔安國校理並作傳，比伏生所傳二十九篇增加十六篇。

［2］【今注】案，大，大德本、殿本作"太"。　桓榮：字春卿，沛郡龍亢（今安徽懷遠縣西北）人。少習《歐陽尚書》，從學於博士朱普。東漢明帝尊以師禮，拜爲五更，封關内侯。傳見本書卷三七。

［3］【今注】永平：東漢明帝劉莊年號（58—75）。

［4］【李賢注】小侯，解見《明紀》也。【今注】小侯：一種爵位，小侯可以參加朝會、喪葬禮儀、封禪，並享有一些優待。本書卷二《明帝紀》李賢注引袁宏《漢紀》曰："永平中崇尚儒學，自皇太子、諸王侯及功臣子弟，莫不受經。又爲外戚樊氏、郭氏、陰氏、馬氏諸子弟立學，號四姓小侯，置五經師。以非列侯，故曰小侯。禮記曰'庶方小侯'，亦其義也。"　南宫：宫殿名。東漢洛陽兩大宫殿建築群之一。位處宫城南面，故名南宫。與北部宫殿相對。在今河南洛陽市東白馬寺一帶。

［5］【今注】五經：《易》《書》《詩》《儀禮》《春秋》。代指儒家學説。

酺爲人質直，守經義，[1]每侍講間隙，數有匡正之辭，以嚴見憚。[2]及肅宗即位，擢酺爲侍中、虎賁中郎將。[3]數月，出爲東郡太守。酺自以嘗經親近，未悟見出，意不自得，[4]上疏辭曰：“臣愚以經術給事左右，少不更職，[5]不曉文法，猥當剖苻典郡，[6]班政千里，必有負恩辱位之咎。臣竊私自分，殊不慮出城闕，[7]冀蒙留恩，託備冗官，群僚所不安，耳目所聞見，不敢避好醜。”詔報曰：“經云：‘身雖在外，乃心不離王室。’[8]典城臨民，益所以報效也。好醜必上，不在遠近。[9]今賜裝錢三十萬，其亟之官。”酺雖儒者，而性剛斷。下車擢用義勇，搏擊豪彊。長吏有殺盜徒者，酺輒案之，以爲令長受臧，[10]猶不至死，盜徒皆飢寒傭保，何足窮其法乎！

[1]【今注】經義：儒家經典的義理。

[2]【李賢注】《東觀記》曰：“太子家時爲奢侈物，禾嘗不正諫（禾，紹興本、大德本、殿本作‘未’，是），甚見重焉。”

[3]【今注】虎賁中郎將：官名。西漢武帝置期門，平帝更名“虎賁”，置虎賁中郎將統領，秩比二千石。東漢主虎賁宿衞。屬官有左右僕射，主虎賁郎習射；左右陛長，主直虎賁，朝會在殿中，比六百石。光武帝、明帝時常以侍中兼領之，其後多以貴戚充任，或領兵出征。

[4]【李賢注】悟，曉也。

[5]【今注】更職：指沒有經歷過具體的官職。更，經歷。

[6]【今注】剖苻典郡：指任郡守。苻，紹興本、大德本、殿本作“符”，是。

[7]【今注】城闕：京城。

[8]【李賢注】《尚書·康王之誥》曰“雖爾身在外，乃心罔

不在王室”也。

[9]【李賢注】好醜謂善惡也。言事之善惡，必以聞上，此即報效，豈拘外内也。

[10]【今注】令長：縣令、縣長。漢代萬户以上縣的長官稱“縣令”，不足萬户稱“長”。邊地縣不滿萬户也稱“令”。

郡吏王青者，[1]祖父翁，與前太守翟義起兵攻王莽，[2]及義敗，餘衆悉降，翁獨守節力戰，莽遂燔燒之。父隆，建武初爲都尉功曹，[3]青爲小史。[4]與父俱從都尉行縣，道遇賊，隆以身衛全都尉，遂死於難；青亦被矢貫咽，音聲流喝。[5]前郡守以青身有金夷，竟不能舉。[6]酺見之，歎息曰：“豈有一門忠義而爵賞不及乎？”遂擢用極右曹，[7]乃上疏薦青三世死節，宜蒙顯異。奏下三公，由此爲司空所辟。[8]

[1]【李賢注】《謝承書》曰：“青字公然，東郡聊城人也（郡，大德本、殿本誤作‘都’）。”

[2]【今注】翟義：字文仲，汝南上蔡（今河南上蔡縣西南）人。翟方進少子。少以父任爲郎，出爲南陽都尉，累遷至東郡太守。王莽居攝，義心惡之，乃立東平王雲子信爲天子，義自號大司馬柱天大將軍，以誅莽。莽乃使孫建、王邑等將兵擊義，破之。義亡，自殺，故坐不生得。傳見《漢書》卷八四。　王莽：字巨君，魏郡元城（今河北大名縣東北）人。西漢元帝皇后王政君侄子。孺子嬰初始元年（8）稱帝，改國號爲新，年號始建國。傳見《漢書》卷九九。

[3]【今注】都尉：官名。原作“郡尉”，西漢景帝時改爲“都尉”。郡中掌統兵作戰的武官，職位次於將軍。

[4]【今注】小史：官府中的小吏，地位極低。有具體職務的稱職“吏”，如門亭長、騎吏等，没具體職務的稱“小史”。

[5]【李賢注】“流”或作“嘶”。喝音一介皮（皮，紹興本、大德本、殿本作“反”，是)。《廣蒼》曰：“聲之幽也。”

[6]【李賢注】夷，傷也。

[7]【李賢注】《漢官儀》曰：“督郵、功曹，郡之極位。”

[8]【李賢注】《東觀記》曰（東，紹興本、大德本、殿本作“東”，是）“青從此除步兵司馬。酺傷青不遂，復舉其子孝廉”也。

自酺出後，帝每見諸王師傅，常言：[1]“張酺前入侍講，屢有諫正，誾誾惻惻，出於誠心，可謂有史魚之風矣。”[2]元和二年，東巡狩，[3]幸東郡，引酺及門生并郡縣掾史竝會庭中。[4]帝先備弟子之儀，使酺講《尚書》一篇，然後脩君臣之禮。[5]賞賜殊特，莫不沾洽。

[1]【今注】案，常，殿本作“嘗”。

[2]【李賢注】誾誾，忠正也。惻惻，懇切也。史魚，衛大夫，名鰌，字子魚。孔子曰“直哉史魚，邦有道如矢，邦無道如矢”也。

[3]【今注】巡狩：古代天子出行，巡視諸侯或地方官員所治的疆土。根據方向不同，一般稱向西爲行，向東爲幸，向北爲狩，向南爲巡。

[4]【今注】郡縣掾史：郡縣分曹治事的屬吏，多由長官自行辟舉。

[5]【李賢注】《東觀記》曰：“時使尚書令王鮪與酺相難，

上甚欣悦。”

酺視事十五年，和帝初，遷魏郡太守。[1]郡人鄭據時爲司隸校尉，奏免執金吾竇景。景後復位，遣掾夏猛私謝酺曰：“鄭據小人，爲所侵冤。聞其兒爲吏，放縱狼藉。取是曹子一人，足以驚百。”酺大怒，即收猛繫獄，檄言執金吾府，疑猛與據子不平，矯稱卿意，以報私讎。會有贖罪令，猛乃得出。[2]頃之，徵入爲河南尹。竇景家人復擊傷市卒，[3]吏捕得之，景怒，遣緹騎侯海等五百人歐傷市丞。[4]酺部吏楊章等窮究，[5]正海罪，徙朔方。[6]景忿怨，乃移書辟章等六人爲執金吾吏，欲因報之。章等惶恐，入白酺，願自引臧罪，[7]以辭景命。酺即上言其狀。竇太后詔報：“自今執金吾辟吏，[8]皆勿遣。”

[1]【今注】魏郡：治鄴縣（今河北臨漳縣西南）。

[2]【李賢注】《東觀記》曰“據字平卿，黎陽人也。爲侍御史，轉司隸校尉”也。【今注】鄭據：東漢和帝永元二年（90），司隸校尉宋意卒，以鄭據爲司隸校尉。　贖罪令：東漢光武帝建武中元二年（57），光武帝崩，太子劉莊即位，是爲明帝。明帝即位後頒詔，令天下亡命殊死以下，得以入縑贖罪。其規定，死罪入縑二十匹；斬右趾至髡鉗城旦舂（斬右趾之次爲斬左趾，次劓、次黥，次髡鉗城旦舂）入縑十匹；完城旦舂至司寇作（完城旦之次爲鬼薪、白粲，次隸臣妾，次司寇作）入縑三匹；先未覺其罪，詔書到而自首者，減半入贖。明帝永平十五年（72）重申此詔，除斬右趾至髡鉗城旦舂入縑十匹不變化，增死罪入縑四十匹，完城旦至司寇五匹。十八年又改死罪入縑三十匹。此後東漢統治者頒贖令幾乎

成爲常例。(陸昕、徐世虹主編:《中外法律文化大典·中外法律比較編年》,中國政法大學出版社 1994 年版,第 141 頁)

[3]【今注】市卒:看守市門的小吏。

[4]【李賢注】《説文》曰:"緹,帛丹黄色也。"《漢官儀》曰,執金吾有緹騎。【今注】緹騎:執金吾所屬有緹騎二百人,掌出入導從。王先謙《後漢書集解》引李祖楙説:"《説文》:'緹,帛丹黄色',蓋執金吾騎以此帛爲服,故名。"

[5]【今注】部吏:官名。秦、漢皆置,爲鄉部、亭部之小吏,掌鄉亭治安及訴訟事。

[6]【今注】朔方:郡名。治臨戎縣(今内蒙古磴口縣北)。

[7]【今注】臧罪:貪污等罪行。臧,同"贜"。

[8]【今注】辟吏:任命下級官吏。

及竇氏敗,酺乃上疏曰:"臣實愚惷,不及大體,[1]以爲竇氏雖伏厥辜,而罪刑未著,後世不見其事,但聞其誅,非所以垂示國典,貽之將來。宜下理官,[2]與天下平之。[3]方憲等寵貴,群臣阿附唯恐不及,皆言憲受顧命之託,懷伊、吕之忠,[4]至乃復比鄧夫人於文母。[5]今嚴威既行,皆言當死,不復顧其前後,考折厥衷。臣伏見夏陽侯瓌,[6]每存忠善,前與臣言,常有盡節之心,檢敇賓客,未嘗犯法。臣聞王政骨肉之刑,有三宥之義,過厚不過薄。[7]今議者爲瓌選嚴能相,恐其迫切,必不完免,宜裁加貸宥,以崇厚德。"和帝感酺言,徙瓌封,就國而已。

[1]【李賢注】鄭立注《周禮》云(立,紹興本、大德本、殿本作"玄",是):"惷愚,癡騃也。"惷音陟降反。

［2］【今注】理官：掌管法律刑獄的官吏。司法官。《漢書·藝文志》："法家者流，蓋出於理官，信賞必罰，以輔禮制。"

［3］【李賢注】平之謂平論其罪也。

［4］【李賢注】臨終之命曰顧命。【今注】伊：伊尹，名阿衡，又名摯。商湯時大臣。尹爲官名。與湯言素王及九主之事。湯舉任以國政。作《女鳩》《女房》《咸有一德》。湯崩後，輔佐外丙、仲壬。立太甲，後放太甲於桐。又作《伊訓》《肆命》《徂后》《太甲訓》等。帝沃丁時卒。　吕：吕望，又作"姜尚"。東海上（今山東日照市東吕鄉一帶）人。其祖輔佐禹平水土有功，虞夏之際封於吕，本姓姜氏，因封於吕，故曰吕望。文王遇於渭水之濱，稱"吾太公望子之久矣"。故稱"太公望"。輔佐周文王、武王，滅商。武王尊爲師尚父。封於齊，都營丘（今山東淄博市臨淄區西北臨淄故城）。

［5］【李賢注】臣賢案：鄧夫人即穰侯鄧疊母元也。元出入官掖（官，紹興本、大德本、殿本作"宮"，是），共竇憲女壻郭舉父子同謀殺害，與竇氏同誅，語見《憲傳》，故張酺論憲兼及其黨。稱鄧夫人者，猶如《前書》霍光妻稱霍顯，祀太伯母號祁夫人之類也（祀，紹興本、大德本、殿本作"祁"，是）。文母，文王之妻也。《詩》曰："既有烈考，亦有文母（《詩·周頌·雍》作'既右烈考，亦右文母'）。"

［6］【今注】夏陽侯瓌：東漢和帝時任中常侍、侍中。永元二年（90）封夏陽侯。任光禄勳。瓌少好經書，節約自修，出爲魏郡，遷潁川太守。永元四年，憲及篤、景、瓌皆遣就國。憲及篤、景皆自殺。永元十年，瓌自殺。

［7］【李賢注】《禮記》曰"公族有罪，獄成，有司讞於公曰：'某之罪在大辟。'公曰：'宥之。'有司又曰：'在大辟。'公又曰：'宥之。'有司又曰：'在大辟。'公又曰：'宥之。'及三宥不對，走出，致刑於甸人。公又使人追之，曰：'雖然，必宥之。'

有司曰：‘無及也。’反命於公，公素服如其倫之喪”也。

永元五年，[1]遷酺爲太僕。數月，代尹睦爲太尉。[2]數上疏以疾乞身，薦魏郡太守徐防自代。[3]帝不許，使中黄門問病，[4]加以珍羞，賜錢三十萬。酺遂稱篤。時子蕃以郎侍講，帝因令小黄門勑蕃曰：“陰陽不和，萬人失所，朝廷望公思惟得失，與國同心，而託病自絜，求去重任，誰當與吾同憂責者？非有望於斷金也。[5]司徒固疾，司空年老，[6]公其傴僂，勿露所勑。”[7]酺惶恐詣闕謝，還復視事。酺雖在公位，而父常居田里，酺每有遷職，輒一詣京師。嘗來候酺，適會歲節，[8]公卿罷朝，俱詣酺府奉酒上壽，[9]極歡卒日，衆人皆慶羡之。及父卒，既葬，詔遣使齎牛酒爲釋服。[10]

[1]【今注】永元：東漢和帝劉肇年號（89—105）。

[2]【李賢注】《漢官儀》曰：“睦字伯師，河南鞏人也。”

[3]【今注】徐防：字謁卿，沛國銍（今安徽濉溪縣西南古城鄉）人。傳見本書卷四四。

[4]【今注】中黄門：宦官名。西漢置，掌皇宫黄門之内諸伺應雜事，持兵器宿衛宫殿，爲服役於宫廷中的低級宦官。名義上隸屬少府，無定員。東漢宦官專權，其職任稍重，位次小黄門。

[5]【李賢注】斷金，解在《皇后紀》。【今注】斷金：金爲至剛之物。此句指人能同心，則其力如鋒刃可以斷至剛之物。《易·繫辭上》曰：“二人同心，其利斷金。”

[6]【李賢注】時司徒劉方，司空張奮也。

[7]【李賢注】傴僂言恭敬從命也。《左氏傳》曰：“一命而

僂，再命而傴，三命而俯。”

［8］【今注】歲節：歲時節日。

［9］【今注】上壽：古代稱獻酒或其他物品祝壽。也泛指祝賀。

［10］【今注】牛酒：牛和酒。古代用作饋贈、宴請、祭祀的物品。　釋服：除去喪服。謂除喪。

後以事與司隸校尉晏稱會於朝堂，酺從容謂稱曰："三府辟吏，[1]多非其人。"稱歸，即奏令三府各實其掾史。酺本以私言，不意稱奏之，甚懷恨。會復共謝闕下，酺因責讓於稱。稱辭言不順，酺怒，遂廷叱之，稱乃劾奏酺有怨言。天子以酺先帝師，有詔公卿、博士、朝臣會議。[2]司徒吕蓋奏酺位居三司，[3]知公門有儀，[4]不屏氣鞠躬以須詔命，[5]反作色大言，[6]怨讓使臣，不可以示四遠。[7]於是策免。

［1］【今注】案，曹金華《後漢書稽疑》謂"三府辟吏"當作"三府掾史"，《後漢紀》卷一四即作"三府掾史，多非其人"（第604頁）。

［2］【今注】博士：官名。秦置，漢因之，隸屬九卿之一奉常（太常）。設僕射一人領之。掌古今史事、禮制顧問及典守書籍。秩比六百石。西漢武帝時置五經博士，充學官，掌經學傳授、考核人材、奉命出使等事。東漢置博士祭酒一人，秩六百石。博士十四人，掌教授弟子，國有疑事，掌承問對。秩比六百石。

［3］【今注】吕蓋：王先謙《後漢書集解》曰："蓋字君玉，苑陵人。"和帝永元九年（97）爲司隸校尉。　三司：東漢以太尉、司空、司徒爲三司。也稱爲"三公"。本書卷六《順帝紀》："今刺

史、二千石之選，歸任三司。”李賢注：“三司，三公也，即太尉、司空、司徒也。”

［4］【今注】公門：指宫廷。古稱國君之外門爲“公門”。

［5］【今注】須：等待。　詔命：皇帝的命令。

［6］【今注】作色大言：指神情變嚴肅或發怒，高聲地説。

［7］【李賢注】司隸校尉督大姦猾，無所不察，故曰使臣也。【今注】四遠：指四方邊遠之地。

酺歸里舍，[1]謝遣諸生，閉門不通賓客。左中郎將何敞及言事者多訟酺公忠，[2]帝亦雅重之。十五年，[3]復拜爲光禄勳。數月，代魯恭爲司徒。[4]月餘薨。乘輿縞素臨弔，[5]賜冢塋地，賵贈恩寵異於它相。酺病臨危，敕其子曰：“顯節陵埽地露祭，欲率天下以儉。[6]吾爲三公，既不能宣揚王化，令吏人從制，豈可不務節約乎？其無起祠堂，可作稾蓋廡，施祭其下而已。”[7]

［1］【今注】里舍：里中的住宅。

［2］【今注】左中郎將：官名。主左署郎。秩比二千石。

［3］【今注】案，十五年，中華本校勘記云：“《和帝紀》永元十六年秋七月庚午，光禄勳張酺爲司徒，八月己酉，司徒張酺薨。”當據改。

［4］【今注】魯恭：字仲康，扶風平陵（今陝西咸陽市）人。少有孝道，好學，習《魯詩》。傳見本書卷二五。

［5］【今注】縞素：白色的喪服。縞與素都是白色的生絹，引申爲白色。指喪服儉樸。

［6］【李賢注】顯節，明帝陵也。明帝遺詔無起寢廟，故言

埽地而祭也，故酺遵奉之。

[7]【李賢注】廡，屋也。

曾孫濟，好儒學，[1]光和中至司空，[2]病罷。及卒，靈帝以舊恩贈車騎將軍、關内侯印綬。[3]其年，追濟侍講有勞，封子根爲蔡陽鄉侯。[4]

[1]【李賢注】《華嶠書》曰："蕃生磐，磐生濟。講字元江（講，紹興本、大德本、殿本作'濟'，是）。靈帝初，楊賜薦濟明習典訓，爲侍講。"

[2]【今注】光和：東漢靈帝劉宏年號（178—184）。案，據本書卷八《靈帝紀》，張濟光和二年三月爲司空，中平元年（189）四月罷。

[3]【今注】關内侯：爵名。秦漢二十等爵制的第十九級，次於列侯。有侯號、封户而無封土，居京畿，有徵收租税之權。也有在關内有封土的，食其租税。

[4]【今注】蔡陽：縣名。治所在今湖北棗陽市西南。

濟弟喜，初平中爲司空。[1]

[1]【今注】初平：東漢獻帝劉協年號（190—193）。

韓棱字伯師，[1]潁川舞陽人，[2]弓高侯穨當之後也。[3]世爲鄉里著姓。父尋，建武中爲隴西太守。[4]

[1]【今注】案，棱，曹金華《後漢書稽疑》謂本書《和帝紀》《朱暉傳》、《後漢紀》卷一三、《太平御覽》卷二六七引《東

觀記》皆作“稜”（第 601 頁）。

［2］【今注】潁川：郡名。治陽翟縣（今河南禹州市）。　舞陽：縣名。治所在今河南舞陽縣西。

［3］【李賢注】頽當，韓王信之子。見《前書》。【今注】頽當：韓王信之子。西漢文帝十四年（前 166），與韓王信太子之子韓嬰率衆降漢，封弓高侯。吴楚七國之亂時，韓頽當按例以列侯爲將軍擊吴、楚，功冠諸軍。謚號壯。

［4］【今注】隴西：郡名。治狄道縣（今甘肅臨洮縣南）。

稜四歲而孤，養母弟以孝友稱。及壯，推先父餘財數百萬與從昆弟，鄉里益高之。初爲郡功曹，太守葛興中風，[1]病不能聽政，稜陰代興視事，出入二年，令無違者。興子嘗發教欲署吏，稜拒執不從，因令怨者章之。[2]事下案驗，吏以稜掩蔽興病，專典郡職，[3]遂致禁錮。[4]顯宗知其忠，後詔特原之。由是徵辟，五遷爲尚書令，[5]與僕射郅壽、尚書陳寵，[6]同時俱以才能稱。肅宗嘗賜諸尚書劍，唯此三人特以寶劍，自手署其名曰：“韓稜楚龍淵，[7]郅壽蜀漢文，陳寵濟南椎成。”[8]時論者爲之説：以稜淵深有謀，故得龍淵；壽明達有文章，故得漢文；寵敦朴，善不見外，故得椎成。

［1］【今注】中風：東漢張仲景認爲“夫風之爲病，當半身不遂，或但臂不遂者，此爲痹，脈微而數，中風使然”（李超然、孫忠人、劉德柱：《中風病古代文獻探析》，《江蘇中醫藥》2017 年第 7 期）。

［2］【李賢注】章謂令上章告言之。

［3］【今注】案，與，紹興本、大德本、殿本作“典”，是。

［4］【今注】禁錮：禁止做官和參加政治活動。

［5］【今注】尚書令：官名。西漢爲尚書署長官，掌文書，爲少府屬官。秩六百石。武帝以後，職權稍重，掌傳達詔命章奏。秩千石。東漢爲尚書臺長官，掌決策詔令、總領朝政。如以公兼任，增秩至二千石。朝會時，與御史中丞、司隸校尉皆專席坐，時號“三獨坐”。

［6］【今注】僕射：尚書僕射。秦、西漢爲尚書令副貳，秩六百石。東漢爲尚書臺次官，職權益重，若公爲之，增秩至二千石。職掌拆閲封緘章奏文書，參議政事，諫諍駁議，監察百官。令不在，則代理其職。

［7］【李賢注】《晉太康記》曰（太，紹興本作“大”）：“汝南西平縣有龍泉水，可淬刀劍，特堅利。”汝南即楚分野。

［8］【李賢注】椎音直追反。《漢官儀》“椎成”作“鍛成”（大德本、殿本無“儀”字）。【今注】椎成：曹金華《後漢書稽疑》：“《後漢紀》卷十四，《初學記》卷一一、《御覽》卷二一二、《萬花谷後集》卷九引《東觀記》、《文選》卷三五張景陽《七命注》引《謝承書》俱作‘鍛成’。本傳下文‘故得椎成’亦當作‘鍛成’。”（第605頁）

和帝即位，侍中竇憲使人刺殺齊殤王子都鄉侯暢於上東門，[1]有司畏憲，咸委疑於暢兄弟。詔遣侍御史之齊案其事。[2]棱上疏以爲賊在京師，不宜捨近問遠，恐爲姦臣所笑。竇太后怒，以切責棱，棱固執其議。及事發，果如所言。憲惶恐，白太后求出擊北匈奴以贖罪。棱復上疏諫，太后不從。及憲有功，還爲大將軍，威震天下，復出屯武威。會帝西祠園陵，詔憲與車駕會長安。及憲至，尚書以下議欲拜之，伏稱萬歲。棱正色曰："夫上交不諂，下交不黷，[3]禮無人臣稱萬歲之制。"議者皆慙而止。尚書左丞王龍私奏記上牛酒於憲，[4]棱舉奏龍，論爲城旦。[5]棱在朝數薦舉良吏應順、吕章、周紆等，[6]皆有名當時。及竇氏敗，棱典案其事，深竟黨與，數月不休沐。帝以爲憂國忘家，賜布三百匹。

[1]【今注】齊殤王子都鄉侯暢：本書卷四三《何敞傳》載，時齊殤王子都鄉侯暢奔弔國憂，上書未報，侍中竇憲遂令人刺殺暢於城門屯衞之中，而主名不立。齊殤王的兒子劉暢因章帝喪事來朝弔問，乘機討好了竇太后，得到一個宫内職位。竇憲怕劉暢受寵，妨礙他專擅朝政，竟派人刺殺劉暢。齊殤王，名石。齊武王劉縯之孫，劉章之子。　上東門：洛陽故城東面北起第一門。

[2]【今注】侍御史：官名。御史中丞屬官。有十五人，秩六百石。掌察舉非法，受公卿群吏奏事，有違失舉劾之。

[3]【李賢注】《易·下繫》之辭也。

[4]【今注】尚書左丞：官名。西漢成帝建始四年（前29）置尚書，員五人，丞四人。東漢光武帝減二人，始分左右丞。尚書左丞佐尚書令總領綱紀，右丞佐僕射掌錢穀等事，秩均四百石。

[5]【李賢注】《前書音義》曰："城旦，輕刑之名也。晝旦司寇虜（晝旦，紹興本誤作'晝日'，大德本、殿本誤作'晝日'；司，殿本作'伺'），夜暮築長城，故曰城旦。"【今注】城旦：秦漢時一種强制男性罪犯服勞役的刑罰，刑期爲四年，主要有築城或製作器物等。

[6]【今注】應順：東漢和帝永元初，爲東平相，守正不阿。後任將作大匠。　周紆：字文通，下邳徐（今江蘇泗洪縣南）人。

傳見本書卷七七。

遷南陽太守，特聽棱得過家上冢，鄉里以爲榮。棱發擿姦盜，郡中震慄，政號嚴平。[1]數歲，徵入爲太僕。九年冬，代張奮爲司空。[2]明年薨。

［1］【今注】嚴平：嚴厲公正。

［2］【今注】張奮：字稚通，京兆杜陵（今陝西西安市東南）人。傳見本書卷三五。

子輔，安帝時至趙相。[1]

［1］【李賢注】趙王良孫商之相也（商，殿本作"商"，形近而誤）。【今注】安帝：東漢安帝劉祜，公元106年至125年在位。紀見本書卷五。

棱孫演，順帝時爲丹陽太守，政有能名。桓帝時爲司徒。[1]大將軍梁冀被誅，演坐阿黨抵罪，以減死論，遣歸本郡。[2]後復徵拜司隸校尉。

［1］【李賢注】演字伯南。【今注】案，演，本書卷七《桓帝紀》、卷四四《胡廣傳》、卷六一《黄瓊傳》均作"縯"。　丹陽：郡名。治宛陵縣（今安徽宣城市宣州區）。曹金華《後漢書稽疑》謂，《風俗通義·窮通》載"司徒潁川韓演爲丹陽太守，坐從兄季朝爲南陽太守刺探尚書，演法車征……其間無幾，演爲沛相"，本傳不載。又《周榮傳》謂"先是司徒韓演在河内"云云，《吴志·周瑜傳》注引張璠《漢紀》作"司徒韓縯爲河内太守"，《風俗通

義·十反》作“河内太守司徒潁川韓演”等，本傳亦不載。（第601頁）

［2］【李賢注】《華嶠書》曰“梁皇后崩，梁貴人大幸，將立，大將軍冀欲分其寵，謀冒姓爲貴人父，演陰許誰（誰，紹興本、大德本、殿本作‘諾’，是），及冀誅事發，演坐抵罪”也（殿本脱“抵”字）。

周榮字平孫，廬江舒人也。[1]肅宗時，舉明經，[2]辟司徒袁安府。安數與論議，甚器之。及安舉奏竇景及與竇憲争立北單于事，皆榮所具草。竇氏客太尉掾徐齮深惡之，[3]脅榮曰：“子爲袁公腹心之謀，排奏竇氏，竇氏悍士刺客滿城中，謹備之矣！”榮曰：“榮江淮孤生，蒙先帝大恩，以歷宰二城。今復得備宰士，[4]縱爲竇氏所害，誠所甘心。”故常勑妻子，若卒遇飛禍，無得殯斂，[5]冀以區區腐身覺悟朝廷。及竇氏敗，榮由此顯名。自郾令擢爲尚書令。[6]出爲潁川太守，坐法，當下獄，和帝思榮忠節，左轉共令。[7]歲餘，復以爲山陽太守。[8]所歷郡縣，皆見稱紀。以老病乞身，卒于家，詔特賜錢二十萬，除子男興爲郎中。[9]

［1］【今注】廬江：郡名。治舒縣（今安徽廬江縣西南）。舒：縣名。治所在今安徽廬江縣西南。

［2］【今注】明經：漢朝出現的選舉官員的科目。被推舉者須明習經學，故以“明經”爲名。

［3］【今注】太尉掾：屬太尉，爲一曹之長，總領曹事。漢代太尉等公府分曹辦公，總領一曹事務的正職稱掾，副職稱屬或史，某曹之掾，稱某曹掾。

[4]【李賢注】榮辟司徒府，故稱宰士。

[5]【李賢注】飛禍言倉卒而死也。

[6]【今注】郾：縣名。治所在今河南漯河市郾城區南。

[7]【李賢注】共，縣名，屬河内郡，故城在今衛州共城縣東，即古共國也。【今注】共：縣名。治所在今河南輝縣市。

[8]【今注】山陽：郡國名。治昌邑縣（今山東巨野縣東南）。東漢初爲山陽郡。光武帝建武十五年（39），封皇子劉荆爲山陽公，以郡地爲公國。建武十七年，山陽公進爵爲山陽王，郡地復爲王國。明帝永平元年（58），劉荆徙封爲廣陵王，山陽國除爲漢郡。獻帝建安十七年（212），封皇子劉懿爲山陽王，山陽復爲王國。

[9]【今注】郎中：官名。秦、西漢掌執戟殿下，守衛宫殿門户，出充車騎扈從，又分車、户、騎郎，隸郎中令（光禄勳）所轄郎中車、户、騎將。秩比三百石。東漢罷郎中三將，遂分隸五官、左、右中郎將三署，名義上備宿衛，實爲後備官吏人材。

興少有名譽，永寧中，[1]尚書陳忠上疏薦興曰："臣伏惟古者帝王有所號令，言必弘雅，辭必温麗，垂於後世，列於典經。故仲尼嘉唐虞之文章，從周室之郁郁。[2]臣竊見光禄郎周興，[3]孝友之行，著於閨門，清厲之志，聞於州里。藴匱古今，博物多聞，[4]三墳之篇，五典之策，無所不覽。[5]屬文著辭，有可觀採。尚書出納帝命，爲王喉舌。[6]臣等既愚闇，而諸郎多文俗吏，鮮有雅才，每爲詔文，宣示内外，轉相求請，或以不能而專己自由，辭多鄙固。興抱奇懷能，隨輩栖遲，[7]誠可歎惜。"詔乃拜興爲尚書郎。卒。興子景。

[1]【今注】永寧：東漢安帝劉祜年號（120—121）。

[2]【李賢注】《論語》孔子曰："大哉堯之爲君也，焕乎其有文章。"又曰："周監於二代，郁郁乎文哉。吾從周。"

[3]【李賢注】光禄主郎，故曰光禄郎。【今注】光禄郎：官名。即光禄勳屬下之郎官。西漢武帝改秦官郎中令爲光禄勳，掌管宫殿門户。屬官有郎、大夫、謁者。郎掌值班守衛宫殿門户，因其屬光禄，故稱"光禄郎"。

[4]【李賢注】藴，藏也。匵，匱也。

[5]【李賢注】伏羲、神農、黄帝之書曰三墳；少昊（昊，紹興本、大德本、殿本作"昦"，是）、顓頊、高辛、唐、虞之書曰五典也。

[6]【李賢注】尚書爲王之喉舌官也。李固對策曰："今陛下有尚書，猶天之有北斗也。北斗爲天之喉舌，尚書亦爲陛下之喉舌也。"

[7]【今注】隨輩栖遲：跟隨大衆一樣漂泊失意。

景字仲饗。辟大將軍梁冀府，稍遷豫州刺史、河内太守。[1]好賢愛士，其拔才薦善，常恐不及。每至歲時，延請舉吏入上後堂，與共宴會，如此數四，乃遣之。贈送什物，無不充備。[2]既而選其父兄子弟，事相優異。常稱曰："臣子同貫，若之何不厚！"先是司徒韓演在河内，志在無私，舉吏當行，一辭而已，恩亦不及其家。曰："我舉若可矣，豈可令偏積一門！"[3]故當時論者議此二人。

[1]【今注】豫州：西漢武帝時所置十三刺史部之一。東漢治譙縣（今安徽亳州市）。　刺史：官名。西漢武帝元封五年（前106）置，共十三部（州）。每部置刺史一人，秩六百石。無治所，

於每年八月奉詔以六條問事，省察郡國二千石長吏、强宗豪右、諸侯王等，並審理冤獄，每年歲末入奏。成帝綏和元年（前8），更名州牧，秩二千石。哀帝建平二年（前5）復爲刺史，元壽二年（前1）又稱州牧。東漢光武帝建武元年（25）復置牧。建武十一年省。十八年，罷州牧，置刺史。有固定治所，秩六百石。高於郡級地方行政長官。掌監察、選舉、劾奏、領兵等。靈帝中平五年（188），改置州牧。　河内：郡名。治懷縣（今河南武陟縣西南）。

［2］【今注】充備：充實完備。

［3］【今注】案，偏，大德本、殿本作“徧”，是。

景後徵入爲將作大匠。[1]及梁冀誅，景以故吏免官禁錮。朝廷以景素著忠正，頃之，復引拜尚書令。[2]遷太僕、衞尉。六年，代劉寵爲司空。[3]是時宦官任人及子弟充塞列位。景初視事，與太尉楊秉舉奏諸姦猾，[4]自將軍牧守以下，[5]免者五十餘人。遂連及中常侍防東陽侯侯覽、東武陽侯具瑗，[6]皆坐黜。朝廷莫不稱之。視事二年，以地震策免。歲餘，[7]復代陳蕃爲太尉。[8]建寧元年薨。[9]以豫議定策立靈帝，追封安陽鄉侯。[10]

［1］【今注】將作大匠：官名。原作“將作少府”，西漢景帝中元六年（前144）改名。又簡稱“將作”“大匠”。秩二千石。新莽改名都匠。東漢復舊，位次河南尹，東漢光武帝建武中元二年（57）省，以謁者領之。章帝建初元年（76），復置。掌修建宗廟、路寢、宮室、陵園等土木工程，及植桐梓等樹於道旁。秩二千石。

［2］【李賢注】蔡質《漢儀》曰：“延熹中（殿本脱‘熹’字），京師游俠有盜發順帝陵，賣御物於市，市長追捕不得。周景以尺一詔召司隸校尉左雄詣臺對詰，雄伏於廷答對，景使虎賁左

駿頓頭，血出覆面，與三日期，賊便擒也。”

[3]【今注】劉寵：字祖榮，東萊牟平（今山東烟臺市西北）人。少受父業，以明經舉孝廉。傳見本書卷七六。

[4]【今注】楊秉：字叔節，弘農華陰（今陝西華陰市東）人。楊震之子。精通經學。傳見本書卷五四。

[5]【今注】將軍：戰國、秦、漢高級武官名。掌領兵征戰。　牧守：州牧和郡太守的合稱。泛指州郡長官。

[6]【今注】中常侍防東陽侯侯覽：錢大昕《廿二史考異》卷一一《後漢書二》云，侯覽爲防東人，封高鄉侯，劉攽認爲“防東”當爲“高鄉”之誤。或高鄉爲防東之鄉，故傳稱防東鄉侯，因下文有“東武陽”字，又誤“鄉”爲“陽”。當作“中常侍防東鄉侯侯覽”。防東，縣名。治所在今山東單縣東北。侯覽，宦官。東漢桓帝初爲中常侍。以誅梁冀功封高鄉侯。傳見本書卷七八。案，紹興本無“陽侯”二字。　東武陽：縣名。治所在今山東莘縣東南。　具瑗：魏郡元城（今河北大名縣東）人。東漢桓帝延熹二年，中常侍具瑗因誅滅梁氏之功被封爲東武陽侯。

[7]【今注】案，歲餘，曹金華《後漢書稽疑》謂，本書《桓帝紀》載延熹八年“冬十月，司空周景免”，次年“九月，光禄勳周景爲太尉”，不當謂“歲餘”（第601頁）。

[8]【今注】陳蕃：字仲舉，汝南平輿（今屬河南平輿縣北）人。傳見本書卷六六。

[9]【今注】建寧：東漢靈帝劉宏年號（168—172）。

[10]【今注】安陽：侯國名。治所在今河南安陽縣。

長子崇嗣，至甘陵相。[1]

[1]【李賢注】甘陵王理相也。理即章帝曾孫。【今注】甘陵：諸侯王國名。治所在今山東臨清市東。原名清河，東漢桓帝建

和二年（148），梁冀惡清河名，乃改爲甘陵。梁太后立安平孝王子經侯理爲甘陵王，奉孝德皇祀，是爲威王。

中子忠，少歷列位，累遷大司農。[1]忠子暉，前爲洛陽令，[2]去官歸。兄弟好賓客，雄江淮間，[3]出入從車常百餘乘。及帝崩，暉聞京師不安，來候忠，董卓聞而惡之，使兵劫殺其兄弟。忠後代皇甫嵩爲太尉，[4]録尚書事，[5]以災異免。復爲衛尉，從獻帝東歸洛陽。

[1]【李賢注】《吴書》曰，忠字嘉謀，與朱儁共敗李傕於曹陽也。

[2]【今注】洛陽：縣名。治所在今河南洛陽市東北漢魏故城。

[3]【今注】江淮：長江中下游與淮河之間的地區，指今江蘇、安徽兩省中部。

[4]【今注】皇甫嵩：字義真，安定朝那（今寧夏彭陽縣東）人。傳見本書卷七一。

[5]【今注】録尚書事：官名。總領尚書事。西漢中後期，以尚書掌天下章奏，置左右曹諸吏分平尚書奏事，以位高權重者始領尚書事。初稱領尚書事。東漢章帝時，以太傅趙憙、太尉牟融録尚書事。和帝之後，置太傅録尚書事，位在三公之上。（李宜春：《兩漢領、録尚書事制度比較研究》，《晉陽學刊》1999年第5期）

贊曰：袁公持重，誠單所奉。[1]惟德不忘，延世承寵。孟侯經博，侍言帝幙。[2]梭、榮事君，志同鷇雀。[3]

［1］【李賢注】單，盡也。

［2］【今注】侍言帝幙：侍從皇帝以備顧問。帝幙，指皇帝所居之處。幙，同“幕”。

［3］【李賢注】《左傳》曰：“見無禮於其君者誅之，如鷹鸇之逐鳥雀也。”

後漢書　卷四六

列傳第三十六

郭躬 弟子鎮　陳寵 子忠

郭躬字仲孫，潁川陽翟人也。[1]家世衣冠。[2]父弘，習《小杜律》。[3]大守寇恂以弘爲決曹掾，[4]斷獄至三十年，用法平。[5]諸爲弘所決者，退無怨情，郡内比之東海于公。年九十五卒。[6]

［1］【今注】潁川：郡名。治陽翟縣（今河南禹州市）。　陽翟：縣名。治所在今河南禹州市。

［2］【今注】衣冠：衣服和帽子。古代士以上戴冠。代指縉紳士大夫。

［3］【李賢注】《前書》，杜周武帝時爲廷尉、御史大夫，斷獄深刻。少子延年亦明法律，宣帝時又爲御史大夫。對父故言小。【今注】小杜：杜延年，字幼公，南陽杜衍（今河南南陽市西南）人。杜周少子。明習法律。西漢昭帝即位，補軍司空。始元四年（前83）任校尉，升諫大夫。因揭發上官桀、燕王謀反事，封建平侯。遷太僕右曹給事中。策立宣帝有功。遷西河太守。五鳳中，至

御史大夫。卒謚敬侯。南朝宋沈約《授蔡法度廷尉制》："且漢代律書，出乎小杜。"傳見《漢書》卷六〇。

［4］【今注】大守：太守。官名。秦漢郡的最高行政長官，掌一郡政務。秩二千石。原作郡守，西漢景帝時改稱太守。大德本、殿本作"太守"。　寇恂：字子翼，上谷昌平（今北京市昌平區）人。初爲郡功曹。後任河内太守，行大將軍事。東漢光武帝建武二年（26），拜潁川太守，因功封雍奴侯。傳見本書卷一六。　決曹掾：太尉下屬掾史之一。主罪法事。

［5］【今注】平：公平。

［6］【李賢注】于公，東海人，丞相于定國父也。爲郡決曹，決獄下（下，紹興本、大德本、殿本作"平"，是），羅文法者，于公所決皆不恨。見《前書》也。【今注】東海：郡名。治郯縣（今山東郯城縣北）。　于公：于定國之父。《漢書》卷七一《于定國傳》載，其父于公爲縣獄吏、郡決曹，決獄平，羅文法者于公所決皆不恨。郡中爲之生立祠，號曰于公祠。

躬少傳父業，講授徒衆常數百人。後爲郡吏，辟公府。[1]永平中，[2]奉車都尉竇固出擊匈奴，[3]騎都尉秦彭爲副。[4]彭在别屯而輒以法斬人，固奏彭專擅，請誅之。顯宗乃引公卿朝臣平其罪科。[5]躬以明法律，召入議。議者皆然固奏，躬獨曰："於法，彭得斬之。"帝曰："軍征，校尉一統於督。[6]彭既無斧鉞，[7]可得專殺人乎？"躬對曰："一統於督者，謂在部曲也。[8]今彭專軍别將，有異於此。兵事呼吸，[9]不容先關督帥。且漢制棨戟即爲斧鉞，於法不合罪。"[10]帝從躬議。又有兄弟共殺人者，而罪未有所歸。帝以兄不訓弟，故報兄重而減弟死。中常侍孫章宣詔，[11]誤言兩報重，尚書奏章矯制，[12]罪當腰斬。帝復召躬問之，躬對“章應罰金”。帝曰：“章矯詔殺人，何謂罰金？”躬曰：“法令有故、誤，[13]章傳命之謬，於事爲誤，誤者其文則輕。”帝曰：“章與囚同縣，疑其故也。”躬曰：“‘周道如砥，其直如矢。’[14]‘君子不逆詐。’[15]君王法天，刑不可以委曲生意。”帝曰：“善。”遷躬廷尉正，[16]坐法免。

[1]【今注】公府：東漢指太傅、太尉、司徒、司空和大將軍等的官署。

[2]【今注】永平：東漢明帝劉莊年號（58—75）。

[3]【今注】奉車都尉：官名。西漢武帝元鼎二年（前115）置，掌御乘輿車，東漢屬光禄勳。秩比二千石。　竇固：字孟孫，扶風平陵（今陝西咸陽市西北）人。傳見本書卷二三。　出擊匈奴：永平十五年（72）冬，明帝欲遵武帝故事，擊匈奴，通西域，以竇固熟諳邊事，拜奉車都尉，以騎都尉耿忠爲副，謁者僕射耿秉爲駙馬都尉，秦彭爲副，皆置從事、司馬，並出屯涼州，與耿秉、祭肜等分别率軍出擊匈奴。明年，竇固與耿忠率酒泉、敦煌、張掖甲卒及盧水羌胡萬二千騎出酒泉塞，耿秉、秦彭率武威、隴西、天水募士及羌胡萬騎出居延塞，又太僕祭肜、度遼將軍吴棠將河東北地、西河羌胡及南單于兵萬一千騎出高闕塞，騎都尉來苗、護烏桓校尉文穆將太原、雁門、代郡、上谷、漁陽、右北平、定襄郡兵及烏桓、鮮卑萬一千騎出平城塞。竇固、耿忠至天山，擊敗呼衍王，斬首千餘級。呼衍王逃走，追至蒲類海。諸將祇有竇固有功，加位特進。

[4]【今注】騎都尉：官名。秦末漢初，以騎都尉掌統領騎兵，無固定人數和執掌，不統兵時掌侍衛。西漢宣帝時以一人監羽林騎，又以一人領西域都護，秩比二千石。東漢隸屬於光禄勳，監

羽林騎。秩比二千石。　秦彭：字伯平，扶風茂陵（今陝西興平市東北）人。其妹爲明帝貴人。傳見本書卷七六。

［5］【今注】顯宗：東漢明帝劉莊，公元 57 年至 75 年在位。紀見本書卷二。　公卿：三公、九卿，後泛指朝廷中的高級官員。

［6］【李賢注】督謂大將。【今注】校尉：官名。秦漢時期中級武官，係由一部一校的軍隊編制而來的。低於將軍。

［7］【今注】斧鉞：古代用於斬刑的兵器。代指軍權。

［8］【李賢注】《前書音義》曰“大將軍行有五部（五，殿本作“伍”，二字可通），部有曲”也。【今注】部曲：古代軍隊的編制單位。《漢書》卷五四《李廣傳》注引《續漢書·百官志》：“將軍領軍，皆有部曲。大將軍營五部，部校尉一人。部下有曲，曲有軍候一人。”

［9］【今注】兵事呼吸：形容軍情轉變如同呼吸一般迅速。

［10］【李賢注】有衣之戟曰棨。【今注】棨：有繒衣的戟。爲古代官吏出行時用作前導的一種儀仗。

［11］【今注】中常侍：官名。初稱常侍，掌侍從皇帝。西漢武帝後參與朝議，爲中朝官。元帝後稱中常侍，爲加官。東漢時非加官，成爲專職。掌侍從皇帝，顧問應對。秩千石，又增秩爲比二千石。本無員數，明帝時定爲四人。章帝、和帝時，漸以宦官擔任。

［12］【今注】尚書：官名。西漢初爲掌文書小吏。武帝後置四員分曹治事，領諸郎。又置中書，以宦者擔任。成帝建始四年（前 29），增爲五員。掌文書章奏詔命。東漢尚書臺分六曹，各置尚書，秩六百石，位在令、僕射下，丞、郎上。掌接納章奏、擬定詔令，位輕權重。與令、僕射合稱“八座”。

［13］【今注】故誤：知而故犯與誤犯。

［14］【李賢注】《詩·小雅》也。如砥，貢賦平。如矢，賞罰中。【今注】周道如砥其直如矢：見《詩·小雅·谷風》。形容

周朝的貢賦如同砥一樣平均，賞罰如同箭矢一樣不偏向。

[15]【李賢注】《論語》孔子之言。【今注】君子不逆詐：《論語·憲問》："子曰：不逆詐，不億不信，抑亦先覺者，是賢乎。"指不可以預料他人會詐欺，不可以揣測他人不能守信。

[16]【今注】廷尉正：官名。秦漢皆置，爲廷尉卿之副。掌審判，決疑案，平反冤案，參議案例律條。西漢秩千石，東漢秩六百石。

後三遷，元和三年，[1]拜爲廷尉。[2]躬家世掌法，務在寬平，及典理官，[3]決獄斷刑，多依矜恕，[4]乃條諸重文可從輕者四十一事奏之，事皆施行，著于令。章和元年，[5]赦天下繫囚在四月丙子以前減死罪一等，勿笞，[6]詣金城，[7]而文不及亡命未發覺者。躬上封事曰：[8]"聖恩所以減死罪使戍邊者，重人命也。今死罪亡命無慮萬人，[9]又自赦以來，捕得甚衆，而詔令不及，皆當重論。伏惟天恩莫不蕩宥，[10]死罪已下並蒙更生，而亡命捕得獨不沾澤。臣以爲赦前犯死罪而繫在赦後者，可皆勿笞詣金城，以全人命，有益於邊。"肅宗善之，[11]即下詔赦焉。躬奏讞法科，[12]多所生全。永元六年，[13]卒官。中子晊，亦明法律，[14]至南陽太守，[15]政有名迹。弟子鎮。

[1]【今注】元和：東漢章帝劉炟年號（84—87）。

[2]【今注】廷尉：官名。西漢景帝中元六年（前144）改名大理。武帝建元四年（前137）復舊。掌司法刑獄，主管詔獄。秩中二千石。王莽改名作士。東漢復舊。掌管平決詔獄，處理郡國奏讞疑罪。秩中二千石。屬官有正、左監、左平。

［3］【今注】理官：掌管法律刑獄的司法官。《漢書·藝文志》："法家者流，蓋出於理官，信賞必罰，以輔禮制。"

［4］【今注】案，怒，紹興本、大德本、殿本作"恕"，是。

［5］【今注】章和：東漢章帝劉炟年號（87—88）。

［6］【今注】笞：古代刑罰名。以竹板或荆條捶擊犯人的脊背或臀部。

［7］【今注】金城：縣名。治所在今甘肅蘭州市西北黄河南岸。

［8］【今注】封事：密封的奏章。爲防止奏章泄密，用皂囊密封。始於西漢宣帝時。

［9］【李賢注】《廣雅》曰："無慮，都凡也。"

［10］【今注】蕩宥：寬恕。

［11］【今注】肅宗：東漢章帝劉炟，公元75年至88年在位。謚號孝章皇帝，廟號肅宗。紀見本書卷三。

［12］【今注】奏讞：對獄案提出處理意見，報請朝廷評議定案。　法科：刑法條例。

［13］【今注】永元：東漢和帝劉肇年號（89—105）。

［14］【李賢注】晊音質。

［15］【今注】南陽：郡名。治宛縣（今河南南陽市卧龍區）。

鎮字桓鍾，少修家業。辟太尉府，[1]再遷，延光中爲尚書。[2]及中黄門孫程誅中常侍江京等而立濟陰王，[3]鎮率羽林士擊殺衛尉閻景，[4]以成大功，事在《宦者傳》。[5]再遷尚書令。[6]太傅、三公奏鎮冒犯白刃，[7]手劍賊臣，姦黨殄滅，宗廟以寧，功比劉章，[8]宜顯爵土，以勵忠貞。乃封鎮爲定潁侯，[9]食邑二千户。拜河南尹，[10]轉廷尉，免。永建四年，[11]卒於家。

詔賜冢塋地。

［1］【今注】太尉：官名。秦置。漢初金印紫綬，掌武事。文帝三年（前177）罷，屬丞相。景帝三年（前154）復置，七年又罷。武帝建元二年（前139）省，元狩四年（前119）更名大司馬。東漢光武帝建武二十七年（51）改大司馬爲太尉，掌全國軍政事務，考核地方長官，參議郊祀大喪。秩萬石。與司徒、司空共同行使宰相職能，或與太傅並録尚書事。

［2］【今注】延光：東漢安帝劉祜年號（122—125）。

［3］【今注】中黄門：官名。閹人居禁中在黄門之内給事者。西漢置，掌皇宫黄門之内侍應雜事，並持兵器宿衛。名義上隸屬少府，無定員。東漢其職任稍重，掌給事禁中。位次小黄門。中黄門，比百石。後增比三百石。　孫程：字稚卿，涿郡新城（今河北保定市徐水區西）人。傳見本書卷七八。　中常侍：官名。初稱常侍，掌侍從皇帝。西漢武帝後參與朝議，爲中朝官。元帝後稱中常侍，爲加官。東漢時非加官，而成爲專職。掌侍從皇帝，顧問應對。秩千石，又增爲比二千石。本無員數，明帝時定爲四人。章帝、和帝時，漸以宦官擔任。　江京：安帝時宦官。以小黄門迎立安帝，封都鄉侯，遷中常侍兼大長秋。與中常侍樊豐、安帝乳母王聖、帝舅大將軍耿寶、皇后兄大鴻臚閻顯等勾結，枉殺太尉楊震，譖廢太子劉保。安帝死，又與閻顯等擁立北鄉侯，即少帝。少帝崩，孫程等擁立劉保爲順帝，遂被殺。　濟陰王：東漢順帝劉保。紀見本書卷六。本書卷七八《宦者傳》載，延光四年（125）十一月二日，“程遂與王康等十八人聚謀於西鍾下，皆截單衣爲誓。四日夜，程等共會崇德殿上，因入章臺門。時江京、劉安及李閏、陳達等俱坐省門下，程與王康共就斬京、安、達，以李閏權執積爲省内所服，欲引爲主，因舉刃脅閏曰：‘今當立濟陰王，無得摇動。’閏曰：‘諾。’於是扶閏起，俱於西鐘下迎濟陰王立之，是爲順帝”。

［4］【今注】羽林士：官名。西漢武帝太初元年（前 104）初置建章營騎，後更名羽林。以天有羽林之星，故取名羽林。又取從軍死事之子孫養羽林官，教以五兵，號曰羽林孤兒。光武中興，以征伐之士勞苦者爲之，故曰羽林士。　衛尉：官名。秦置，掌宫門衛屯兵。西漢景帝初更名中大夫令，後元年復稱衛尉。長樂、建章、甘泉皆置。東漢掌宫門衛士和宫内巡察。秩中二千石。

［5］【今注】宦者傳：見本書卷七八。

［6］【今注】尚書令：官名。西漢爲尚書署長官，掌文書，爲少府屬官。秩六百石。武帝以後，職權稍重，掌傳達詔命章奏。秩千石。東漢爲尚書臺長官，掌决策詔令、總領朝政。如以公兼任，增秩至二千石。朝會時，與御史中丞、司隸校尉皆專席坐，時號“三獨坐”。

［7］【今注】太傅：官名。位居上公。掌以善導，無常職。東漢光武帝以卓茂爲太傅，薨後，因省。此後每帝初即位，置太傅録尚書事，薨後輒省。　三公：官名。西周時指太師、太傅、太保或司徒、司馬、司空。西漢初指丞相、御史大夫、太尉。武帝建元二年省太尉。元狩四年置大司馬。成帝綏和元年（前 8）改御史中丞爲大司空。哀帝元壽二年（前 1）改丞相爲大司徒。此後以丞相（大司徒）、大司馬、御史大夫（大司空）爲三公。王莽定三公之號曰大司馬、大司徒、大司空。東漢初，因而不改。建武二十七年，大司馬改爲太尉，大司徒、大司空去“大”字，亦稱“三司”。掌參議朝政，監察百官。

［8］【李賢注】章，齊王肥子也，高帝孫，誅諸吕有功，封朱虚侯也。【今注】劉章：沛縣（今江蘇沛縣）人。劉邦孫，齊悼惠王次子。封城陽王。公元前 186 年，吕后召之宿衛京城，封朱虚侯，以吕禄之女妻之。吕后死，得悉吕産、吕禄叛亂，與其兄齊王劉襄發兵西進平亂。後與大臣周勃、陳平等誅滅諸吕。文帝二年，封城陽王。次年死。事見《史記》卷五二《齊悼惠王世家》。

［9］【今注】定潁：縣名。治所在今河南西平縣東北。《漢書·地理志》不見此地名。東漢順帝時，尚書令郭鎮因擁立之功，封定潁侯。

［10］【今注】河南尹：官名。東漢光武帝建武十五年置，爲京都洛陽所在河南郡長官。掌京都諸事務，勸課農桑，審理刑獄，舉孝廉，典禁兵。秩二千石。

［11］【今注】永建：東漢順帝劉保年號（126—132）。

長子賀當嗣爵，讓與小弟時而逃去。積數年，詔大鴻臚下州郡追之，[1]賀不得已，乃出受封。累遷，復至廷尉。及賀卒，順帝追思鎮功，下詔賜鎮謚曰昭武侯，賀曰成侯。

［1］【今注】大鴻臚：官名。秦及漢初稱典客。掌管歸降少數民族。西漢景帝中元六年（前 144）改稱大行令，武帝太初元年（前 104）更名大鴻臚。屬官有行人、譯官、別火三令丞和郡邸長丞。王莽改名典樂。東漢復稱大鴻臚。掌諸侯和四方歸降少數民族，及典郊廟行禮贊導、諸王入朝、郡國上計、皇子拜王及拜諸侯、諸侯嗣子及四方少數民族禮儀。吊唁諸侯王薨。秩中二千石。

賀弟禎，亦以能法律至廷尉。

鎮弟子禧，[1]少明習家業，兼好儒學，有名譽，延熹中亦爲廷尉。[2]建寧二年，[3]代劉寵爲太尉。[4]禧子鴻，至司隸校尉，[5]封城安鄉侯。

［1］【李賢注】許其反。

［2］【今注】延熹：東漢桓帝劉志年號（158—167）。

［3］【今注】建寧：東漢靈帝劉宏年號（168—172）。

［4］【今注】劉寵：字祖榮，東萊牟平（今山東烟臺市西北）人。傳見本書卷七六。

［5］【今注】司隸校尉：官名。簡稱司隸。掌察舉三輔（京兆、左馮翊、右扶風）、三河（河東、河內、河南）、弘農七郡的犯法者。秩比二千石。西漢成帝元延四年（前9）省，哀帝時復置，改名司隸，隸大司空。東漢仍名司隸校尉，掌糾察宮廷皇親、貴戚百官，兼領兵、搜捕罪犯，並爲司隸州行政長官。治所在今河南洛陽市。秩比二千石。光武帝特詔朝會時與御史中丞、尚書令並專席而坐，時號“三獨坐”。

郭氏自弘後，數世皆傳法律，子孫至公者一人，[1]廷尉七人，侯者三人，[2]刺史、二千石、侍中、中郎將者二十餘人，[3]侍御史、正、監、平者甚衆。[4]

［1］【今注】公：三公。東漢改名太尉、司徒、司空，同爲中央最高行政長官。

［2］【今注】侯：列侯。本書《百官志五》：“所食縣爲侯國。本注曰：承秦爵二十等，爲徹侯，金印紫綬，以賞有功。功大者食縣，小者食鄉、亭，得臣其所食吏民。後避武帝諱，爲列侯。武帝元朔二年，令諸王得推恩分衆子土，國家爲封，亦爲列侯。舊列侯奉朝請在長安者，位次三公。中興以來，唯以功德賜位特進者，次車騎將軍；賜位朝侯，次五校尉；賜位侍祠侯，次大夫。其餘以肺附及公主子孫奉墳墓於京都者，亦隨時見會，位在博士、議郎下。”

［3］【今注】刺史：官名。西漢武帝元封五年（前106）置，共十三部（州），每部置刺史一人，秩六百石。無治所，於每年八月奉詔以六條問事，省察郡國二千石長吏、强宗豪右、諸侯王等，根據治理情況進行罷免或升遷並審理冤獄。每年歲末入奏。成帝綏

和元年（前 8）更名州牧，秩二千石。哀帝建平二年（前 5）復爲刺史，元壽二年（前 1）又稱州牧。東漢光武帝建武元年（25）復置牧。建武十一年省。十八年，罷州牧，置刺史，秩六百石。有固定治所，高於郡級地方行政長官。掌監察、選舉、劾奏、領兵等。屬吏有從事史、假佐。靈帝中平五年（188），改置州牧。　二千石：因漢代所得俸禄以米穀爲準，故官秩等級以"石"名。漢朝二千石爲中央政府機構的九卿等列卿，及地方州牧郡守、諸侯王國相等。又可細分爲中二千石、二千石、比二千石三等。此處泛指漢朝廷的高級官員。　侍中：官名。西漢時爲加官。東漢爲正式職官，掌顧問應對，皇帝出行則參乘騎從，多由功臣貴戚擔任，地位尊貴親近。秩比二千石，無員。居首者稱祭酒，或置或否。案，大德本、殿本無"中"字。　中郎將：官名。秦及漢初爲中郎長官，秩比二千石，屬郎中令（光禄勳）。掌宿衛宫禁，出行護衛，考核選拔郎官，奉詔出使等。東漢省併郎署，中郎、侍郎、郎中悉歸五官、左、右三署。五官、左、右中郎將仍隸光禄勳。掌考核選拔郎官。又置虎賁、羽林中郎將掌宫禁宿衛侍從，匈奴中郎將管理南匈奴事務。

［4］【今注】侍御史：官名。御史中丞屬官。掌察舉非法，受公卿群吏奏事，有違失舉劾之。有十五人，秩六百石。　正：廷尉正。　監：廷尉監。有正監及左右二監，掌輔助廷尉平決詔獄。秩千石。東漢時右監罷廢。左監秩六百石。　平：廷尉平。西漢宣帝地節三年（前 67）置。掌案件審理。秩六百石。或説設左右平，或曰四平。東漢時衹存左平。

順帝時，廷尉河南吴雄季高，[1]以明法律，斷獄平，起自孤宦，[2]致位司徒。[3]雄少時家貧，喪母，營人所不封土者，[4]擇葬其中。喪事趣辦，[5]不問時日，醫巫皆言當族滅，[6]而雄不顧。及子訢孫恭，三世廷尉，爲法名家。[7]

[1]【今注】河南：郡名。治洛陽縣（今河南洛陽市東北漢魏故城）。

[2]【今注】孤宦：地位低微的官吏。

[3]【今注】司徒：官名。西周置，掌治理民事、户口、官司籍田、徵發徒役、收納財賦。秦罷司徒置丞相。西漢哀帝元壽二年（前1）改丞相爲大司徒。東漢去“大”。掌全國民政、教化等事宜。秩萬石。獻帝建安十三年（208）罷司徒，置丞相。

[4]【今注】不封土者：指没有填土的墓穴。

[5]【今注】趣辨：快速辦理。趣，同“促”。

[6]【今注】案，佚名《後漢書考正》引劉攽説，葬事與醫事無關，故“醫”字爲衍文。

[7]【李賢注】名爲明法之家。【今注】案，《初學記》卷一二引《華嶠書》作“以法爲名家”。

初，肅宗時，司隸校尉下邳趙興亦不卹諱忌，[1]每入官舍，輒更繕修館宇，移穿改築，故犯妖禁，而家人爵禄，益用豐熾，[2]官至潁川太守。子峻，太傅，以才器稱。孫安世，魯相。[3]三葉皆爲司隸，時稱其盛。

[1]【李賢注】卹，憂也。【今注】下邳：縣名。治所在今江蘇邳州市南。

[2]【今注】豐熾：豐盛。

[3]【今注】魯：郡國名。治魯縣（今山東曲阜市）。光武帝建武二年（26），封兄劉縯之子劉興爲魯王。十三年，魯王降爲魯公。十九年，復進爵爲王。二十八年，劉興徙封爲北海王，魯國之

地改屬劉彊東海國，爲東海國屬郡。明帝永平元年（58），東海恭王劉彊臨死前上疏歸還東海郡。其子劉政嗣位之後，仍用東海王封號，但轄地僅魯郡六縣之地，國名改稱魯國，因而出現了東海王實治魯國的特殊現象。（參見周振鶴《後漢的東海王與魯國》，《歷史地理》第3輯，上海人民出版社1983年版）　相：官名。王國内最高行政長官。初名相國，西漢惠帝元年（前194），更名爲丞相，景帝中元五年（前145）更名爲相。

桓帝時，[1]汝南有陳伯敬者，行必矩步，[2]坐必端膝，呵叱狗馬，[3]終不言死，目有所見，不食其肉，行路聞凶，便解駕留止，還觸歸忌，則寄宿鄉亭。[4]年老寖滯，[5]不過舉孝廉。[6]後坐女壻亡吏，太守邵夔怒而殺之。時人罔忌禁者，多談爲證焉。[7]

［1］【今注】桓帝：東漢桓帝劉志，公元146年至167年在位。紀見本書卷七。

［2］【今注】矩步：端方合度的行步姿態。形容舉動合乎規矩，一絲不苟。

［3］【今注】狗馬：狗與馬。指游獵玩樂。

［4］【李賢注】《陰陽書·歷法》曰："歸忌日，四孟在丑，四仲在寅，四季在子，其日不可遠行歸家及徙也。"【今注】歸忌：歸家的忌日。秦漢時期存在關於出行吉日和凶日的文獻，在日辰之下注明吉凶，分爲遠行、久行、長行、急行等。《論衡·譏日篇》載："世俗既信歲時，而又信日。舉事若病、死、災、患，大則謂之犯觸歲、月，小則謂之不避日禁。歲、月之傳既用，日禁之書亦行。"《辨祟篇》云："起功、移徙、祭祀、喪葬、行作、入官、嫁娶，不擇吉日，不避歲、月，觸鬼逢神，忌時相害。"（參見李秋香《秦漢民間禁忌及其社會控制作用》，《延安大學學報》2012年第4期）

［5］【今注】寢滯：停滯。

［6］【今注】孝廉：漢代察舉制的科目之一。西漢武帝元光元年（前134）初令郡國舉孝、廉各一人，後合稱爲孝廉。漢代舉孝廉者多任郎官，有年齡限制，後又加考試。本書《順帝紀》載順帝時期，“初令郡國舉孝廉，限年四十以上，諸生通章句，文吏能牋奏，乃得應選；其有茂才異行，若顔淵、子奇，不拘年齒”。

［7］【李賢注】罔，無也。

論曰：曾子云：“上失其道，民散久矣。如得其情，則哀矜而勿喜。”[1]夫不喜於得情則恕心用，[2]恕心用則可寄枉直矣。夫賢人君子斷獄，其必主於此乎？郭躬起自佐史，[3]小大之獄必察焉。[4]原其平刑審斷，[5]庶於勿喜者乎？若乃推己以議物，捨狀以貪情，[6]法家之能慶延于世，蓋由此也！

［1］【李賢注】言人離散犯法，乃自土之所爲（土，紹興本、大德本、殿本作“上”），非下之過，當哀矜之，勿以得情爲喜也。見《論語》也。【今注】案，語見《論語·子張》。指帝王失其爲君之道，導致人民妻離子散，容易産生搶掠等觸犯刑法的事情，這是由於在上位者不能治理，並非人民的過錯。你若審出罪犯實情，應當懷哀憐之心而不能自喜。

［2］【今注】恕心：仁愛之心。

［3］【今注】佐史：官名。縣令屬吏。月秩八斛。

［4］【李賢注】《左傳》曰：“小大之獄，雖不能察，必以情。”

［5］【今注】平刑審斷：公平地審理案件。

［6］【李賢注】秦彭、孫章不死爲推己，亡命得減爲貪情也。貪與探同也。

陳寵字昭公，沛國洨人也。[1]曾祖父咸，成哀閒以律令爲尚書。平帝時，[2]王莽輔政，[3]多改漢制，咸心非之。及莽因吕寬事誅不附己者何武、鮑宣等，[4]咸乃歎曰："《易》稱'君子見幾而作，不俟終日'，吾可以逝矣！"[5]即乞骸骨去職。及莽篡位，召咸以爲掌寇大夫，謝病不肯應。時三子參、豐、欽皆在位，乃悉令解官，父子相與歸鄉里，閉門不出入，猶用漢家祖臘。[6]人問其故，咸曰："我先人豈知王氏臘乎？"其後莽復徵咸，遂稱病篤。於是乃收斂其家律令書文，皆壁藏之。咸性仁恕，常戒子孫曰："爲人議法，當依於輕，雖有百金之利，慎無與人重比。"

[1]【李賢注】洨，縣名，故城在今泗州虹縣西南。洨音户交反（洨，大德本誤作"交"；户，大德本誤作"尸"）。【今注】沛國：諸侯王國名。治相縣（今安徽濉溪縣西北）。建武二十年（44），光武帝徙封皇子中山王劉輔爲沛王。傳國至劉契，魏受漢禪，爲崇德侯。　洨：縣名。治所在今安徽固鎮縣東。

[2]【今注】平帝：西漢平帝劉衎，公元前1年至5年在位。紀見《漢書》卷一二。

[3]【今注】王莽：字巨君，魏郡元城（今河北大名縣東北）人。西漢元帝皇后王政君侄子。孺子嬰初始元年（8）稱帝，改國號爲新，年號始建國。傳見《漢書》卷九九。

[4]【李賢注】平帝時，王莽輔政，隔絶平帝外家，不得至京師。莽子宇，恐帝長大後見怨，教帝舅衛寶令帝母上書求入，莽不許。宇與婦兄吕寬謀，以爲莽不可説而好鬼神，乃夜以血灑莽第門，以驚懼之，事覺，並誅死。何武爲前將軍，王莽先從武求舉，武不敢。鮑宣爲司隸，免，徙之上黨。吕寬事起，莽案鞠，

并誅不附己者，武與宣在見誣中（在，大德本、殿本作“坐”，是），皆被誅。並見《前書》。【今注】吕寬：王莽長子王宇的妻兄。元始中，王莽爲安漢公，專政，莽長子宇與妻兄吕寬謀以血塗莽第門，欲懼莽令歸政。發覺，莽大怒，殺宇，而吕寬亡。　何武：字君公，蜀郡郫縣（今四川郫縣北）人。治《易》，以射策甲科爲郎。遷鄠令。先後任諫大夫、揚州刺史、丞相司直。出爲清河太守。又徵爲諫大夫，遷兖州刺史，入司隸校尉，遷京兆尹。左遷楚内史、沛郡太守，任廷尉。西漢成帝綏和元年（前8），任御史大夫。成帝時爲大司空，封汜鄉侯。平帝時，王莽專權，被誣自殺。謚刺侯。傳見《漢書》卷八六。　鮑宣：字子都，渤海高城（今河北鹽山縣東南）人。初爲縣鄉嗇夫，後爲都尉、太守功曹，舉孝廉爲郎。西漢哀帝時爲諫大夫，遷豫州牧。復爲諫大夫。後任司隸。被劾免官。王莽時，下獄自殺。傳見《漢書》卷七二。

［5］【李賢注】幾者事之微，吉凶之先見者。逝，往也。

［6］【李賢注】應劭《風俗通》曰，共工之子好遠遊，死爲祖神。漢家火行盛於午，故以午日爲祖也。臘者，歲終祭衆神之名。臘，接也，新故交接，故大祭之報功也。漢火行，衰於戌，故臘用戌日也。【今注】漢家祖臘：指祭祀祖先和年終祭時用漢朝的禮儀。祖臘，古代祭祀祖先，稱“祖”。年終祭祀，稱“臘”。《説文》云：“冬至後三戌日臘祭百神。”

建武初，[1]欽子躬爲廷尉左監，[2]早卒。

［1］【今注】建武：東漢光武帝劉秀年號（25—56）。

［2］【今注】廷尉左監：秦置，漢因之。屬廷尉，秩千石。東漢減爲六百石。掌助廷尉平決詔獄。

躬生寵，明習家業，少爲州郡吏，辟司徒鮑昱府。[1]是時三府掾屬專尚交遊，[2]以不肯視事爲高。寵常非之，獨勤心物務，數爲昱陳當世便宜。昱高其能，轉爲辭曹，掌天下獄訟。[3]其所平決，無不厭服衆心。時司徒辭訟，[4]久者數十年，事類溷錯，易爲輕重，不良吏得生因緣。[5]寵爲昱撰《辭訟比》七卷，[6]決事科條，皆以事類相從。昱奏上之，其後公府奉以爲法。

[1]【今注】鮑昱：字文泉，上黨屯留（今山西長治市屯留區）人。傳見本書卷二九。

[2]【今注】三府掾屬：太尉、司徒、司空府的屬吏。

[3]【李賢注】《續漢志》曰"三公掾屬二十四人，有辭曹，主訟事（主，大德本誤作'王'）"也。

[4]【今注】辭訟：訴訟。《周禮·地官·小司徒》："聽其辭訟，施其賞罰。"

[5]【李賢注】因緣謂依附以生輕重也。

[6]【今注】案，曹金華《後漢書稽疑》據《太平御覽》卷二四九引華嶠《後漢書》作"《科牒辭訟比例》"，《後漢紀》卷一五作"《科條辭訟比例》"，當即《辭訟比》七卷（第413頁）。

三遷，肅宗初，爲尚書。是時承永平故事，吏政尚嚴切，尚書決事率近於重。寵以帝新即位，宜改前世苛俗。乃上疏曰："臣聞先王之政，賞不僭，[1]刑不濫，與其不得已，寧僭不濫。[2]故唐堯著典，'眚災肆赦'；[3]周公作戒，'勿誤庶獄'；[4]伯夷之典，'惟敬五刑，以成三德'。[5]由此言之，聖賢之政，以刑罰爲首。往者斷獄嚴明，所以威懲姦慝，[6]姦慝既平，必宜濟之以寬。[7]陛下即位，率由此義，數詔群僚，弘崇晏晏。[8]而有司執事，未悉奉承，典刑用法，猶尚深刻。斷獄者急於篣格酷烈之痛，[9]執憲者煩於詆欺放濫之文，[10]或因公行私，逞縱威福。夫爲政猶張琴瑟，大弦急者小弦絶。故子貢非臧孫之猛法，而美鄭喬之仁政。[11]《詩》云：'不剛不柔，布政優優。'[12]方今聖德充塞，假于上下，[13]宜隆先王之道，蕩滌煩苛之法。輕薄箠楚，[14]以濟群生；全廣至德，以奉天心。"帝敬納寵言，每事務於寬厚。其後遂詔有司，絶鉆鑽諸慘酷之科，[15]解妖惡之禁，除文致之請讞五十餘事，定著于令。[16]是後人俗和平，屢有嘉瑞。[17]

[1]【今注】賞不僭：賞賜不超過應得的標準。

[2]【李賢注】事見《左傳》蔡大夫聲子辭（蔡，大德本、殿本誤作"晉"）。【今注】案，此事見《左傳》襄公二十六年，原文作"善爲國者，賞不僭而刑不濫。賞僭則懼及淫人，刑濫則懼及善人。若不幸而過，寧僭無濫。與其失善，寧其利淫，無善人則國從之"。《正義》云，賞不僭，指賞賜必對有功之人而不僭越失度；刑不濫，指刑罰必對有罪之人而不過度失當。

[3]【李賢注】《尚書·舜典》之辭也。眚，過也。灾，害也。肆，緩也。言過誤有害，當緩赦也。【今注】眚灾肆赦：因過失造成災害而施以緩刑或赦免。《尚書·舜典》："眚災肆赦，怙終賊刑。"孔傳："眚，過；災，害；肆，緩；賊，殺也。過而有害，當緩赦之。"

[4]【李賢注】《尚書·立政》之辭也。言文子文孫，從今以往，惟以正道理衆獄勿誤也。【今注】勿誤庶獄：原文作"繼自今文子文孫，其勿誤於庶獄庶慎，惟正是乂之"。《正義》：文子文

孫，指文王之子孫。此句指自今已往，以正確的方式治理刑獄，防止錯誤。

［5］【李賢注】三德，剛、柔、正直。《尚書·吕刑》曰："伯夷降典，析民惟刑（析，紹興本、大德本、殿本作'折'，是），惟敬五刑，以成三德。"【今注】案，"惟敬五刑，以成三德"二句，《正義》云，當敬慎用此五刑，以成剛、柔、正直三德。

［6］【今注】姦慝：邪惡之人。

［7］【李賢注】濟，益也。

［8］【李賢注】晏晏，温和也。《尚書考靈燿》曰："堯聰明文塞晏晏。"

［9］【李賢注】篣即榜也，古字通用。《聲類》曰："笞也。"《説文》曰："格，擊也。"【今注】篣格：笞擊、拷打。案，中華本校勘記引張楷森説，《説文》木部格下云"長木貌"，没有擊的含義，衹有手部挌下云"擊也"，與注引《説文》合，疑此"格"字及注文"格"字並是"挌"字之誤。

［10］【今注】詆欺放濫：毁謗醜化，没有節制。

［11］【李賢注】臧孫，魯大夫，行猛政。子貢非之曰："夫政猶張琴瑟也，大弦急則小弦絶矣。故曰：'罰得則姦邪止，賞得則下歡悦。'子之賊心見矣。獨不聞子產之相鄭乎？推賢舉能，抑惡揚善，有大略者不問其短（略，紹興本、大德本、殿本作'略'，是），有厚德者不非小疵，家給人足，囹圄空虚。子產卒，國人皆叩心流涕，三月不聞竽琴之音。其生也見愛，死也可悲。故曰：'德莫大於仁，禍莫大於刻。'今子病而人賀，子愈而人相懼，曰：'嗟乎！何命之不善，臧孫子又不死（大德本、殿本無"臧孫"二字，是）？'"臧孫慙而避位，終身不出。見《新序》。【今注】子貢：端木賜，複姓端木，春秋末年衛國人，字子貢。孔門十哲之一。爲人利口巧辭，善於貨殖。曾任魯、衛兩國之相國。孔子去世後，守喪六年。

[12]【李賢注】優優，和也。【今注】案，此二句見《毛詩·商頌·長發》，指不强硬也不軟弱，推行政令格外緩和。優優，和緩貌。

[13]【李賢注】假，至也，音格。上下，天地也。

[14]【今注】輕薄箠楚：减輕箠楚等刑罰。

[15]【李賢注】《蒼頡篇》曰："鉆（鉆，紹興本誤作'鉆'，本注下同），持也。"《説文》曰："鉆，鐵銸也。"其炎反。銸音陟葉反。鑽，臏刑，謂鑽去其臏骨也。鑽音作喚反。【今注】案，鉆，紹興本作"鉆"。

[16]【李賢注】文致謂前人無罪，文飾致於法中也。

[17]【今注】嘉瑞：祥瑞。

漢舊事斷獄報重，常盡三冬之月，[1]是時帝始改用冬初十月而已。元和二年，旱，長水校尉賈宗等上言，[2]以爲斷獄不盡三冬，故陰氣微弱，陽氣發泄，招致灾旱，事在於此。帝以其言下公卿議，寵奏曰："夫冬至之節，陽氣始萌，故十一月有蘭、射干、芸、荔之應。[3]《時令》曰：'諸生蕩，安形體。'[4]天以爲正，周以爲春。[5]十二月陽氣上通，雉雊雞乳，地以爲正，殷以爲春。[6]十三月陽氣已至，天地已交，萬物皆出，蟄蟲始振，人以爲正，夏以爲春。[7]三微成著，以通三統。[8]周以天元，殷以地元，夏以人元。[9]若以此時行刑，則殷、周歲首皆當流血，不合人心，不稽天意。[10]《月令》曰：'孟冬之月，趣獄刑，無留罪。'[11]明大刑畢在立冬也。又：'孟冬之月，身欲寧，事欲静。'[12]若以降威怒，不可謂寧；若以行大刑，不可謂静。議者咸曰：‘旱之所由，咎在改律。’臣以爲殷、周斷獄不以三微，而化致康平，無有災害。自元和以前，皆用三冬，[13]而水旱之異，往往爲患。由此言之，災害自爲它應，不以改律。秦爲虐政，四時行刑，[14]聖漢初興，改從簡易。[15]蕭何草律，季秋論囚，俱避立春之月，[16]而不計天地之正，二王之春，實頗有違。[17]陛下探幽析微，允執其中，[18]革百載之失，建永年之功，[19]上有迎承之敬，下有奉微之惠，[20]稽《春秋》之文，當《月令》之意，[21]聖功美業，不宜中疑。”書奏，帝納之。遂不復改。

[1]【李賢注】報，論也。重，死刑也。【今注】案，東漢元和二年（85），章帝下詔説：“朕咨訪儒雅，稽之典籍，以爲王者生殺，宜順時氣。其定律，無以十一月、十二月報囚。”

[2]【今注】長水校尉：官名。西漢武帝初置，爲北軍八校尉之一，位次列卿。秩二千石。屬官有丞、司馬等。領長水宣曲胡騎，屯戍京師，兼任征伐。東漢光武帝建武七年（31）省、十五年復置，爲北軍五校尉之一。掌宿衛禁兵，隸北軍中候。秩比二千石。屬官有司馬、胡騎司馬各一員。

[3]【李賢注】《易通卦驗》曰：“十一月廣莫風至，則蘭、夜于生（夜于，紹興本、大德本作‘夜干’，殿本作‘射干’，當以‘射干’爲是）。”《月令》：“仲冬日短至，陰陽争，諸生蕩，芸始生，荔挺出。”射音夜，即今之烏扇也。芸，香草。荔，馬薤。【今注】蘭：多年生草本植物。澤蘭屬植物的泛稱，屬菊科。生於山中濕地，花紫紅色，其莖、葉、花都有微香。　射干：植物名。又作“夜干”。鳶尾科射干屬。多年生草本。莖高二三尺，葉劍形，互生。花瓣六片，黄色，有濃紫色斑點。果實爲蒴果。根狀

莖，可入藥，性寒、味苦。　芸：多年生草本植物。又稱芸香樹。其下部爲木質。葉互生，羽狀深裂或全裂。花黄色，可入藥。　荔：即“馬藺”。又稱“馬荔”。多年生草本植物。根須狀而堅硬。葉片狹綫形，花藍色。花及種子可入藥，葉可造紙，根可製刷子。

[4]【李賢注】《時令》，《月令》也。蕩，動也。仲冬一陽爻生，草木皆欲萌動也。《禮記·月令》“仲冬諸生蕩，君子齋戒，安形性”也。

[5]【李賢注】正，春，皆始也。十一月萬物微而未著，天以爲正，而周以爲歲首。

[6]【李賢注】十二月二陽爻生，鴈北鄉，陽氣上通，諸生皆動，始萌牙，地以爲正，殷以爲歲首也。《月令》“季冬，雉雊雞乳”也。【今注】雉雊：雉鳴叫，泛指鳥鳴叫。　雞乳：母雞開始産卵，孵化小雞。古代以五行配五種牲畜，雞爲木畜，得陽氣而卵育，故云乳。

[7]【李賢注】十三月今正月也，天子迎春東郊，陰陽交合，萬物皆出於地，人始初見，故曰“人以爲正，夏以爲歲首”也。《月令》“孟春天氣下降，地氣上騰，天地和同，草木萌動，東風解凍，蟄蟲始振”也。【今注】蟄蟲：藏伏土中冬眠的蟲類。

[8]【李賢注】統者，統一歲之事。王者三正遞用，周環無窮，故曰通三統。《三禮義宗》曰：“三微，三正也。言十一月陽氣始施，萬物動於黄泉之下，微而未著，其色皆赤，赤者陽氣。故周以天正爲歲，色尚赤，夜半爲朔。十二月萬物始牙，色白，白者陰氣。故殷以地正爲歲，色尚白，雞鳴爲朔。十三月萬物始達，其色皆黑，人得加功以展其業。夏以人正爲歲，色尚黑，平旦爲朔。故曰三微。王者奉而成之，各法其一以改正朔也。”《易乾鑿度》曰：“三微而成著，三著而體成。”當此之時，天地交，萬物通也。【今注】案，“三微成著，以通三統”，三正之始，萬物皆微，故又稱三微。指夏商周各以天地萬物細微的變化確定正朔，

建立正統。

［9］【今注】案，《尚書大傳》云："夏以孟春爲正，殷以季冬爲正，周以仲冬爲正。夏以十三月爲正，色尚黑，以平旦爲朔。殷以十二月爲正，色尚白，以雞鳴爲朔。周以十一月爲正，色尚赤，以夜半爲朔。不以二月後爲正者，萬物不齊，莫適所統，故必以三微之月也。三正之相承，若順連環也。"

［10］【今注】不稽天意：不考察天意。

［11］【李賢注】臣賢案：《月令》及《淮南子》皆言季秋趣獄刑，無留罪，今言孟冬，未詳其故。【今注】案，《禮記·月令》作季秋之月，"乃趣獄刑，毋留有罪"。《淮南子·時則訓》亦作季秋之月，"乃趨獄刑，毋留有罪"。則此處"孟冬"當作"季秋"。指殺氣已至，有罪者即處決。

［12］【李賢注】《月令》"仲冬，君子齋戒，身欲寧，事欲静，以待陰陽之所定"也。【今注】案，此句又見《吕氏春秋·仲冬紀》，作"君子齋戒，處必弇，身欲寧，去聲色，禁嗜慾，安形性，事欲静，以待陰陽之所定"。則此處"孟冬"當作"仲冬"，應據改。

［13］【今注】三冬：指孟冬（陰曆十月）、仲冬（陰曆十一月）、季冬（陰曆十二月）。

［14］【今注】四時行刑：《左傳》襄公二十六年："古之治民者，勸賞而畏刑，恤民不倦。賞以春夏，刑以秋冬。"古人多以秋季行刑，但秦朝刑罰過濫，四時均有。這是漢代人對秦朝暴政的一種認識。

［15］【今注】改從簡易：《漢書·刑法志》載："漢興，高祖初入關，約法三章曰：'殺人者死，傷人及盜抵罪。'蠲削煩苛，兆民大說。"

［16］【李賢注】草謂創造之也。論，決也。【今注】蕭何草律：漢初三章之法不足以禦奸，於是相國蕭何攈摭秦法，取其宜於

時者，作律九章。　季秋論囚：西漢宣帝年間，以于定國爲廷尉，求明察寬恕黄霸等以爲廷平，季秋後請讞。

［17］【李賢注】言蕭何不論天地之正及殷、周之春，實乖正道。

［18］【李賢注】允，信也。中，正也。言信執中正之道。語見《尚書》。【今注】允執其中：真誠地堅持中庸之道。比喻真正做到恰到好處。允，誠信。執，持。其，代詞。中，中庸。不偏不倚。《尚書·大禹謨》作"人心惟危，道心惟微，惟精惟一，允執厥中"。《論語·堯曰》作"天之曆數在爾躬，允執其中"。

［19］【李賢注】《尚書》曰："立功立事，可以永年。"

［20］【李賢注】三正之月，不用斷獄，敬承天意，奉順三微也。【今注】迎承：迎接、迎合。　奉微：順應三微之始。

［21］【李賢注】《春秋》於春每月書王，所以通三統也。何休注云（休，紹興本誤作"俅"）："二月三月皆有王者（三，大德本作'二'；王，大德本誤作'玉'），二月殷正月，三月夏正月也。"

寵性周密，常稱人臣之義，苦不畏慎。[1]自在樞機，[2]謝遣門人，[3]拒絶知友，唯在公家而已。朝廷器之。[4]

［1］【今注】畏慎：敬畏謹慎。

［2］【今注】樞機：中央政權的機要部門或職位。

［3］【今注】謝遣：辭謝遣散。

［4］【李賢注】器，重也。

皇后弟侍中竇憲，[1]薦真定令張林爲尚書，[2]帝以問寵，寵對“林雖有才能，而素行貪濁”，[3]憲以此深恨寵。林卒被用，而以臧汙抵罪。[4]及帝崩，憲等秉權，常銜寵，乃白太后，[5]令典喪事，欲因過中之。黄門侍郎鮑德素敬寵，[6]説憲弟夏陽侯瓌曰：[7]“陳寵奉事先帝，深見納任，故久留臺閣，賞賜有殊。今不蒙忠能之賞，而計幾微之故，[8]誠傷輔政容貸之德。”[9]瓌亦好士，深然之。故得出爲太山太守。[10]

[1]【李賢注】臣賢案：《竇后紀》及《憲傳》並云憲竇后兄，今諸本皆言弟，蓋誤也。【今注】竇憲：字伯度，扶風平陵（今陝西咸陽市西北）人。其妹爲章帝皇后。傳見本書卷二三。

[2]【今注】真定：縣名。治所在今河北正定縣南。案，本書卷四三《朱暉傳》載張林，元和中，因穀貴上書，言：“穀所以貴，由錢賤故也。可盡封錢，一取布帛爲租，以通天下之用。又鹽，食之急者，雖貴，人不得不須，官可自鬻。又宜因交阯、益州上計吏往來，市珍寶，收采其利，武帝時所謂均輸者也。”

[3]【今注】貪濁：貪污。

[4]【今注】抵罪：因犯罪而接受應有的懲處。

[5]【今注】太后：竇太后。東漢章帝皇后。扶風平陵（今陝西咸陽市西北）人。漢和帝即位，臨朝執政，其兄、弟位居顯要。紀見本書卷一〇上。

[6]【今注】黄門侍郎：官名。又稱“黄門郎”。秦漢時期郎官給事在黄闥之内者，稱黄門侍郎。西漢爲加官，多以重臣、外戚子弟、公主婿爲之。東漢掌侍從皇帝左右，給事中，關通内外，傳宣詔令等。秩六百石。

[7]【今注】夏陽侯瓌：和帝時任中常侍、侍中。永元二年（90）封夏陽侯。任光禄勳。瓌少好經書，節約自修，出爲魏郡，

遷潁川太守。永元四年，憲及篤、景、瓌皆遣就國。憲及篤、景皆自殺。永元十年，瓌自殺。夏陽，縣名。治所在今陝西韓城市南。

［8］【李賢注】幾微言微細也。

［9］【今注】案，政，大德本誤作“改”。　容貸：寬恕。

［10］【今注】太山：郡名。又作“泰山”。治奉高縣（今山東泰安市東）。

後轉廣漢太守。[1]西州豪右并兼，[2]吏多姦貪，訴訟日百數。寵到，顯用良吏王涣、鐔顯等，以爲腹心，[3]訟者日減，郡中清肅。先是洛縣城南，[4]每陰雨，常有哭聲聞於府中，積數十年。寵聞而疑其故，使吏案行。[5]還言：“世衰亂時，此下多死亡者，而骸骨不得葬，儻在於是？”寵愴然矜歎，[6]即勑縣盡收斂葬之。自是哭聲遂絶。

［1］【今注】廣漢：郡名。西漢治梓潼縣（今四川梓潼縣）。東漢安帝永初二年（108）移治涪縣（今四川綿陽市東），又徙治雒縣（今四川廣漢市）。

［2］【今注】西州：地區名。秦漢時以涼州、朔方爲西州，以在中原以西。在今河西走廊至玉門關附近一帶。

［3］【李賢注】鐔音徒南反。【今注】王涣：字稚子，廣漢郪（今四川三臺縣南郪江鎮）人。傳見本書卷七六。　鐔顯：任大司農陳寵主簿。安帝時爲豫州刺史。元初年間，任長樂衛尉。

［4］【李賢注】洛，縣名，故城在今益州雒縣南也。【今注】案，錢大昕《廿二史考異》卷一一《後漢書二》説，“洛”當作“雒”，廣漢郡治所。當據改。注同。雒，縣名。治所在今四川廣漢市。

[5]【今注】案行：官吏巡視。

[6]【今注】愴然矜歎：悲傷嘆息。

及竇憲爲大將軍征匈奴，[1]公卿以下及郡國無不遣吏子弟奉獻遺者，而寵與中山相汝南張郴、[2]東平相應順[3]守正不阿。[4]後和帝聞之，[5]擢寵爲大司農，[6]郴太僕，順左馮翊。[7]

[1]【今注】大將軍：重號將軍名。西漢武帝以衛青征匈奴有功，封大將軍。此後大將軍常冠大司馬之號，秩萬石，領尚書事。成帝綏和元年（前 8），改稱大司馬。東漢光武帝復置，主征伐，事訖皆罷。秩萬石，不冠大司馬之號。多授予貴戚，常兼録尚書事，與太傅、太尉等共同主持政務。開府置僚屬，屬官有前、後、左、右等雜號將軍。案，和帝永元元年（89）六月，以竇憲爲車騎將軍，率軍北征匈奴，斬名王以下萬三千級，獲生口馬牛羊橐駝百餘萬頭，刻石燕然山記功。永元三年二月，大將軍竇憲派遣左校尉耿夔領兵出居延塞，出塞五千里進攻金微山（今阿爾泰山），大破北匈奴單于主力，斬名王以下五千餘人，俘虜北單于皇太后。

[2]【李賢注】光武子中山王焉相也。【今注】中山：王國名。治盧奴縣（今河北定州市）。東漢光武帝建武三十年（54），徙左翊王劉焉爲中山王。和帝永元二年薨。劉焉傳見本書卷四二。相：官名。王國内最高行政長官。初名相國，西漢惠帝元年（前 194），更名爲丞相，景帝中元五年（前 145）更名爲相。汝南：郡名。治平輿縣（今河南平輿縣北）。

[3]【李賢注】東平王蒼孫敞之相也。【今注】東平：王國名。東漢光武帝建武十七年，封子、明帝同母弟劉蒼爲東平王，都無鹽縣（山東東平縣東南）。安帝永寧元年（120），劉敞嗣位。應順：字仲華，汝南人。永元年間，任將作大匠。

［4］【今注】守正不阿：處事公平正直，不講情面。正，公正。阿，偏袒。

［5］【今注】和帝：東漢和帝劉肇，公元 88 年至 105 年在位。紀見本書卷四。

［6］【今注】大司農：官名。西漢武帝太初元年（前 104）改大農令置。秩中二千石。新莽先後改名羲和、納言。東漢掌皇室財政開支。掌管全國錢穀金帛諸貨幣及各郡國錢穀簿，邊郡財物調度等。秩中二千石。

［7］【今注】左馮翊：官名、政區名。西漢武帝時改左内史置。《漢書·百官公卿表上》顔師古注引張晏曰："馮，輔也。翊，佐也。"職掌相當於郡太守，轄區相當於一郡。治所在長安城。轄境範圍相當於今陝西渭河以北、涇河以東洛河中下游地區。東漢都洛陽，改河南郡爲尹，因陵廟在三輔，故不改京兆尹、左馮翊、右扶風之名，衹減其俸。

永元六年，寵代郭躬爲廷尉。性仁矜。及爲理官，數議疑獄，常親自爲奏，每附經典，務從寬恕，帝輒從之，濟活者甚衆。其深文刻敝，[1]於此少衰。寵又鉤校律令條法，溢於《甫刑》者除之。[2]曰："臣聞禮經三百，威儀三千，[3]故《甫刑》大辟二百，[4]五刑之屬三千。[5]禮之所去，刑之所取，[6]失禮則入刑，相爲表裏者也。今律令死刑六百一十，耐罪千六百九十八，[7]贖罪以下二千六百八十二，[8]溢於《甫刑》者千九百八十九，其四百一十大辟，千五百耐罪，七十九贖罪。《春秋保乾圖》曰：[9]'王者三百年一蠲法。'漢興以來，三百二年，憲令稍增，科條無限。又律有三家，其説各異。[10]宜令三公、廷尉平定律令，應經合義者，可使大辟二百，而耐罪、贖罪二千八百，并爲三千，悉删除其餘令，與禮相應，以易萬人視聽，以致刑措之美，傳之無窮。”未及施行，會坐詔獄吏與囚交通抵罪。[11]詔特免刑，拜爲尚書。遷大鴻臚。

［1］【今注】深文刻敝：法律條文瑣細嚴酷。

［2］【李賢注】鉤猶動也。《前書》曰：“鉤校得其奸賊。”鉤音工候反。溢，出也。孔安國注《尚書》曰：“吕侯後爲甫侯，故或稱甫刑也。”【今注】鉤校：檢查校驗。

［3］【李賢注】《禮記》曰：“禮經三百，曲禮三千。”鄭玄注云：“《禮篇》多亡，本數未聞，其中事儀有三千也。”【今注】禮經三百威儀三千：形容周朝禮經的文本和内容很多。三百、百千，均表示數量多，並非實指。“禮經”指記載禮儀的文本，“威儀”則是表現禮儀的不同容貌、禮辭、動作等。《孔子家語·弟子行》作“禮經三百，可勉能也；威儀三千，則難也”。《禮記·禮器》引作“經禮三百，曲禮三千”。

［4］【今注】甫刑：即《尚書·吕刑》。周穆王時，命吕侯作刑書，布告天下，號《吕刑》。後吕侯又稱甫侯，又作《甫刑》。大辟：古代五刑之一。死是罪之大者，故稱死刑爲“大辟”。《尚書·吕刑》：“大辟之罰其屬二百，五刑之屬三千。”代指周朝刑法。

［5］【今注】五刑：《尚書·舜典》：“汝作士，五刑有服。”孔安國傳：“五刑，墨、劓、剕、宫、大辟。”《漢書·刑法志》載，五刑，墨罪五百，劓罪五百，宫罪五百，刖罪五百，殺罪五百。處以五刑的，先施以黥、劓，斬左右趾，再以笞杖殺之，梟其首，將其骨肉剁成肉醬。誹謗、詈詛的，又先斷其舌。

［6］【李賢注】去禮之人，刑以加之，故曰取也。

［7］【李賢注】耐者，輕刑之名也。【今注】耐：通“耏”。

古代剃去胡鬚和鬢毛的一種刑罰。

［8］【今注】案，八十二，紹興本、大德本、殿本作“八十一”。《晉書·刑法志》作“贖罪以下二千六百八十一”，當據改。

［9］【今注】春秋保乾圖：書名。趙在翰曰：“通乾出苞，德元受實，於時實之，合天地道。”（《七緯·春秋緯叙目》）乾爲天爲君，言君承天命，應運受圖，於時保之，故名《保乾圖》。清人趙在翰《七緯》有輯本。

［10］【今注】律有三家：郭躬、陳寵、杜林及其各自所代表的律學流派（參見俞榮根、龍大軒《東漢“律三家”考析》，《法學研究》2007年第2期）。沈家本認爲，據《晉書·刑法志》或爲叔孫宣、郭令卿、馬融三人（參見沈家本《歷代刑法考·律令卷》，商務印書館2017年版，第85頁）。

［11］【今注】詔獄：奉皇帝詔令審訊的案件。

寵歷二郡三卿，所在有迹，見稱當時。十六年，代徐防爲司空。[1]寵雖傳法律，而兼通經書，奏議温粹，[2]號爲任職相。[3]在位三年薨。以太常南陽尹勤代爲司空。[4]

［1］【今注】徐防：字謁卿，沛國銍（今安徽濉溪縣西南古城鄉）人。傳見本書卷四四。

［2］【今注】温粹：温和純正。

［3］【今注】任職相：本書卷二七《杜林傳》：“博雅多通，稱爲任職相。”《後漢紀》卷七《光武皇帝紀》：“林自爲九卿至三公，輒每上封事，及與朝廷之議，常依經附古，不苟隨於衆，爲任職相。”

［4］【今注】太常：官名。西漢景帝中元六年（前144）名奉常。掌祭祀社稷、宗廟和朝會、喪葬禮儀，管理、巡視陵廟所在縣

邑，兼管博士和博士弟子的考核、薦舉。王莽時改名秩宗。東漢時掌禮儀祭祀及博士選拔考核。秩中二千石。

勤字叔梁，篤性好學，屏居人外，[1]荆棘生門，時人重其節。後以定策立安帝，[2]封福亭侯，[3]五百户。永初元年，[4]以雨水傷稼，策免就國。病卒，無子，國除。

寵子忠。

［1］【今注】屏居：屏客隱居。

［2］【今注】安帝：東漢安帝劉祜，公元106年至125年在位。紀見本書卷五。

［3］【今注】案，福亭侯，《後漢紀》卷一六《孝安皇帝紀》作"傅亭侯"。

［4］【今注】永初：東漢安帝劉祜年號（107—113）。

忠字伯始，永初中辟司徒府，三遷廷尉正，[1]以才能有聲稱。司徒劉愷舉忠明習法律，[2]宜備機密，於是擢拜尚書，使居三公曹。[3]忠自以世典刑法，用心務在寬詳。[4]初，父寵在廷尉，上除漢法溢於《甫刑》者，未施行，[5]及寵免後遂寢。而苛法稍繁，人不堪之。忠略依寵意，奏上二十三條，[6]爲《決事比》，[7]以省請讞之敝。又上除蠶室刑；[8]解臧吏三世禁錮；[9]狂易殺人，得減重論；[10]母子兄弟相代死，聽，[11]赦所代者。事皆施行。

［1］【李賢注】正，廷尉屬官也，秩千石也。

［2］【今注】劉愷：字伯豫，沛國豐（今江蘇豐縣）人。傳見本書卷三九。

［3］【李賢注】成帝置五尚書，三公曹尚書主知斷獄也。【今注】三公曹：官名。西漢成帝建始四年（前29），置尚書五人，以其中一人爲僕射，又有三公曹，主斷獄事。東漢掌天下歲盡考課諸州郡事。

［4］【今注】寬詳：寬大審慎。

［5］【李賢注】上音時掌反。

［6］【今注】案，二十三，錢大昭《後漢書辨疑》卷八據《晉書·刑法志》引作"三十三"。

［7］【李賢注】比，例也，必寐反。【今注】決事比：漢代經過朝廷批准，具有法律效力，用於對照斷案的判例或判例彙編。西漢武帝時有死罪決事比萬三千四百七十二事（參見陳顧遠《漢之決事比及其源流》，《復旦學報》1947年第3期）。

［8］【李賢注】蠶室，宫刑名也，或云犗刑也。音奇敗反。作窨室畜火如蠶室。《説文》曰："犗，騬牛也。"騬音繒。《漢舊儀注》曰"少府若盧獄有蠶室"也。【今注】蠶室：古代被處以腐刑的人所居的囚室。犯人受腐刑後，爲避免傷風，置於密室之中。如同養蠶時的温室。

［9］【今注】案，本書卷三《章帝紀》載，元和元年（84）詔，"往者妖言大獄，所及廣遠，一人犯罪，禁至三屬，莫得垂纓仕宦王朝。如有賢才而没齒無用，朕甚憐之，非所謂與之更始也。諸以前妖惡禁錮者，一皆蠲除之，以明棄咎之路，但不得在宿衛而已"。

［10］【李賢注】狂易謂狂而易性也。【今注】案，"得減重論"，指人至病狂而改易其本性，則凡病中之所爲皆非出於其本性，故雖有殺人之事，亦得恕之。

[11]【今注】案，此句指母子兄弟得相代狂易犯法者死罪。

及鄧太后崩，[1]安帝始親朝事。忠以爲臨政之初，宜徵聘賢才，以宣助風化，數上薦隱逸及直道之士馮良、周燮、杜根、成翊世之徒。[2]於是公車禮聘良、燮等。後連有災異，詔舉有道，公卿百僚各上封事。忠以詔書既開諫争，慮言事者必多激切，或致不能容，乃上疏豫通廣帝意。[3]曰："臣聞仁君廣山藪之大，納切直之謀；[4]忠臣盡謇諤之節，不畏逆耳之害。[5]是以高祖舍周昌桀紂之譬，[6]孝文嘉爰盎人豕之譏，[7]武帝納東方朔宣室之正，[8]元帝容薛廣德自刎之切。[9]昔晉平公問於叔向曰：[10]'國家之患孰爲大？'對曰：'大臣重禄不極諫，小臣畏罪不敢言，下情不上通，此患之大者。'公曰：'善。'於是下令曰：'吾欲進善，有謁而不通者，[11]罪至死。'[12]今明詔崇高宗之德，[13]推宋景之誠，[14]引咎克躬，諮訪群吏。言事者見杜根、成翊世等新蒙表録，顯列二臺，[15]必承風響應，争爲切直。若嘉謀異策，宜輒納用。如其管穴，妄有譏刺，[16]雖苦口逆耳，不得事實，且優遊寬容，以示聖朝無諱之美。若有道之士，對問高者，宜垂省覽，特遷一等，以廣直言之路。"書御，有詔拜有道高第士沛國施延爲侍中，[17]延後位至太尉。[18]

[1]【今注】鄧太后：和帝皇后鄧綏，南陽新野（今河南新野縣）人。鄧禹孫女。元興元年（105）立殤帝，被尊爲皇太后。又立安帝。稱制十六年。紀見本書卷一〇上。

［2］【今注】馮良：字君郎。南陽人。少作縣吏，恥在廝役，因壞車殺馬，毀裂衣冠。主撻之。從杜撫學。妻子見車有死馬，謂爲盜賊所害。積十許年，乃還鄉里。志行高整，非禮不動，遇妻子如君臣，鄉黨以爲儀表。　周燮：字彦祖，汝南安城（今河南汝南縣東南）人。生而貌醜。後就學，能通《詩》《論語》，精《禮》《易》，耕漁自給。舉孝廉、賢良方正，不應徵。傳見本書卷五三。　杜根：字伯堅，潁川定陵（今河南舞陽縣東北）人。傳見本書卷五七。　成翊世：字季明。少好學，深明道術。延光中，中常侍樊豐、安帝乳母王聖譖言廢太子爲濟陰王。上書抗争，因得罪下獄死。後免官。順帝即位，薦爲議郎，不應徵。後爲尚書郎。事見本書卷五七《杜根傳》。

［3］【今注】案，大德本、殿本無“廣”字，是。

［4］【李賢注】《左氏傳》曰：“川澤納汙，山藪藏疾，瑾瑜匿瑕，國君含垢，天之道也。”【今注】案，見《左傳》宣公十三年。指人君有涵養，能包容所有的善惡、毀譽。

［5］【李賢注】《史記》曰，趙簡子有臣周舍好直諫。周舍死，簡子曰：“吾聞千羊之皮，不如一狐之腋；衆人之唯唯，不如周舍之諤諤。”《家語》孔子曰“忠言逆耳而利於行”也。

［6］【李賢注】周昌爲御史大夫，嘗燕入奏事，高帝方擁戚姬，昌走出，高帝逐得，騎昌項問曰：“我何如主也?”昌仰曰：“陛下桀紂之主也。”上笑，不之罪也。【今注】周昌：沛（今江蘇沛縣）人。秦時爲泗水卒史。秦末歸劉邦，任職志。劉邦入關稱漢王，任中尉。漢三年，任御史大夫。六年，封汾陰侯。爲人强力，敢直言。諫止劉邦廢太子。任爲趙王如意相。趙王被吕后鴆殺。三年後病卒。謚悼侯。傳見《漢書》卷四二。

［7］【李賢注】文帝幸慎夫人，常與皇后同坐。後幸上林，慎夫人從，盎爲中郎將，却慎夫人坐。慎夫人怒，不坐，帝亦起。盎前説曰：“陛下爲慎夫人（夫人，大德本誤作‘大人’），適所

以禍之也。獨不見人豕乎?”上大悦。人豕，解見《皇后紀》也。【今注】爰盎：字絲，楚人。又作“袁盎”。西漢高后時爲吕禄舍人。文帝時爲郎中。辯明周勃無罪。後爲中郎將，多次直諫。調爲隴西都尉，遷齊相、吴相。景帝時，任泰常。吴楚七國之亂時，勸景帝斬錯以謝吴。後爲楚相。被梁王刺客所殺。傳見《漢書》卷四九。　人豕：也作“人彘”。吕太后斷戚夫人手足，去眼煇耳，飲瘖藥，使居鞠域中，名曰“人彘”。

［8］【李賢注】武帝爲館陶公主私人董偃置酒宣室，東方朔爲太中大夫，諫曰：“不可。夫宣室者，先帝之正處也，非法度之正不得入焉。”上曰：“善。”更置酒北宫也。【今注】東方朔：字曼倩，平原厭次（今山東惠民縣）人。西漢武帝初，上書自薦，得待詔公車，後待詔金馬門。官至太中大夫、給事中。善辭賦，性恢諧滑稽，然能直言切諫。傳見《漢書》卷六五。　宣室：漢未央宫前殿正室，在未央殿北。漢初建，用於宣布政教。王莽地皇四年（23）毁於火。《漢書・刑法志》注引如淳曰：“宣室，布政教之室也。重用刑，故齋戒以決事。”晉灼曰：“未央宫中有宣室殿。”師古曰：“晉説是也。《賈誼傳》亦云受釐坐宣室，蓋其殿在前殿之側也，齋則居之。”

［9］【李賢注】元帝酎祭宗廟，出便門，欲御樓船。御史大夫薛廣德當車免冠諫曰：“宜從橋。”詔曰：“大夫冠。”廣德曰：“陛下不聽臣，臣自刎，以血汙車輪。”帝乃從橋。【今注】元帝：西漢元帝劉奭，公元前49年至前33年在位。紀見《漢書》卷九。　薛廣德：字長卿，沛郡相（今安徽濉溪縣西北）人。以《魯詩》教授楚國弟子。任御史大夫蕭望之屬吏，後爲博士，論經於石渠閣，遷諫大夫。後代貢禹爲長信少府、御史大夫。常直言諫争，任御史大夫僅十月，後免官歸家。傳見《漢書》卷七一。

［10］【今注】晉平公：名彪。春秋時期晉國君主，公元前557年至前532年在位。即位元年，伐齊，與齊靈公戰於靡下，大敗齊

軍。六年，欒逞奔齊。八年，齊莊公送欒逞攻晉，襲絳。范獻子擊滅欒逞。齊莊公取晉之朝歌。十年，伐齊高唐。十九年，齊國晏嬰與叔向語。叔向稱平公“公厚賦爲臺池而不恤政，政在私門”。政歸趙、韓、魏三家。　叔向：羊舌氏，名肸，字叔向。亦稱叔肸、叔譽。春秋時期晉國大夫。食邑於楊，亦稱楊肸。羊舌職次子。平公初任太傅，昭公時位上大夫。使齊，與晏嬰論齊、晉兩國禮治。晉平公二十二年，致書鄭子産，反對鑄刑書。

［11］【今注】案，大德本、殿本無“者”字。

［12］【李賢注】此已上皆見《新序》。

［13］【李賢注】高宗，殷王武丁也。有雉登鼎耳而雊，懼而脩德，位以永年。【今注】高宗：武丁。商代國君。帝小乙子。即位三年不言，政事決於冢宰。後得傅説爲相，國大治。祭成湯，明日有飛雉登鼎耳而鳴，於是修政行德，國家復興。

［14］【李賢注】《史記》曰，宋景公時熒惑守心星（星，大德本誤作“皇”），太史子韋請移之大臣、國人與歲，公皆不聽，天感其誠，熒惑爲之退三舍也。【今注】宋景：宋景公，春秋時期宋國君主。名頭曼，元公子。寵信司馬桓魋。公元前 492 年，孔子過宋，司馬桓魋想殺孔子，孔子逃去。公元前 487 年舉兵滅曹，前 481 年逐桓魋。

［15］【李賢注】謂杜根爲侍御史，成翊世爲尚書郎也。

［16］【李賢注】管穴言小也。《史記》扁鵲曰：“若以管窺天，以隙視文。”隙即穴也。

［17］【今注】沛國：諸侯王國名。治相縣（今安徽濉溪縣西北）。建武二十年（44），光武帝徙封皇子中山王劉輔爲沛王。傳國至劉契，魏受漢禪，爲崇德侯。　施延：字君子，蘄縣（今安徽宿州市南）人。東漢安帝延光中爲侍中。順帝陽嘉二年（133）八月，爲太尉。四年四月，以選舉貪污，策免。

［18］【李賢注】《謝承書》曰：“延字君子，蘄縣人也。少爲

諸生，明於五經，星官風角，靡有不綜。家貧母老，周流傭賃。常避地於廬江臨湖縣種瓜，後復到吴郡海鹽（大德本、殿本脱‘復’字），取卒月直，賃作半路亭父以養其母。是時吴會未分，山陰馮敷爲督郵，到縣，延持箒往，敷知其賢者，下車謝（謝，大德本誤作‘輪’），使入亭，請與飲食，脱衣與之，餉餞不受（王先謙《後漢書集解》謂‘餞’當作‘錢’）。順帝徵拜太尉，年七十六薨。”

常侍江京、李閏等皆爲列侯，[1]共秉權任。帝又愛信阿母王聖，[2]封爲野王君。忠内懷懼懣而未敢陳諫，乃作《搢紳先生論》以諷，文多故不載。[3]

［1］【今注】列侯：秦漢二十等爵第二十級，爲最高級。又作“徹侯”“通侯”。承秦爵二十等，爲徹侯，金印紫綬，以賞有功。功大者食縣，小者食鄉、亭，得臣其所食吏民。後避西漢武帝諱，爲列侯。武帝元朔二年（前127），令諸王得推恩分衆子土，國家爲封，亦爲列侯。

［2］【今注】阿母：乳母。　王聖：安帝乳母。初封野王君。延光三年（124），譖殺太子乳母王男、厨監邴吉。又與帝舅耿寶、大鴻臚閻顯枉殺太尉楊震，讒廢太子劉保爲濟陰王。安帝死後，延光四年徙雁門。

［3］【李賢注】搢，插也。紳，大帶也。【今注】案，本書卷七八《宦者傳》載，“及太后崩，遂誅鄧氏而廢平原王，封閏雍鄉侯；又小黄門江京以讒諂進，初迎帝於邸，以功封都鄉侯，食邑各三百户。閏、京並遷中常侍，江京兼大長秋，與中常侍樊豐、黄門令劉安、鉤盾令陳達及王聖、聖女伯榮扇動内外，競爲侈虐”。

自帝即位以後，頻遭元二之厄，[1]百姓流亡，盜賊並起，郡縣更相飾匿，莫肯糾發。[2]忠獨以爲憂，上疏曰："臣聞輕者重之端，小者大之源，故隄潰蟻孔，氣洩鍼芒。[3]是以明者慎微，智者識幾。《書》曰：'小不可不殺。'[4]《詩》云：'無縱詭隨，以謹無良。'[5]蓋所以崇本絶末，鉤深之慮也。臣竊見元年以來，盜賊連發，攻亭劫掠，多所傷殺。大穿窬不禁，則致彊盜；[6]彊盜不斷，則爲攻盜；攻盜成群，必生大姦。故亡逃之科，憲令所急，至於通行飲食，罪致大辟。[7]而頃者以來，莫以爲憂。州郡督録怠慢，長吏防禦不肅，[8]皆欲採獲虚名，諱以盜賊爲負。雖有發覺，不務清澄。至有逞威濫怒，無辜僵仆。[9]或有跼蹐比伍，[10]轉相賦斂。[11]或隨吏追赴，周章道路。[12]是以盜發之家，不敢申告，鄰舍比里，共相壓迮，[13]或出私財，以償所亡。其大章著不可掩者，乃肯發露。陵遲之漸，[14]遂且成俗。寇攘誅咎，皆由於此。[15]前年勃海張伯路，[16]可爲至戒。覆車之軌，其迹不遠。蓋失之末流，求之本源。宜糾增舊科，以防來事。自今彊盜爲上官若它郡縣所糾覺，一發，部吏皆正法，[17]尉貶秩一等，[18]令長三月奉贖罪；[19]二發，尉免官，令長貶秩一等；三發以上，令長免官。便可撰立科條，處爲詔文，切勑刺史，嚴加糾罰。冀以猛濟寬，驚懼姦慝。頃季夏大暑，而消息不協，[20]寒氣錯時，水涌爲變。天之降異，必有其故。所舉有道之士，可策問國典所務，王事過差，令處煖氣不效之意。[21]庶有讜言，[22]以承天誡。"

［1］【李賢注】元二，解見《鄧騭傳》。【今注】元二之厄：本書卷一六《鄧騭傳》載，“時遭元二之災，人士荒飢，死者相望，盜賊群起，四夷侵畔”。李賢注：“元二即元元也，古書字當再讀者，即於上字之下爲小‘二’字，言此字當兩度言之。後人不曉，遂讀爲元二，或同之陽九，或附之百六，良由不悟，致斯乖舛。”惠棟《後漢書補注》認爲，元二，當指元年、二年。而周壽昌《後漢書注補正》據《鄧騭傳》作“時遭元二之厄”，本傳作“頻遭元二之厄”，以爲元者，天也；二者，地也。元二即天地。天地不交則否，二氣不調則逆。以災厄屬之天地與陰陽之氣候。厄，紹興本、大德本、殿本作“戹”。

［2］【李賢注】更相文飾，隱匿盜賊也。【今注】飾匿：掩飾隱匿。

［3］【李賢注】《韓子》曰：“千丈之提（提，紹興本作‘堤’，大德本、殿本作‘隄’，二字可通），以螻蟻之穴而潰。”《黄帝素問》曰：“針頭如芒，氣出如筐”也。【今注】隄潰蟻孔氣洩鍼芒：指微小的蟻穴能使堤岸崩潰，針芒般大小的孔眼也能使氣泄掉。比喻不注意細微，就會釀成大禍。

［4］【李賢注】《尚書·康誥》曰：“有厥罪，小乃不可不殺。”【今注】小不可不殺：雖然犯了小罪，但不是由於過失，或者是慣犯，就不可不殺。

［5］【李賢注】《詩·大雅》也。言詭譎委隨之人不可縱，宜即罪之，用謹勑不善之人也。【今注】無縱詭隨以謹無良：指王者爲政不能放縱詭詐善變之人，以此告誡不善之人。

［6］【李賢注】《論語》孔子曰：“色厲而内荏，其猶穿窬之盜乎?”【今注】大穿窬不禁則致彊盜：外自矜厲而内柔佞，爲人如此，譬之猶小人外雖持正，内常有穿壁窬墻竊盜之心。大，紹興本、大德本、殿本作“夫”。

［7］【李賢注】通行飲食，猶今律云過致資給，與司罪也

（司，紹興本、大德本、殿本作“同”，是）。飲音蔭。食音寺。【今注】通行飲食：給予飲食。

［8］【今注】長吏：秦漢時期郡守（太守）、郡尉（都尉）、王國相、三輔（京兆尹、左馮翊、右扶風）、都官、侯國相等都被稱作長吏；道、三輔所轄縣、障候等機構的主要負責人也都稱長吏。

［9］【今注】無辜僵什：致無罪的人死亡。什，紹興本、大德本、殿本作“仆”。

［10］【今注】跼蹐比伍：困頓窘迫於民間。比伍，古代民間基層編制。《周禮·地官·族師》：“五家爲比，十家爲聯。五人爲伍，十人爲聯。四閭爲族，八閭爲聯。使之相保相受，刑罰慶賞，相及相共，以受邦職，以役國事，以相葬埋。”代指鄉里。指民間畏慎官吏。

［11］【李賢注】《説文》曰：“蹐，小步也。”言跼身小步，畏吏之甚也。

［12］【今注】周章：周折。

［13］【李賢注】迮，迫也。

［14］【今注】陵遲：漸漸衰退。同“陵夷”。

［15］【李賢注】寇，盜；攘，竊也。《尚書》曰“無敢寇攘”也。

［16］【今注】勃海：郡名。治南皮縣（今河北南皮縣北）。張伯路：東漢安帝永初三年（109），海賊張伯路等三千餘人，冠赤幘，服絳衣，自稱“將軍”，寇濱海九郡，殺二千石令長。

［17］【李賢注】上官謂郡府也。若，及也。部吏謂督郵、游徼也。正法，依法也。【今注】部吏：官名。秦、漢皆置，爲鄉部、亭部之小吏，掌鄉亭治安及訴訟事。

［18］【今注】尉：都尉。官名。原作郡尉，西漢景帝時改爲都尉。郡中掌統兵作戰的武官，職位次於將軍。

［19］【今注】令長：縣令、縣長。漢代萬户以上縣的長官稱

縣令，不足萬户稱長。

［20］【李賢注】《前書音義》曰："息卦曰太陽，消卦曰太陰，其餘雜卦曰少陰、少陽"也（大德本、殿本無"也"字）。【今注】消息：榮枯盛衰。《周易·豐卦》："天地盈虚，與時消息。"

［21］【今注】煖氣：温暖的氣流。《禮記·月令》："（仲春之月）行夏令，則國乃大旱，煖氣早來，蟲螟爲害。"

［22］【今注】讜言：正直的言論。

元初三年有詔，[1]大臣得行三年喪，服闋還職。[2]忠因此上言："孝宣皇帝舊令，[3]人從軍屯及給事縣官者，[4]大父母死未滿三月，[5]皆勿徭，令得葬送。請依此制。"太后從之。至建光中，[6]尚書令祝諷、[7]尚書孟布等奏，以爲"孝文皇帝定約禮之制，[8]光武皇帝絶告寧之典，[9]貽則萬世，誠不可改。宜復建武故事"。忠上疏曰："臣聞之《孝經》，[10]始於愛親，終於哀戚。上自天子，下至庶人，尊卑貴賤，其義一也。夫父母於子，同氣異息，一體而分，三年乃免於懷抱。先聖緣人情而著其節，制服二十五月，是以春秋臣有大喪，君三年不呼其門，閔子雖要絰服事，以赴公難，退而致位，以究私恩，故稱'君使之非也，臣行之禮也'。[11]周室陵遲，禮制不啻，[12]蓼莪之人作詩自傷曰：'瓶之罄矣，惟罍之恥。'[13]言己不得終竟子道者，亦上之恥也。高祖受命，[14]蕭何創制，[15]大臣有寧告之科，[16]合於致憂之義。[17]建武之初，新承大亂，凡諸國政，多趣簡易，大臣既不得告寧，而群司營禄念私，鮮循三年之喪，[18]以報顧復之恩者。[19]禮義之方，實爲彫損。[20]大漢之興，雖承衰敝，而先王之制，稍以施行。故藉田之耕，起於孝文；[21]孝廉之貢，發於孝武；[22]郊祀之禮，定於元、成；[23]三雍之序，備於顯宗；[24]大臣終喪，成乎陛下。[25]聖功美業，靡以尚兹。孟子有言：'老吾老以及人之老，幼吾幼以及人之幼，天下可運於掌。'[26]臣願陛下登高北望，以甘陵之思，揆度臣子之心，則海内咸得其所。"[27]宦豎不便之，[28]竟寢忠奏而從諷、布議，遂著于令。

[1]【今注】元初：東漢安帝劉祜年號（114—120）。

[2]【今注】案，本書卷五《安帝紀》載，元初三年十一月："初聽大臣、二千石、刺史行三年喪"，李賢注："文帝遺詔以日易月，於後大臣遂以爲常，至此復遵古制也。" 服闋：古代父母死後守喪三年，期滿後除去喪服。

[3]【今注】孝宣：西漢宣帝劉詢，公元前74年至前49年在位。紀見《漢書》卷八。案，孝宣皇帝舊令，指地節四年（前66）詔，"自今諸有大父母、父母喪者勿繇事，使得收斂送終，盡其子道"。

[4]【今注】給事：供職。 縣官：官府。又代指天子、朝廷。

[5]【今注】大父母：祖父母。

[6]【今注】建光：東漢安帝劉祜年號（121—122）。

[7]【李賢注】"祝"或作"祋"。【今注】案，祝諷，本書卷一五《來歷傳》、卷一六《鄧騭傳》並作"祋諷"。

[8]【李賢注】約，儉也。孝文帝崩，遺詔薄葬，以日易月，凡三十六日釋服，後以爲故事。【今注】孝文：西漢文帝劉恒。公

元前 180 年至前 157 年在位。紀見《漢書》卷四。

[9]【李賢注】《前書音義》曰："告寧，休謁之名。吉曰告，凶曰寧。古者名吏休假曰告，吏二千石有予告、賜告。予告，在官有功，法所當得也。賜告，病三月當免，天子優賜其告，使帶印綬，將官屬歸家養疾也。"【今注】光武：東漢光武帝劉秀，公元 25 年至 57 年在位。紀見本書卷一。　告寧：告假與休寧。告，指官吏因病、因事或因功而休假。寧，父母亡故，官吏去官行喪，喪期爲寧期。三年之喪，實有二十五個月。期間没有俸禄。（參見時曉紅《秦漢時期官吏休沐告寧制度考略》，《東嶽論叢》1996 年第 4 期；廖伯源《漢官休假雜考》，載《秦漢史論叢》，中華書局 2008 年版）

[10]【今注】孝經：當成書於戰國早期，由曾子門人編録，具體而言，當是曾子弟子樂正子春所編録。《古文孝經》不得列於學官，衹有孔安國與馬融作傳。隋開皇中，秘書學士王孝逸得此書於南朝陳，劉炫爲作《稽疑》一篇。唐開元中，御注《孝經》盛行，《古文孝經》及鄭注遂廢。

[11]【李賢注】自此已上至"臣有大喪"，並《公羊傳》之文也。閔子騫，孔子弟子也，遭喪，君使之從軍，騫乃要絰而服，以從軍役，事了退家，致位喪次，極盡私恩。故君使之雖非，臣從君命有禮也。【今注】閔子：名損，字子騫。魯人。少孔子十五歲。性至孝。以德行與顔淵並稱。魯國季氏使閔子騫爲費宰。子騫曰"善爲我辭焉"，是不仕大夫，不食汙君之禄。

[12]【今注】案，不啻，紹興本、大德本、殿本作"不序"，是。

[13]【李賢注】《小雅·蓼莪》之詩也。蓼蓼，長大皃也。莪，蘿也。言孝子憂思，中心不精，不識莪蘿，誤以爲蒿也。其詩曰："蓼蓼者莪，匪莪伊蒿。哀哀父母，生我劬勞。瓶之聲矣（聲，紹興本、大德本、殿本作'罄'，是），惟罍之恥。"注云：

"瓶小而罍大也。罄，盡也。瓶小而盡，罍大而盈。言爲罍恥者，刺幽王不使富分貧，衆恤寡也。"【今注】案，罍、瓶皆是盛水器，罍大而瓶小。罍尚盈而瓶已竭，指瓶小而盡，罍大而盈。諷刺統治者分配不公。

［14］【今注】高祖：西漢高祖劉邦，公元前 206 年至前 195 年在位。紀見《史記》卷八、《漢書》卷一。

［15］【今注】蕭何：沛（今江蘇沛縣）人。初爲沛縣吏。從劉邦入咸陽。後爲丞相，薦韓信爲大將。封酇侯。世家見《史記》卷五三，傳見《漢書》卷三九。

［16］【今注】寧告：古代官吏因奔喪而告。

［17］【李賢注】《論語》曾子曰："吾聞夫子，人未有自致者也，必也親喪乎！"【今注】案，《論語·子張》：曾子曰："吾聞諸夫子：人未有自致者也，必也親喪乎！"指人的感情很少毫無保留，必遭遇父母之喪，才會盡情流露。

［18］【今注】案，觧，紹興本、大德本、殿本作"鮮"，是。

［19］【今注】顧復之恩：父母的養育之恩。《詩·小雅·蓼莪》："父兮生我，母兮鞠我。拊我畜我，長我育我，顧我復我，出入腹我。"鄭玄箋："顧，旋視；復，反復也。"孔穎達疏："覆育我，顧視我，反復我，其出入門户之時常愛厚我，是生我劬勞也。"

［20］【今注】彫損：毁壞，缺損。

［21］【李賢注】文帝二年，詔曰"農，天下之本也，其開藉田"也。【今注】藉田之耕：天子親自耕田，爲天下作出表率。《史記》卷一〇《文帝紀》《集解》："應劭曰：'古者天子耕籍田千畝，爲天下先。籍者，帝王典籍之常。'韋昭曰：'籍，借也。借民力以治之，以奉宗廟，且以勸率天下，使務農也。'瓚曰：'景帝詔曰"朕親耕，后親桑，爲天下先"。本以躬親爲義，不得以假借爲稱也。籍，蹈籍也。'"《禮記·月令》載，立春之時，"天子親載耒耜，措之于參保介之御間，帥三公九卿諸侯大夫躬耕帝藉。天子

三推，三公五推，卿、諸侯九推。反，執爵于大寢，三公九卿諸侯大夫皆御，命曰勞酒”。本書《禮儀志上》載東漢藉田禮，“正月始耕。晝漏上水初納，執事告祠先農，已享。耕時，有司請行事，就耕位，天子、三公、九卿、諸侯、百官以次耕。力田種各耰訖，有司告事畢”。

［22］【李賢注】武帝元光元年，初令郡國舉孝廉。【今注】孝廉：漢朝選拔舉薦人才的科目之一。孝指孝悌，廉指廉潔。漢制規定，每年郡國從所屬吏民中推舉孝、廉各一人。東漢和帝時始以人口爲標準，每二十萬人歲舉孝廉一人。　孝武：西漢武帝劉徹，公元前 141 年至前 87 年在位。紀見《史記》卷一二、《漢書》卷六。《漢書·武帝紀》載，“元光元年冬十一月，初令郡國舉孝廉各一人”。顔師古曰：“孝謂善事父母者。廉謂清潔有廉隅者。”

［23］【李賢注】元帝、成帝時，匡衡、韋玄成定迭毀郊祀之禮也。【今注】案，西漢元帝永光四年（前 40），元帝采納貢禹、韋玄成、匡衡等人的建議，罷廢“親盡”宗廟、郡國宗廟以及不合禮制的寢園。後因元帝疾病纏綿不愈，於建昭五年（前 34）恢復了部分毁廟及寢廟園。元帝駕崩不久，匡衡就再度提議罷廢“親盡”宗廟（參見田天《西漢末年的國家祭祀改革》，《歷史研究》2014 年第 2 期）。

［24］【李賢注】三雍，明堂、辟雍、靈臺也。雍，和也。解具《明紀》也。【今注】三雍：東漢光武帝建武中元元年（56）初起明堂、辟雍、靈臺。本書卷三七《桓榮傳》載，“永平二年，三雍初成”。李賢注引《前書音義》曰：“皆叶天人雍和之氣爲之，故謂三雍。”本書卷七九上《儒林傳上》載：“中元元年，初建三雍。明帝即位，親行其禮。天子始冠通天，衣日月，備法物之駕，盛清道之儀，坐明堂而朝群后，登靈臺以望雲物，袒割辟雍之上，尊養三老五更。饗射禮畢，帝正坐自講，諸儒執經問難於前，冠帶縉紳之人，圜橋門而觀聽者蓋億萬計。其後復爲功臣子孫、四姓末屬别

立校舍，搜選高能以受其業，自期門羽林之士，悉令通《孝經》章句，匈奴亦遣子入學。濟濟乎，洋洋乎，盛於永平矣！”　顯宗：東漢明帝劉莊，公元57年至75年在位。廟號顯宗。紀見本書卷二。

［25］【李賢注】謂安帝詔大臣得行三年喪也。【今注】案，本書卷五《安帝紀》載，元初三年十一月，“聽大臣、二千石、刺史行三年喪”。李賢注：“文帝遺詔以日易月，於後大臣遂以爲常，至此復遵古制也。”

［26］【李賢注】言敬吾老亦敬人之老，愛吾幼亦愛人之幼，有敬愛之心，則天下歸順之也。運掌言易也。【今注】案，語見《孟子·梁惠王上》。指贍養孝敬自己的長輩、撫養教育自己的子女時，應當將這種親愛推廣到其他的老人和兒童。以此推廣到愛獲天下百姓，則可使天下玩轉於掌上。老，尊敬、贍養。幼，愛獲、養育。

［27］【李賢注】甘陵，安帝母陵。陵在清河，故言北望也。【今注】甘陵：諸侯王國名。治所在今山東臨清市東。原名清河，桓帝建和二年（148），梁冀惡清河名，乃改爲甘陵。梁太后立安平孝王子經侯理爲甘陵王，奉孝德皇祀，是爲威王。

［28］【今注】宦豎：對宦官的賤稱。多表示貶義。

忠以久次，[1]轉爲僕射。[2]時帝數遣黄門常侍及中使伯榮往來甘陵，[3]而伯榮負寵驕蹇，[4]所經郡國莫不迎爲禮謁。又霖雨積時，河水涌溢，百姓騷動。忠上疏曰：“臣聞位非其人，則庶事不叙；[5]庶事不叙，則政有得失；政有得失，則感動陰陽，妖變爲應。陛下每引災自厚，[6]不責臣司，臣司狃恩，莫以爲負。[7]故天心未得，隔并屢臻，[8]青、冀之域淫雨漏河，[9]徐、岱之濱海水盆溢，[10]兖、豫蝗蝝滋生，[11]荆、楊稻收儉薄，[12]并涼二州羌戎叛戾。[13]加以百姓不足，府帑虛匱，自西徂東，杼柚將空。[14]臣聞《洪範》五事，一曰貌，貌以恭，恭作肅，貌傷則狂，而致常雨。[15]春秋大水，皆爲君上威儀不穆，臨莅不嚴，[16]臣下輕慢，貴倖擅權，陰氣盛彊，陽不能禁，故爲淫雨。陛下以不得親奉孝德皇園廟，[17]比遣中使致敬甘陵，朱軒軿馬，相望道路，可謂孝至矣。[18]然臣竊聞使者所過，威權翕赫，[19]震動郡縣，王侯二千石至爲伯榮獨拜車下，[20]儀體上僭，侔於人主。長吏惶怖譴責，或邪諂自媚，[21]發人修道，繕理亭傳，[22]多設儲跱，徵役無度，[23]老弱相隨，動有萬計，賂遺僕從，[24]人數百匹，頓躓呼嗟，莫不叩心。河間託叔父之屬，[25]清河有陵廟之尊，[26]及剖符大臣，[27]皆猥爲伯榮屈節車下。陛下不問，必以陛下欲其然也。伯榮之威重於陛下，陛下之柄在於臣妾。[28]水災之發，必起於此。昔韓嫣託副車之乘，受馳視之使；江都誤爲一拜，而嫣受歐刀之誅。[29]臣願明主嚴天元之尊，正乾剛之位，[30]職事巨細，皆任賢能，不宜復令女使干錯萬機。[31]重察左右，得無石顯泄漏之姦；[32]尚書納言，得無趙昌譖崇之詐；[33]公卿大臣，得無朱博阿傅之援；[34]外屬近戚，得無王鳳害商之謀。[35]若國政一由帝命，王事每決於己，則下不得偪上，臣不得干君，常雨大水必當霽止，[36]四方衆異不能爲害。”書奏不省。[37]

［1］【今注】久次：長久任職。

［2］【今注】僕射：官名。尚書僕射。西漢爲尚書令副貳。秩六百石。東漢爲尚書臺次官。署尚書事。掌章奏文書，參議政事、監察百官等。尚書令不在，則代理其職。若公兼任，增秩至二千石。建安四年（199）分爲左、右。

［3］【李賢注】伯榮，帝乳母王聖女也。【今注】黄門常侍：黄門官諸宦官。掌侍從。本書卷三〇下《襄楷傳》："今黄門常侍，天刑之人，陛下愛待，兼倍常寵。"　中使：皇帝派出的使臣，多由宦官擔任。

［4］【今注】驕蹇：傲慢、不順從。

［5］【今注】庶事不敘：各類事務得不到很好處理。

［6］【今注】引災自厚：因爲災異而自責。自厚，重於自責。

［7］【李賢注】狃音女九反。《詩》曰："將叔無狃。"注云："狃，習也。"言屢被恩貸，不以災變爲憂負也。【今注】臣司狃恩：主管之臣慣於承受恩待。

［8］【李賢注】隔并謂水旱不節也。《尚書》曰："一極備凶，一極亡凶。"并音必姓反。【今注】隔并：陰陽失調而生水旱災害。晉葛洪《抱朴子·交際》："天地不交則不泰，上下不交即乖志。夫不泰則二氣隔并矣。"

［9］【李賢注】漏，溢也。【今注】青：青州。西漢武帝時所置十三刺史部之一。東漢治臨菑縣（今山東淄博市臨淄北）。　冀：冀州。西漢武帝時所置十三刺史部之一。東漢治高邑縣（今河北柏鄉縣北），後移治鄴縣（今臨漳縣西南）。

［10］【今注】徐：西漢武帝時所置十三刺史部之一。東漢時治郯縣（今山東郯城縣）。　岱：泰山别稱。宋蔡沈《書集傳》卷二《夏書》："徐州之域，東至海，南至淮，北至岱，而西不言濟者，岱之陽，濟東爲徐；岱之北，濟東爲青。言濟不足以辨，故略之也。"　盆溢：水流噴湧而出。同"湓溢"。

［11］【李賢注】蝝，螽子也。【今注】兖：兖州。西漢武帝時所置十三刺史部之一。東漢時治昌邑縣（今山東巨野縣東南昌邑故城）。　豫：豫州。西漢武帝時所置十三刺史部之一。東漢時治譙縣（今安徽亳州市）。　蝝：蝗蟲的幼蟲。

［12］【今注】荆：荆州。西漢武帝時所置十三刺史部之一。東漢治漢壽縣（今湖南常德市東北）。獻帝初平元年（190）劉表徙治襄陽縣（今湖北襄樊市漢水南岸襄陽城）。　楊：楊州。西漢武帝時所置十三刺史部之一。東漢治壽春縣（今安徽壽縣），順帝永和年間移治歷陽縣（今安徽和縣）。　儉薄：微薄。

［13］【今注】并：并州。西漢武帝時所置十三刺史部之一。東漢治太原郡（今山西太原市西南晉源鎮）。　涼：涼州。西漢武帝時所置十三刺史部之一。東漢時治隴縣（今甘肅張家川回族自治縣）。

［14］【李賢注】杼柚謂機也。《小雅·大東》詩曰"小東大東，杼柚其空"也。【今注】杼柚：紡織。杼，織布機上用來持緯（横綫）的梭子。柚，用來承經（直綫）的筘。

［15］【李賢注】《洪範·五行傳》辭。【今注】案，《尚書·洪範》：一曰貌，二曰言，三曰視，四曰聽，五曰思。貌曰恭，言曰從，視曰明，聽曰聰，思曰睿。

［16］【今注】臨莅：來到、來臨。指皇帝即位理政。

［17］【李賢注】孝德皇，安帝父清河王慶也（可，紹興本、大德本、殿本作"河"，是）。【今注】孝德皇：劉慶。東漢章帝子。母爲宋貴人。傳見本書卷五五。

［18］【李賢注】朱軒車，使者所乘。軿，並也。

［19］【今注】翕赫：顯赫。

［20］【今注】王侯二千石：諸侯王、列侯、州郡官員等。

［21］【今注】邪諂：邪惡而諂諛。

［22］【今注】亭傳：行旅住宿休息的館舍。秦漢時期的亭，

掌治安、郵傳，並可供往來官吏停留食宿。漢代基層行政機構，十亭爲一鄉。

［23］【李賢注】儲，積也。跱，具也。【今注】儲跱：日常或行旅等需用的器物。又作“儲偫”。

［24］【今注】賂遺：以財物贈送或買通他人。

［25］【李賢注】河閒王開，安帝叔也。【今注】河間：孝王劉開。漢章帝子。傳見本書卷五五。

［26］【李賢注】清河王延平也。陵廟所在，故曰尊。【今注】清河：清河恭王延平，清河孝王劉慶之孫。安帝永初三年（109）五月丙申，以樂安夷王劉寵子紹封。順帝建康元年（144）七月丙午薨。本書卷五五《清河孝王慶傳》載，“太后崩，有司上言：‘清河孝王至德淳懿，載育明聖，承天奉祚，爲郊廟主。漢興，高皇帝尊父爲太上皇，宣帝號父爲皇考，序昭穆，置園邑。大宗之義，舊章不忘。宜上尊號曰孝德皇，皇妣左氏曰孝德后，孝德皇母宋貴人追謚曰敬隱后。’乃告祠高廟，使司徒持節與大鴻臚奉策書璽綬之清河，追上尊號；又遣中常侍奉太牢祠典，護禮儀侍中劉珍等及宗室列侯皆往會事。尊陵曰甘陵，廟曰昭廟，置令、丞，設兵車周衛，比章陵”。

［27］【今注】剖符大臣：功臣。古代帝王分封功臣與諸侯，將竹製符節剖分爲二，君臣各執一半。《漢書》卷一下《高帝紀下》載“又與功臣剖符作誓，丹書鐵契，金匱石室，藏之宗廟”。

［28］【今注】臣妾：王聖爲安帝乳母，爲臣妾。

［29］【李賢注】韓嫣，弓高侯之孫也。得幸於武帝。武帝獵上林中，先使嫣乘副車從數十百騎馳視獸，江都王望見以爲天子，伏謁道傍。嫣驅不見，王怒，爲皇太后泣言，太后銜之。後嫣出入永巷以姦聞，太后賜嫣死也。

［30］【李賢注】天元猶乾元也。《易》曰“大哉乾元”也。

［31］【今注】女使：女僕。

［32］【李賢注】石顯字君房，少時坐法腐刑，爲中書令，元帝委以政事，公卿畏之，垂足一迹（垂，紹興本、大德本、殿本作“重”，是）。顯恐天子一旦納用左右間己，乃取一言爲驗。上嘗使至諸宫徵發，先白上，恐漏盡宫門閉，請詔開門，上許之。顯故投夜還，詔開宫門，後果有上書告顯矯詔開宫門，天子聞之笑。顯泣曰：“陛下過私小臣，屬任以事，群下無不嫉妒欲陷害者，唯明主能知之。”上以爲然而憐之。【今注】石顯：字君房，濟南（今山東濟南市章丘區）人。因犯法被處腐刑，爲中黄門，後爲中尚書。西漢宣帝時任尚書僕射。元帝即位，爲中書令。成帝即位後，任長信中太僕。後失勢免官，徙歸故郡，不食，途中病死。傳見《漢書》卷九三。

［33］【李賢注】鄭崇，哀帝時爲尚書僕射，數諫争，帝不許。尚書令趙昌佞諂，因奏崇與宗族通，疑有姦。上怒，下崇獄，死獄中也。【今注】崇：鄭崇，字子游，平陵（今陝西咸陽市西北）人。少爲郡文學史，至丞相大車屬。西漢哀帝擢爲尚書僕射。上書諫哀帝祖母傅太后從弟商爲侯，又諫帝毋寵貴幸臣董賢，被下獄死。傳見《漢書》卷七七。　趙昌：字君仲。西漢哀帝時任尚書令。建平三年（前4）遷少府。建平四年爲河内太守。

［34］【李賢注】哀帝時博爲丞相，承傅太后指，奏免大司馬傅喜，哀帝怒，下博獄，自殺也。【今注】朱博：字子元，杜陵（今陝西西安市東南）人。少時爲亭長，遷功曹。爲安陵丞、督郵書掾、郡功曹。歷任櫟陽、雲陽、平陵、長安令。遷冀州刺史，徙并州刺史，護漕都尉，遷琅邪太守、左馮翊、大司農、犍爲太守、山陽太守、光禄大夫、廷尉、後將軍。哀帝即位，遷爲京兆尹、大司空，代孔光爲丞相。建平二年，封陽鄉侯。傳見《漢書》卷八三。

［35］【李賢注】成帝舅王鳳爲大將軍，專權驕僭，王商爲丞相，論議不能平，鳳鳳陰求商短（鳳鳳，殿本作“鳳”，當據删

一“鳳”字），傳人上書告商閨門内事（傳，紹興本，大德本、殿本作“使”，是），商坐兒（兒，紹興本、大德本、殿本作“免”，是）。王商，宣帝舅樂昌侯王武之子，非成帝舅成都侯也。【今注】王鳳：字孝卿，東平陵（今山東濟南市章丘區西北）人。妹王政君爲元帝皇后。初爲衛尉、侍中，封陽平侯。成帝即位，爲大司馬大將軍，領尚書事。卒謚敬成。　商：王商，字子威，涿郡蠡吾（今河北博野縣西南）人。成帝即位，徙左將軍。建始四年，任丞相。後被譖免相，嘔血死。謚戾侯。傳見《漢書》卷八二。

［36］【李賢注】霽亦正也（正，紹興本、大德本、殿本作“止”，是）。

［37］【今注】不省：不理會。

時三府任輕，機事專委尚書，而災眚變咎，[1]輒切免公台。[2]忠以爲非國舊體，上疏諫曰：“臣聞‘君使臣以禮，臣事君以忠’。[3]故三公稱曰冢宰，[4]王者待以殊敬，在輿爲下，御坐爲起，[5]入則參對而議政事，[6]出則監察而董是非。[7]漢典舊事，丞相所請，靡有不聽。今之三公，雖當其名而無其實，選舉誅賞，一由尚書，尚書見任，重於三公，陵遲以來，其漸久矣。臣忠心常獨不安，是故臨事戰懼，不敢穴見有所興造，[8]又不敢希意同僚，以謬平典，[9]而謗讟日聞，[10]罪足萬死。近以地震策免司空陳褒，[11]今者災異，復欲切讓三公。昔孝成皇帝以妖星守心，移咎丞相，使賁麗納説方進，方進自引，卒不蒙上天之福，[12]徒乖宋景之誠。[13]故知是非之分，較然有歸矣。又尚書決事，多違故典，罪法無例，詆欺爲先，[14]文慘言醜，有乖章憲。[15]宜責求其意，割而勿聽。上順國典，下防威福，置方員於規矩，審輕重於衡石，[16]誠國家之典，萬世之法也。”

［1］【今注】灾眚變咎：災難變故。

［2］【李賢注】切，責也。【今注】公台：三公之位。古代以三台星象徵三公之位。

［3］【李賢注】《論語》孔子對魯定公之辭也。【今注】案，語見《論語·八佾》。此句前有“定公問：君使臣，臣事君，如之何”。定公爲魯國國君。當時臣下失禮，君王的旨意不能行，定公以爲憂患，故問孔子。孔子對曰：“君使臣以禮，臣事君以忠。”指禮可以安國家，定社稷，如君不用禮，則臣不竭忠。

［4］【今注】冢宰：官名。輔政大臣、百官之長。冢，大；宰者，官。天子立冢宰，使掌邦治，亦所以總御衆官，使不失職。

［5］【李賢注】《漢舊儀》云（云，大德本作“曰”，二字可通）：“皇帝見丞相起，謁者贊稱曰‘皇帝爲丞相起立’，乃坐。皇帝在道，丞相迎，謁者贊稱曰‘皇帝爲丞相下輿立’，乃升車。”

［6］【今注】參對：參見和應對。

［7］【李賢注】董，督也。

［8］【李賢注】穴見言不廣也。【今注】穴見：一孔之見。指所見所聞偏狹不廣。

［9］【今注】平典：公平的律令。

［10］【今注】謗讟（dú）：毁謗怨恨。

［11］【李賢注】褒字伯仁，盧江人也。【今注】司空：官名。即大司空。西漢初御史大夫。成帝綏和元年（前8）更名大司空。哀帝建平二年（前5）又稱御史大夫，元壽二年（前1）改稱大司空。東漢初仍稱大司空，建武二十七年（51）去“大”字，改稱司空。掌築城、溝洫、陵墓等水土工程，及水土工程考核等。與太

尉、司徒一同參議大政。屬官有長史、將軍等。　陳褒：字伯仁，廬江舒（今安徽廬江縣西南）人。元初年間任衛尉。安帝永寧元年（120）十月任司空。延光元年（122）罷免。

［12］【李賢注】成帝時，熒惑守心，議郎李尋奏記丞相翟方進曰："唯君侯盡節轉凶。"方進憂，不知所出。有郎賁麗等爲星（等，紹興本、大德本、殿本作"善"），言大臣宜當之。上乃召見方進，賜養牛、上尊酒，令審處焉。方進即日自殺。賁音肥。【今注】孝成：西漢成帝劉驁，公元前33年至前7年在位。紀見《漢書》卷一〇。

［13］【李賢注】解見前文。言景公有灾，身自引咎，成帝不然，改曰徒也（改，紹興本、大德本作"故"，是）。

［14］【今注】詆欺：毀謗醜化。又作"詆娸"。

［15］【今注】章憲：規章法令。

［16］【李賢注】衡，秤衡也。三十斤爲鈞，四鈞爲石也。

忠意常在褒崇大臣，待下以禮。其九卿有疾，[1]使者臨問，加賜錢布，皆忠所建奏。頃之，遷尚書令。[2]延光三年，拜司隸校尉。糾正中官外戚賓客，[3]近倖憚之，[4]不欲忠在内。明年，出爲江夏太守，[5]復留拜尚書令，會疾卒。

［1］【今注】九卿：奉常、光禄、衛尉、太僕、鴻臚、廷尉、少府、宗正、司農。

［2］【今注】案，《太平御覽》卷二一〇《職官部》載："陳忠爲尚書令，數進忠言，辭旨弘麗，前後所奏，悉條於宫上閣，以爲故事。"

［3］【今注】中官：宦官。

［4］【今注】近倖：親近寵愛的人。

[5]【今注】江夏：郡名。治西陵縣（今湖北新洲縣西）。

初，太尉張禹、司徒徐防欲與忠父寵共奏追封和熹皇后父護羌校尉鄧訓，[1]寵以先世無奏請故事，争之連日不能奪，乃從二府議。及訓追加封謚，禹、防復約寵俱遣子奉禮於虎賁中郎將鄧騭，[2]寵不從，騭心不平之，故忠不得志于鄧氏。及騭等敗，衆庶多怨之，而忠數上疏陷成其惡，遂詆劾大司農朱寵。[3]順帝之爲太子廢也，諸名臣來歷、祝諷等守闕固争，[4]時忠爲尚書令，與諸尚書復共劾奏之。及帝立，司隸校尉虞詡追奏忠等罪過，[5]當世以此譏焉。

[1]【今注】張禹：字伯達，趙國襄國（今河北邢臺市）人。東漢和帝永元六年（94），爲大司農，拜太尉、太傅、録尚書事等。傳見本書卷四四。　徐防：字謁卿，沛國銍（今安徽濉溪縣西南古城鄉）人。和帝永元十六年，拜司徒。傳見本書卷四四。　寵：劉寵，字祖榮，東萊牟平（今山東烟臺市西北）人。傳見本書卷七六。　和熹皇后：和帝皇后鄧綏。南陽新野（今河南新野縣）人。鄧禹孫女。紀見本書卷一〇上。　護羌校尉：官名。西漢武帝時始置，掌西羌事務。秩比二千石，治護羌城（今青海湟源縣西），擁節，不常置。東漢光武帝建武六年（30）復置，都隴西令居縣（今甘肅永登縣西北），後時置時廢。章帝建初元年（76）至靈帝中平元年（184）遂爲常職，屬員有長史、司馬，從事等。　鄧訓：字平叔。章帝章和二年（88），任護羌校尉。傳見本書卷一六。

[2]【今注】虎賁中郎將：官名。西漢武帝時置期門，平帝更名虎賁。置虎賁中郎將統領，秩比二千石。隸屬光禄勳。東漢主虎賁宿衛。屬官有左右僕射、左右陛長各一人，比六百石。光

武帝、明帝時常以侍中兼領之，其後多以貴戚充任，或領兵出征。　鄧騭：字昭伯，南陽新野（今河南新野縣）人。傳見本書卷一六。

［3］【今注】朱寵：字仲威，京兆杜陵（今陝西西安市）人。篤行好學，從桓榮受尚書。任大司農、大鴻臚、太尉。

［4］【今注】來歷：字伯珍，南陽新野（今河南新野縣）人。其母爲明帝女武安公主。傳見本書卷一五。

［5］【今注】虞詡：字升卿，陳國武平（今河南鹿邑縣西北）人。少通《尚書》。順帝永建元年（126），任司隸校尉，拜議郎、尚書僕射。傳見本書卷五八。

論曰：陳公居理官則議獄緩死，相幼主則正不僭寵，[1]可謂有宰相之器矣。忠能承風，亦庶乎明慎用刑而不留獄。[2]然其聽狂易殺人，開父子兄弟得相代死，斯大謬矣。是則不善人多幸，而善人常代其禍，進退無所措也。

［1］【今注】正不僭寵：正直而不超越本分獲取尊寵。

［2］【今注】留獄：稽延獄訟。

贊曰：陳、郭主刑，人賴其平。寵矜枯胔，[1]躬斷以情。忠用詳密，損益有程。[2]施于孫子，且公且卿。[3]

［1］【今注】寵矜：恃寵而驕。　枯胔（zì）：腐爛的尸骸。帶有腐肉的尸骨。

［2］【李賢注】程，品式也。謂彊盜發，貶黜令長，各有科條，故曰程也。

［3］【李賢注】施，延也。音羊鼓反。【今注】施于孫子：已經接受天帝賜福，延及子孫受福無窮。《詩·大雅·皇矣》："既受帝祉，施於孫子。"

後漢書　卷四七

列傳第三十七

班超 子勇　梁慬[1]

[1]【今注】案，慬，底本原作“憧”，紹興本、大德本、殿本及本卷正文均作“慬”。今據改。

班超字仲升，扶風平陵人，[1]徐令彪之少子也。[2]爲人有大志，[3]不修細節。然内孝謹，居家常執勤苦，不恥勞辱。有口辯，而涉獵書傳。[4]永平五年，[5]兄固被召詣校書郎，[6]超與母隨至洛陽。家貧，常爲官傭書以供養。[7]久勞苦，嘗輟業投筆歎曰：“大丈夫無它志略，[8]猶當效傅介子、張騫立功異域，以取封侯，安能久事筆研間乎？”[9]左右皆笑之。超曰：“小子安知壯士志哉！”其後行詣相者，曰：“祭酒，布衣諸生耳，[10]而當封侯萬里之外。”超問其狀。相者指曰：“生燕頷虎頸，[11]飛而食肉，此萬里侯相也。”久之，顯宗問固“卿弟安在”，[12]固對“爲官寫書，受直以養老母”。[13]帝乃除超爲蘭臺令史，[14]後坐事免官。[15]

［1］【今注】扶風：右扶風。漢三輔之一。西漢武帝太初元年（前104）改主爵都尉置。相當於郡太守。治長安縣（今陝西西安市西北）。東漢時移治槐里縣（今陝西興平市東南）。　平陵：縣名。治所在今陝西咸陽市西北。中華本校勘記："《班彪傳》云扶風安陵人，錢大昕謂當有一誤。《校補》引柳從辰説，謂《東觀記》載班超亦爲安陵人，則作'平陵'者誤。"曹金華《後漢書稽疑》："《御覽》卷四六三引《東觀記》作超'扶風平陵人'，柳説未詳何據。又《校補》謂《文選》班彪《北征賦》注引《漢書》云扶風安陵人，而今《漢書》亦無'安陵人'之説。待考。"（中華書局2014年版，第617頁）

［2］【今注】徐：縣名。治所在今江蘇泗洪縣南。　令：縣令。漢代萬户以上縣的長官稱縣令，不足萬户稱長。　彪：班彪，字叔皮，扶風安陵（今陝西咸陽市東北）人。傳見本書卷四〇。

［3］【今注】案，大志，大德本、殿本作"志"。

［4］【李賢注】涉如涉水，獵如獵獸。言不能周悉，粗窺覽之也。《東觀記》曰："超持《公羊春秋》（中華本校勘記：'王先謙謂"持"當爲"治"，避唐高宗諱改。'），多所窺覽。"

［5］【今注】永平：東漢明帝劉莊年號（58—75）。

［6］【李賢注】校書郎，解見《班固傳》。【今注】固：班固，字孟堅，扶風安陵（今陝西咸陽市東北）人。傳見本書卷四〇。　校書郎：官名。以郎官典校宫廷秘籍圖書。

［7］【今注】傭書：受雇抄寫文書。王先謙《後漢書集解》："沈欽韓曰：'《藝文志》孝武置寫書之官。'"

［8］【今注】案，它，殿本作"他"。

［9］【李賢注】傅介子，北地人。昭帝時使西域（昭，大德本、殿本作"元"），刺殺樓蘭王，封義陽侯。張騫，漢中人，武帝時鑿空張西域（張，紹興本、大德本、殿本作"開"），以博望侯（以，紹興本、大德本、殿本作"封"，是）。《續漢書》

作“久弄筆研平（平，紹興本、大德本、殿本作‘乎’，是）”。《章嶠書》作“久事筆耕中”（章，紹興本、大德本、殿本作“華”，是；中，紹興本、大德本、殿本作“乎”）。研音硯。【今注】曹金華《後漢書稽疑》：“袁宏《後漢紀》卷十作‘安能久執刀筆乎’，《御覽》卷四八四引《謝承書》作‘安能久事筆硯乎’，《御覽》卷八二九引《東觀記》同《謝承書》。”（第617頁）

[10]【李賢注】一坐如尊（如，紹興本、大德本、殿本作“所”，是），則先祭酒。今稱祭酒，相尊敬之詞也。【今注】祭酒：學官名。本書卷三三《朱浮傳》李賢注引《漢官儀》曰：“博士，秦官也。武帝初置五經博士，後增至十四人。太常差選有聰明威重一人爲祭酒，總領綱紀。”另，《漢舊儀》：“博士祭酒，選有道之人習學者祭酒。”此處是相者對班超的尊稱。

[11]【今注】燕頷：像燕子一樣的下巴。　虎頸：像老虎一樣的脖頸。

[12]【今注】顯宗：東漢明帝劉莊，公元57年至75年在位。顯宗是其廟號。紀見本書卷二。

[13]【今注】直：通“值”。價值。此處指報酬。

[14]【李賢注】《續漢志》曰：“蘭臺令史六人，秩百石，掌書劾奏及印主文書。”【今注】除：拜官授職。

[15]【今注】坐事：因事坐免。

十六年，奉車都尉竇固出擊匈奴，[1]以超爲假司馬，[2]將兵別擊伊吾，戰於蒲類海，多斬首虜而還。[3]固以爲能，遣與從事敦恂俱使西域。[4]

[1]【今注】奉車都尉：官名。西漢武帝元鼎二年（前115）置，掌御乘輿車，東漢時屬光禄勳。　竇固：字孟孫，扶風平陵（今陝西咸陽市西北）人。他與耿秉、祭肜等分别率軍出擊匈奴。

傳見本書卷二三。　匈奴：秦漢時期北方游牧民族。戰國時，分布於秦、趙、燕以北的地區。秦朝時，爲蒙恬擊敗而北遷。秦末至漢初，陸續統治了大漠南北及河西走廊地區。武帝時，爲衛青、霍去病等所敗，退守漠北。宣、元時發生内亂，南匈奴臣服於漢廷，北匈奴郅支單于被殺。兩漢之際匈奴一度獨立，東漢初年因天災再度内亂，復分爲南北，南匈奴降漢内附，北匈奴保持相對獨立地位。和帝初年，竇憲率兵與南匈奴共破北匈奴，隨軍的班固書文紀功，勒石燕然（該銘文位於蒙古國杭愛山南麓，已被發現並確認），北匈奴就此衰落，後逐漸西遷。

［2］【今注】假司馬：官名。即軍假司馬，爲軍司馬之副職。漢制，領軍將軍所領各營部，設校尉一人，軍司馬一人。亦有不置校尉，但設軍司馬者，假司馬即爲軍司馬之副手。本書《竇固傳》載，永平十五年（72）冬，拜竇固爲奉車都尉，以騎都尉耿忠爲副，謁者僕射耿秉爲駙馬都尉，秦彭爲副，皆置從事、司馬，並出屯涼州。

［3］【李賢注】伊吾，匈奴中地名，在今伊州納職縣界。《前書音義》曰"蒲類，匈奴中海名，在敦煌北"也。【今注】伊吾：城邑名。即伊吾盧城。故址即今新疆哈密城（一説在今哈密市西北）。本爲匈奴呼衍王庭。東漢明帝永平十六年（73）取之以通西域，置宜禾都尉，爲屯田、兵鎮之所。其後東漢與匈奴常戰於此。　蒲類海：湖泊名。即今新疆巴里坤哈薩克自治縣西北巴里坤湖。

［4］【今注】從事：官名。本書《竇固傳》載，永平十五年冬，拜竇固爲奉車都尉，以騎都尉耿忠爲副，謁者僕射耿秉爲駙馬都尉，秦彭爲副，皆置從事、司馬，並出屯涼州。郭恂所任從事，當即此。　案，敦，紹興本、大德本、殿本作"郭"，是。

超到鄯善，[1]鄯善王廣奉超禮敬甚備，後忽更疏懈。超謂其官屬曰："寧覺廣禮意薄乎？此必有北虜使來，[2]狐疑未知所從故也。明者睹未萌，況已著邪。”乃召侍胡詐之曰：“匈奴使來數日，今安在乎？”侍胡惶恐，具服其狀。[3]超乃閉侍胡，悉會其吏士三十六人，與共飲，酒酣，因激怒之曰：“卿曹與我俱在絶域，[4]欲立大功，以求富貴。今虜使到裁數日，而王廣禮敬即廢；如令鄯善收吾屬送匈奴，骸骨長爲豺狼食矣。爲之奈何？”官屬皆曰：“今在危亡之地，死生從司馬。”超曰：“不入虎穴，不得虎子。當今之計，獨有因夜以火攻虜，使彼不知我多少，必大震怖，可殄盡也。[5]滅此虜，則鄯善破膽，功成事立矣。”衆曰：“當與從事議之。”超怒曰：“吉凶決於今日。從事文俗吏，聞此必恐而謀泄，[6]死無所名，非壯士也！”衆曰：“善。”初夜，遂將吏士往奔虜營。會天大風，超令十人持鼓藏虜舍後，約曰：“見火然，皆當鳴鼓大呼。”餘人悉持兵弩夾門而伏。超乃順風縱火，前後鼓譟。虜衆驚亂，[7]超手格殺三人，吏兵斬其使及從士三十餘級，餘衆百許人悉燒死。[8]明日乃還告郭恂，[9]恂大驚，既而色動。超知其意，舉手曰：“掾雖不行，[10]班超何心獨擅之乎？”恂乃悦。超於是召鄯善王廣，以虜使首示之，一國震怖。超曉告撫慰，遂納子爲質。還奏於竇固，固大喜，具上超功效，并求更選使使西域。帝壯超節，詔固曰：“吏如班超，何故不遣而更選乎？今以超爲軍司馬，[11]令遂前功。”超復受使，固欲益其兵，超曰：“願將本所從三十餘人足矣。如有不虞，多益爲累。”

［1］【李賢注】鄯善本西域樓蘭國也，昭帝元鳳四年收爲鄯善（收，紹興本、大德本、殿本作“改”，是）。去陽關千六百里（紹興本、大德本、殿本“千”前有“一”字），去長安六千一百里也。【今注】鄯善：西域古國名。原名樓蘭。都扜泥城（今新疆若羌縣東北羅布泊西岸樓蘭古城遺址）。

［2］【今注】北虜：指匈奴。

［3］【今注】案，其，紹興本、大德本、殿本作“具”，是。

［4］【李賢注】曹，輩也。

［5］【今注】殄盡：滅絶。

［6］【今注】案，問，紹興本、大德本、殿本作“聞”，是。

［7］【今注】案，與，紹興本、大德本、殿本作“衆”，是。

［8］【李賢注】《東觀記》曰“斬得匈奴節使屋賴鄰（鄰，紹興本、大德本、殿本作“帶”）、捌使此顧支自及即”也（捌使此顧支自及即，紹興本、大德本、殿本作“副使比離支首及節”，是）。

［9］【今注】案，及，紹興本、大德本、殿本作“乃”，是。

［10］【今注】掾：對郭恂的尊稱。

［11］【今注】軍司馬：官名。漢制，領軍將軍所領各營部，設校尉一人，軍司馬一人。亦有不置校尉，但設軍司馬者。

是時于窴王廣德新攻破莎車，遂雄張南道，[1]而匈奴遣使監護其國。超既西，先至于窴。廣德禮意甚疏。且其俗信巫。巫言：“神怒何故欲向漢？漢使有騧馬，急求取以祠我。”廣德乃遣使就超請馬。[2]超密知其狀，報許之，而令巫自來取馬。有頃，巫至，超即斬其首以送廣德，因辭讓之。[3]廣德素聞超在鄯善誅滅虜使，大惶恐，即攻殺匈奴使者而降超。超重賜其王以下，因鎮撫焉。

［1］【李賢注】于竇國去長安九千六百七十里，南與婼羌，西與姑墨接（西，中華本校勘記："《校補》謂《前書·西域傳》作'北與姑墨接'"）。莎車國去長安九千九百五十里。西城南北有大山，中央有河，東西六千餘里（千，紹興本、大德本作"十"。中華本校勘記："'千'原訛'十'，逕改正"）。東至玉門、陽關有兩道，從鄯善傍南山北波河西行（中華本校勘記："《西域傳》'波'作'陂'。下一二行注'隨北山波河西行'同。"曹金華《後漢書稽疑》："《後漢書·西域傳》作'陂'，《漢書·西域傳》作'波'，章懷注引《漢書》不誤"），至莎車，爲南道。雄張猶熾盛也。張音丁亮反。波，傍也。波音波（波，紹興本、大德本、殿本作"詖"，是）。【今注】于竇：西域城國名。又作"于闐"。故治在今新疆和田縣南。爲西漢武帝時西域三十六國之一。西漢通西域後，屬西域都護。　莎車：西域城國名。一作"渠沙國"。故治在今新疆莎車縣城。爲西漢武帝時西域三十六國之一。宣帝神爵二年（前60）後屬西域都護府，東漢同。　南道：古代中國中原地區通往西域的主要交通道路，有南、北二道。南道自玉門關和陽關以西，大體循今新疆南部塔里木河和阿爾金山脈、昆侖山脈之間的通道西行，在莎車以西越過葱嶺，通往大月氏、安息等地。雄張南道即稱雄西域南道。

［2］【李賢注】《續漢》及《華嶠書》"騧"字並作"騩"。《説文》："馬淺黑色也。"音京媚反。【今注】案，曹金華《後漢書稽疑》："《御覽》卷七三四引《東觀記》作'驪'。《説文解字》：'驪，馬深黑色，從馬麗聲'；'騩，馬淺黑色，從馬鬼聲'；'騧，黄馬黑喙，從馬咼聲'。未詳孰是。"（第618頁）

［3］【今注】辭讓：責問。

時龜兹王建爲匈奴所立，倚恃虜威，據有北道，攻破疏勒，殺其王，[1]而立龜兹人兜題爲疏勒王。明年春，[2]超從間道至疏勒。[3]去兜題所居槃橐城九千里，[4]逆遣吏田慮先往降之。[5]敕慮曰："兜題本非疏勒種，國人必不用命。若不即降，便可執之。"慮既到，兜題見慮輕弱，殊無降意。慮因其無備，遂前劫縛兜題。左右出其不意，皆驚懼奔走。慮馳報超，超即赴之，悉召疏勒將吏，説以龜兹無道之狀，因立其故王兄子忠爲王，[6]國人大悦。忠及官屬皆請殺兜題，超不聽，欲示以威信，釋而遣之。疏勒由是與龜兹結怨。

[1]【李賢注】龜兹國居居延城，去長安七千四百八十里，南與精絶，東與且末，北與烏孫，西與姑墨接。《前書音義》龜兹音丘慈。今龜音丘勿反（中華本校勘記："龜無入聲，'勿'字疑訛。"曹金華《後漢書稽疑》："汲本'丘'作'邱'，《校補》引柳從辰説，謂龜無入聲，'邱勿'當爲'勿邱'誤倒"），兹音沮惟反，蓋急言耳。自車師前王庭隨北山波河西行，至疏勒，爲北道。疏勒國居疏勒城，去長安九千三百五十里也。【今注】龜兹：國名。又作"鳩兹""丘兹"。在今新疆庫車縣一帶。南與精絶、東與焉耆、北與烏孫、西與姑墨相接。漢通西域後屬西域都護府。北道：古代中國中原地區通往西域的主要交通道路之一。北道自玉門關和陽關以西，大體經今新疆天山山脈和塔里木河之間的通道西行，在疏勒以西越葱嶺，通往今中亞各地。　疏勒：國名。故治在今新疆喀什地區。西漢宣帝神爵二年（前60）起，屬西域都護府。

[2]【今注】案，曹金華《後漢書稽疑》："'明年春'承前'十六年'，當是永平十七年，而《後漢紀》卷十載于永平十六年，

並作‘超令廣德發專驛，自至疏勒’。范書《西域傳》載：‘永平十六年……冬，漢遣軍司馬班超劫縛兜題，而立成之兄子忠爲疏勒王。’皆與此異。”（第618頁）

［3］【今注】間道：小路。

［4］【今注】槃橐城：地名。在今新疆喀什市附近。　案，千，紹興本、大德本、殿本作“十”，是。

［5］【今注】逆：預先。　田慮：中華本校勘記：“《袁宏紀》‘田慮’作‘陳憲’。惠棟謂古陳田相通，‘憲’當作‘慮’，字之誤也。今按：慮憲形近，未知孰是。”曹金華《後漢書稽疑》：“周天游《後漢紀校注》注‘陳憲’謂愚意不可妄加斷語，各存其舊以待來日爲上。”（第618頁）

［6］【李賢注】《續漢書》曰“求得故王兄子榆勒立之，更名曰忠”也。

十八年，帝崩。[1]焉耆以中國大喪，[2]遂攻没都護陳睦。[3]超孤立無援，而龜兹、姑墨數發兵攻疏勒。[4]超守盤橐城，[5]與忠爲首尾，士吏單少，拒守歲餘。肅宗初即位，[6]以陳睦新没，恐超單危不能自立，下詔徵超。超發還，疏勒舉國憂恐。其都尉黎弇曰：“漢使棄我，我必復爲龜兹所滅耳。誠不忍見漢使去。”因以刀自剄。超還至于寘，王侯以下皆號泣曰：“依漢使如父母，誠不可去。”互抱超馬脚，不得行。超恐于寘終不聽其東，又欲遂本志，乃更還疏勒。疏勒兩城自超去後，復降龜兹，而與尉頭連兵。[7]超捕斬反者，擊破尉頭，殺六百餘人，疏勒復安。

［1］【今注】十八年：永平十八年（75）。　帝：指東漢明帝。

［2］【李賢注】焉耆國居員渠城，去長安七千三百里，北與烏孫接。【今注】焉耆：西域國名。又作"烏耆""烏纏""阿耆尼"。國都在員渠城（今新疆焉耆回族自治縣）。初屬匈奴，西漢宣帝神爵二年（前60）後屬漢西域都護府。西漢末又屬匈奴。

［3］【今注】案，曹金華《後漢書稽疑》："《西域傳》亦云'及明帝崩，焉耆、龜兹攻没都護陳睦'，然《明帝紀》《耿恭傳》及《後漢紀》卷十皆謂攻没都護陳睦於明帝崩前，與此不同。"（第619頁）　都護：官名。漢代西域最高軍政長官。西漢始置，亦稱都護西域、使西域都護。主管西域軍政事務。初，武帝置使者、校尉領護西域。宣帝神爵（前61—前58）中，以鄭吉並護鄯善以西南道、車師以西北道，稱都護西域騎都尉，於烏壘設府，監護西域諸國。後遂爲常制，秩比二千石，有副校尉，設丞一員，司馬、候、千人各二員。諸屯田校尉、戊己校尉皆屬之。新莽時中原王朝與西域斷絶，或罷。東漢明帝永平十七年（74）復置，後或省或置。

［4］【李賢注】姑墨國王居南城，去長安八千一百五十里。【今注】姑墨：城國名。一作"姑默"。漢時爲西域三十六國之一，國都南城（今新疆阿克蘇市）。西漢宣帝神爵二年後屬西域都護府。

［5］【今注】盤，中華本校勘記："汲本、殿本'盤'作'槃'。"曹金華《後漢書稽疑》："本傳上頁也作'槃'，然《後漢紀》卷十作'盤'，范書《西域傳》作'磐'，三字古通。"（第619頁）

［6］【今注】肅宗：東漢章帝劉炟，公元75年至88年在位。肅宗是其廟號。紀見本書卷三。

［7］【李賢注】尉頭國居尉頭谷，去長安八千六百五十里，南與疏勒接。衣服類烏孫也。【今注】尉頭：西域國名。位於今新疆烏什縣西南。

建初三年，[1]超率疏勒、康居、于寘、拘彌兵一萬人攻姑墨石城，破之，[2]斬首七百級。超欲因此叵平諸國，[3]乃上疏請兵。曰："臣竊見先帝欲開西域，故北擊匈奴，西使外國，鄯善、于寘即時向化。今拘彌、莎車、疏勒、月氏、烏孫、康居復願歸附，[4]欲共并力破滅龜兹，平通漢道。若得龜兹，則西域未服者百分之一耳。臣伏自惟念，卒伍小吏，實願從谷吉效命絶域，庶幾張騫卒身曠野。[5]昔魏絳列國大夫，尚能和輯諸戎，[6]況臣奉大漢之威，而無鈆刀一割之用乎？[7]前世議者皆曰取三十六國，[8]號爲斷匈奴右臂。[9]今西域諸國，自日之所入，莫不向化，[10]大小欣欣，貢奉不絶，唯焉耆、龜兹獨未服從。臣前與官屬三十六人奉使絶域，備遭艱厄。自孤守疏勒，於今五載，胡夷情數，臣頗識之。問其城郭小大，皆言'倚漢與依天等'。以是效之，則葱領可通，[11]葱領通則龜兹可伐。今宜拜龜兹侍子白霸爲其國王，[12]以步騎數百送之，與諸國連兵，歲月之閒，龜兹可禽。以夷狄攻夷狄，計之善者也。[13]臣見莎車、疏勒田地肥廣，草牧饒衍，[14]不比敦煌、鄯善閒也，[15]兵可不費中國而糧食自足。且姑墨、温宿二王，特爲龜兹所置，[16]既非其種，更相厭苦，其埶必有降反。[17]若二國來降，則龜兹自破。願下臣章，參考行事。誠有萬分，死復何恨。臣超區區，[18]特蒙神靈，竊冀未便僵仆，[19]目見西域平定，陛下舉萬年之觴，[20]薦勳祖廟，布大喜於天下。"[21]書奏，帝知其功可成，議欲給兵。平陵人徐幹素與超同志，[22]上疏願奮身佐超。五年，遂以幹爲假司馬，將弛刑及義從千人就超。[23]

［1］【今注】建初：東漢章帝劉炟年號（76—84）。

［2］【李賢注】康居國去長安萬二千三百里，不屬都護。【今注】康居：西域國名。東界烏孫，西至奄蔡，南接大月氏，東南接大宛。大致在今巴爾喀什湖和鹹海之間。都城在卑闐城。　拘彌：西域城國名。國都寧彌，故治在今新疆于田縣東北。爲西漢武帝時西域三十六國之一，後屬西域都護府。東漢同。　姑墨石城：城邑名。曹金華《後漢書稽疑》：“‘姑墨石城’僅見，《後漢紀》卷十一作‘姑墨城’，《漢書·西域傳》載‘姑墨國，王居南城’，故疑‘石城’乃‘南城’之訛。”（第619頁）

［3］【李賢注】叵猶遂也。

［4］【今注】月氏：國名。一作“月支”“月氏胡”。秦漢之際，游牧於敦煌、祁連間。西漢文帝時，遭受匈奴攻擊，大部分人西遷塞種地區（今新疆伊犁河流域及其西部一帶），史書稱爲大月氏。少數没有西遷的人入南山（今祁連山），與西羌各部雜居，史書稱爲小月氏。　烏孫：西域國名。國都故治在赤穀城，即今吉爾吉斯斯坦伊塞克湖東南伊什特克附近。爲西漢武帝時西域三十六國之一。後屬西域都護府。東漢同。

［5］【李賢注】谷吉，長安人，永之父也。元帝時爲衛司馬，使送郅支單于侍子，爲郅支所殺。張騫，武帝時爲郎，使月氏，爲匈奴所閉，留之十餘歲，乃亡走大宛，窮急即射禽獸給食。【今注】案，卒，紹興本作“弃”，大德本、殿本作“棄”。

［6］【李賢注】魏絳，晉大夫。晉悼公時，山戎使孟樂如晉，因魏絳納虎豹之皮，請和諸戎。公悦，使魏絳盟諸戎。事見《左傳》。輯亦和也。【今注】和輯：和睦團結。

［7］【李賢注】賈誼曰：“莫邪爲鈍兮，鉛刀爲銛（鉛，殿本

作‘鉛’，本注下同）。”《楚詞》曰：“捐棄太阿（太，殿本作‘大’），寶鈆刀兮。”【今注】鈆刀：鈆，同“鉛”。以鉛爲刀，言其鈍。喻才能微薄。鈆，殿本作“鉛”。

［8］【今注】三十六國：指西域三十六國。

［9］【李賢注】《前書》曰，漢遣公主爲烏孫夫人，結爲昆弟，則是斷匈奴右臂也。哀帝時劉歆上議曰，武帝時立五屬國，起朔方，伐朝鮮，起玄菟、樂浪，以斷匈奴之左臂。西伐大宛，結烏孫，裂匈奴之右臂。南面以西爲右也。

［10］【李賢注】《西域傳》曰“自條支國乘水西行，可百餘日，近日所入”也。

［11］【李賢注】效猶驗也。《西河舊事》曰：“葱領山，其上多葱，因以爲名。”【今注】葱嶺：即今帕米爾高原。

［12］【今注】侍子：古代諸侯王或屬國之王遣子入侍皇帝，稱爲侍子。

［13］【李賢注】《前書》朝錯曰（朝，殿本作“鼂”）：“以蠻夷攻蠻夷，中國之利（殿本句末有‘也’字）。”

［14］【今注】饒衍：富饒。

［15］【李賢注】敦煌今涼州縣。【今注】敦煌：郡名。治所在敦煌縣（今甘肅敦煌市西）。

［16］【李賢注】温宿國王居温宿城，去長安八千三百五十里也。【今注】温宿：國名。在今新疆烏什縣。

［17］【今注】埶：通“勢”。

［18］【今注】區區：謙辭。

［19］【今注】僵仆：倒下。引申爲死去。

［20］【李賢注】《詩》曰：“躋彼公堂，稱彼兕觥（稱，紹興本、殿本作‘稱’，是），萬壽無疆。”《前書·兒寬傳》曰：“臣寬再拜上千萬歲壽。”【今注】觴：古代的一種盛酒器。

［21］【李賢注】薦，進也。勳，功也。《左氏傳》曰：“反行

欽至，舍爵策勳焉。”

［22］【今注】同志：志同道合。

［23］【今注】弛刑：弛刑徒。《漢書》卷八《宣帝紀》顏師古注引李奇曰：“弛，廢也。謂若今徒解鉗釱赭衣，置任輸作也。”即解除枷鎖的刑徒。　義從：志願跟從之人。

先是莎車以爲漢兵不出，遂降於龜茲，而疏勒都尉番辰[1]亦復反叛。會徐幹適至，超遂與幹擊番辰，大破之，斬首千餘級，多獲生口。[2]超既破番辰，欲進攻龜茲。以烏孫兵彊，宜因其力，乃上言：“烏孫大國，控弦十萬，故武帝妻以公主，[3]至孝宣皇帝，卒得其用。[4]今可遣使招慰，與共合力。”帝納之。八年，拜超爲將兵長史，假鼓吹幢麾。[5]以徐幹爲軍司馬，別遣衛候李邑護送烏孫使者，賜大小昆彌以下錦帛。[6]

［1］【李賢注】番音潘，下同也（大德本、殿本無“也”字）。

［2］【今注】生口：指俘虜。

［3］【李賢注】烏孫國居赤谷城，去長安八千九百里。武帝元封中，以既仲王建女紹君爲公王（既仲王建女紹君爲公王，紹興本、大德本、殿本作“江都王建女細君爲公主”，是），以妻烏孫，贈送甚盛，烏孫以爲右夫人。【今注】控弦：指士兵。　武帝：西漢武帝劉徹，公元前141年至前87年在位。紀見《史記》卷一二、《漢書》卷六。

［4］【李賢注】《西域傳》曰，虛帝即位（虛，紹興本、大德本、殿本作“宣”，是），烏孫遣使上書，言匈奴連發大兵侵擊烏孫，欲隔絶漢，烏孫願發國半精兵五萬騎，盡力擊匈奴，唯天子

出兵以救公主。漢大發子五万騎（子，紹興本、大德本、殿本作“十”，是），五万軍分道並出（万，紹興本、大德本、殿本作“將”，是）。烏孫以五萬騎從西方入，至右谷蠡王庭，獲四万餘級，馬牛羊七十餘万。【今注】孝宣皇帝：西漢宣帝劉詢，公元前74年至前49年在位。紀見《漢書》卷八。

［5］【李賢注】將兵長史，解見《和帝紀》。平帝元始二年，使謁者大司馬掾持節行邊兵，遣執金吾候陳茂假以鉦鼓。《狂今樂録》曰（狂，紹興本、大德本、殿本作“古”，是）：“横吹，胡樂也。張騫入西域，傳其法於長安，唯得《摩訶兜勒》一曲，李延年困之更造新聲二十八解（困，紹興本、大德本、殿本作‘因’，是），乘輿以爲武樂，後漢以給邊將，萬人將軍得之。在俗用者有《黄鵠》《隴頭》《出關》《入關》《出塞》《入塞》《折楊柳》《黄覃子》《赤之楊》《望行人》十曲。”劉熙《釋名》曰：“幢，童也，其貌童童然。”蔡邕《月令章句》曰：“羽，鳥翼也，以爲旌幢麾也。”横吹、麾幢皆大將所有，超非大將，故言假。【今注】將兵長史：官名。漢制，將軍幕府設長史和司馬，有時也可獨立領兵作戰。　鼓吹：古代軍樂，用於朝會、行路及軍中儀仗。四川成都市東鄉青杠坡三號墓及揚子山一號墓出土有漢代“騎吹畫像磚”。　幢麾：用於儀仗的旗幟。

［6］【李賢注】《前書》曰，烏乎國王先號昆莫（乎，紹興本、大德本、殿本作“孫”，是），名獵驕靡，後書昆彌云。後代取“昆”字，靡彌聲相近，皆有輕重耳（皆，紹興本、大德本、殿本作“音”，是）。昆莫既死，子孫争國，漢令立元貴靡爲大昆彌，烏就屠爲小昆彌，賜印綬，故有大小昆彌之號焉。【今注】衛候：官名。西域都護屬官。西域都護有副校尉，設丞一員，司馬、候、千人等屬官。　昆彌：漢時烏孫王的稱號。自西漢宣帝甘露元年（前53）起，烏孫立有大小二昆彌，均受漢朝册封。

李邑始到于窴，而值龜兹攻疏勒，恐懼不敢前，因上書陳西域之功不可成，又盛毁超擁愛妻，抱愛子，安樂外國，無内顧心。超聞之，歎曰："身非曾参而有三至之讒，恐見疑於當時矣。"[1]遂去其妻。帝知超忠，乃切責邑曰："縱超擁愛妻，抱愛子，恩歸之士千餘人，[2]何能盡與超同心乎？"令邑諸超受節度。[3]詔超："若邑任在外者，便留與從事。"超即遣邑將烏孫侍子還京師。徐幹謂超曰："邑前親毁君，欲敗西域，今何不緣詔書留之，[4]即遣它吏送侍子乎？"[5]超曰："是何言之陋也！以邑毁超，故今遣之。内省不疚，何卹人言！[6]快意留之，非忠臣也。"

[1]【李賢注】三至，解見《寇榮傳》。【今注】曾参：春秋末魯國南武城人。字子輿，尊稱曾子。孔子弟子，以孝著稱，後被尊爲"宗聖"。　三至之讒：《戰國策·秦策二》："費人有與曾子同名族者而殺人，人告曾子母曰：'曾参殺人。'曾子之母曰：'吾子不殺人。'織自若。有頃焉，人又曰：'曾参殺人。'其母尚織自若也。頃之，一人又告之曰：'曾参殺人。'其母懼，投杼逾墻而走。"後以"三至"謂謡言多次傳播，也會産生影響。

[2]【今注】案，恩，紹興本、大德本、殿本作"思"，是。

[3]【今注】案，諸，紹興本、大德本、殿本作"詣"，是。　節度：節制調度。

[4]【今注】緣：憑借。

[5]【今注】案，即，紹興本、大德本、殿本作"更"。　它：大德本、殿本作"他"。

[6]【李賢注】疚，病也。卹，憂也。《論語》孔子曰："内省不疚，大何憂何懼！"（大，紹興本、大德本、殿本作"夫"，

是）《左氏傳》曰："《詩》云'禮義不愆，何恤乎人之言'！"《詩》謂逸《詩》也。【今注】内省不疚何卹人言：自我反省而不内疚，何必擔憂别人的話。

明年，復遣假司馬和恭等四人將兵八百詣超，超因發疏勒、于窴兵擊莎車。莎車陰通使疏勒王忠，啖以重利，[1]忠遂反從之，西保烏即城。[2]超乃更立其府丞成大爲疏勒王，悉發其不反者以攻忠。積半歲，而康居遣精兵救之，超不能下。是時月氏新與康居婚，相親，超乃使使多齎錦帛遺月氏王，[3]令曉示康居王，[4]康居王乃罷兵，執忠以歸其國，烏即城遂降於超。

[1]【李賢注】謂多以珍寶誘引之。啖音徒濫反。《前書》曰，高祖令陸賈往説秦將，啗以利。啖與啗同。【今注】啖：引誘。

[2]【今注】烏即城：在今新疆疏附縣境。

[3]【今注】齎：以物送人。

[4]【今注】曉示：明白開導。

後三年，忠説康居王借兵，還據損中，[1]密與龜兹謀，遣使詐降於超。[2]超内知其姦而外僞許之。忠大喜，即從輕騎詣超。超密勒兵待之，爲供張設樂。[3]酒行，乃叱吏縛忠斬之。[4]因擊破其衆，殺七百餘人，南道於是遂通。

[1]【李賢注】損中，未詳。《東觀記》作“頓中”，《續漢》及《華嶠書》並作“損中”，本或作“植”（中華本校勘記：“《通鑑》胡注引‘植’作‘楨’，胡氏謂案《西域傳》，靈帝建寧三年，涼州刺史孟佗遣兵討疏勒，攻楨中城，‘楨中’是也”），未知孰是也。

[2]【今注】案，謀，紹興本、大德本、殿本作“詐”，是。

[3]【李賢注】供音居用反，張音竹亮反。【今注】供張：陳設帷帳等以供宴樂。

[4]【今注】叱：大聲呼喝。

明年，超發于寘諸國兵二萬五千人，[1]復擊莎車。而龜茲王遣左將軍發温宿、姑墨、尉頭合五萬人救之。超召將校及于寘王議曰：[2]“今兵少不敵，其計莫若各散去。于寘從是而東，長史亦於此西歸，可須夜鼓聲而發。”[3]陰緩所得生口。龜茲王聞之大喜，自以萬騎於西界遮超，[4]温宿王將八千騎於東界徼于寘。[5]超知二虜已出，密召諸部勒兵，雞鳴馳赴莎車營，胡大驚亂奔走，追斬五千餘級，大獲其馬畜財物。莎車遂降，龜茲等因各退散，自是威震西域。

[1]【今注】案，曹金華《後漢書稽疑》：“《後漢紀》卷十二作‘班超發諸國兵步騎二萬’。”（第620頁）

[2]【今注】案，曹金華《後漢書稽疑》：“《後漢紀》卷十二作‘超召部曲及于闐、疎勒王議曰’。”（第620頁）

[3]【今注】須：等待。

[4]【今注】遮：阻截。

[5]【今注】徼：攔截。　案，曹金華《後漢書稽疑》：“《後

漢紀》卷十二作‘于闐從此西，吾亦從此東……龜兹聞之喜，使左將軍將萬騎於西界，欲遮于闐王’，其與本傳相反。周天游《校注》曰：‘《范書·班超傳》作“于寘從是而東，長史亦於此西歸”。與《袁紀》所述恰相反。按班超據疏勒，在莎車之西，而于闐在莎車之東，則《范書》是。’然據《漢書·西域傳》于闐國‘去長安九千六百七十里’，莎車國‘去長安九千九百五十里’，疏勒國‘去長安九千三百五十里’，由東至西爲疏勒、于闐、莎車。據《後漢書·西域傳》于闐國‘去洛陽萬一千七百里’，莎車國‘東去洛陽萬九百五十里’，疏勒國‘去洛陽萬三百里’，則由東至西爲疏勒、莎車、于闐。又《漢書·西域傳》載疏勒國‘南至莎車五百六十里’，莎車國‘西至疏勒五百六十里’，故今多云疏勒當在莎車西北，而據二國至長安、洛陽里數推之，疏勒不當在莎車西北。《後漢書·西域傳》作‘莎車東北至疏勒’，《校勘記》按：‘丁謙《後漢書西域傳地理考證》謂《前書》言西至疏勒，《疏勒傳》作南至莎車，兩傳互證，則當云西北至疏勒，此作“東北”誤。’然以二國至長安、洛陽里數推之，疏勒當在莎車東北，不當在西北。故云《袁紀》之説或是，而本傳誤矣。”（第620—621頁）

初，月氏嘗助漢擊車師有功，[1]是歲貢奉珍寶、符拔、師子，[2]因求漢公主。超拒還其使，由是怨恨。永元二年，[3]月氏遣其副王謝將兵七萬攻超。超衆少，皆大恐。超譬[4]軍士曰：“月氏兵雖多，然數千里踰葱領來，[5]非有運輸，何足憂邪？但當收穀堅守，彼飢窮自降，不過數十日決矣。”謝遂前攻超，不下，又鈔掠無所得。超度其糧將盡，必從龜兹求救，乃遣兵數百於東界要之。[6]謝果遣騎齎金銀珠玉以賂龜兹。超伏兵遮擊，盡殺之，持其使首以示謝。謝大驚，即遣使請罪，願得生歸。超縱遣之。月氏由是大震，歲奉貢獻。

［1］【今注】車師：國名。原名姑師。漢西域三十六國之一。後分爲車師前、後二部（或稱前、後二國）及山北六國，後皆歸西域都護所轄。車師前部治交河城（今新疆吐魯番市西北）。後部治務塗谷（今新疆吉木薩爾縣南）。西漢元帝時設戊己校尉屯田車師前王庭。

［2］【李賢注】《續漢書》曰："符拔，形似麟而無角。"

［3］【今注】永元：東漢和帝劉肇年號（89—105）。

［4］【今注】譬：曉諭。

［5］【今注】葱領：即葱嶺，今帕米爾高原。領，通"嶺"。

［6］【今注】案，救，中華本校勘記："《集解》引惠棟説，謂《袁宏紀》'救'作'食'。"　要：通"邀"。攔截。

明年，龜兹、姑墨、温宿皆降，乃以超爲都護，[1]徐幹爲長史。[2]拜白霸爲龜兹王，遣司馬姚光送之。[3]超與光共脅龜兹廢其王尤利多而立白霸，使光將尤利多還詣京師。超居龜兹它乾城，[4]徐幹屯疏勒。西域唯焉耆、危須、尉犁以前没都護，[5]懷二心，其餘悉定。

［1］【今注】都護：即西域都護。

［2］【今注】長史：即西域長史。西域都護屬官。

［3］【今注】司馬：西域都護屬官。

［4］【今注】它乾城：西域龜兹國地。東漢和帝永元三年（91）成爲西域都護駐地。在今新疆庫車縣東牙哈鄉塔汗其。

［5］【今注】危須：國名。國都在危須城，即今新疆焉耆回族自治縣東北烏什塔拉附近。爲西漢武帝時西域三十六國之一。宣帝

神爵二年（前 60）後屬西域都護府。　尉犂：西域國名。又作“尉黎”。位於今新疆庫爾勒市附近。

六年秋，超遂發龜兹、鄯善等八國兵合十萬人，[1]及吏士賈客千四百人討焉耆。兵到尉犂界，而遣曉説焉耆、尉犂、危須曰：“都護來者，欲鎮撫三國。即欲改過向善，宜遣大人來迎，當賞賜王侯已下，[2]事畢即還。今賜王綵五百匹。”焉耆王廣遣其左將北鞬支奉牛酒迎超。[3]超詰鞬支曰：“汝雖匈奴侍子，而今秉國之權。都護自來，王不以時迎，皆汝罪也。”或謂超可便殺之。超曰：“非汝所及。此人權重於王，今未入其國而殺之，遂令自疑，設備守險，豈得到其城下哉！”於是賜而遣之。廣乃與大人迎超於尉犂，奉獻珍物。

［1］【今注】案，十，紹興本、大德本、殿本作“七”。

［2］【李賢注】大人謂其酋豪。

［3］【李賢注】鞬音九言反。【今注】案，北，中華本校勘記：《集解》引惠棟説，謂“北”一作“比”。《校補》引錢大昭説，謂閩本作“比”。曹金華《後漢書稽疑》：“《御覽》卷七三引《東觀記》作‘比鞬友’，吴樹平《東觀漢記校注》據聚珍本校作‘北鞬支’，《後漢紀》卷十三也作‘北鞬支’。”（第 621 頁）

焉耆國有葦橋之險，廣乃絶橋，不欲令漢軍入國。超更從它道厲度。[1]七月晦，[2]到焉耆，去城二十里，止營大澤中。[3]廣出不意，大恐，乃欲悉驅其人共入山保。焉耆左侯元孟先嘗質京師，[4]密遣使以事告超，超即斬之，示不信用。乃期大會諸國王，[5]因揚聲當重加賞賜，於是焉耆王廣、尉犁王汎及北鞬支等三十人相率詣超。[6]其國相腹久等十七人懼誅，皆亡入海，[7]而危須王亦不至。坐定，超怒詰廣曰："危須王何故不到？腹久等所緣逃亡？"遂叱吏士收廣、汎等於陳睦故城斬之，[8]傳首京師。因縱兵鈔掠，斬首五千餘級，獲生口萬五千人，馬畜牛羊三十餘萬頭，更立元孟爲焉耆王。超留焉耆半歲，慰撫之。於是西域五十餘國悉皆納質內屬焉。

[1]【李賢注】由帶以上爲厲，由膝以下爲揭，見《爾雅》也。【今注】厲度：涉水渡過。厲，從齊腰以上的深水渡過。度，通"渡"。

[2]【今注】晦：每月的最後一天。

[3]【今注】案，止，紹興本、大德本、殿本作"正"。中華本删"正"字，校勘記："《刊誤》謂案文'正'當作'止'。《集解》引惠棟説，謂案《袁宏紀》，'正'字當衍。今依惠説删'正'字。"

[4]【今注】案，左侯元孟，曹金華《後漢書稽疑》："《西域傳》作'焉耆左（侯）〔候〕元孟'，《校勘記》云：'王先謙謂當據《班超傳》作"候"，今據改。'然《西域傳》有'龜兹左侯兜題'，《後漢紀》卷十亦作'左侯兜題'，疑'候'作'侯'爲是。"（第621頁）

[5]【今注】期：約定日期。

[6]【今注】案，中華本校勘記："《集解》引王補説，謂《袁宏紀》'汎'作'沈'。又引惠棟説，謂《袁紀》作'四十一人'。"曹金華《後漢書稽疑》："'汎'，袁宏《後漢紀》卷十三作

‘況’，不作‘沈’，周天游《校注》校‘況’作‘泛’，謂‘據黄本及《范書》逕改“況”作“泛”’。‘泛’即‘汎’字。”（第622頁）

［7］【李賢注】“十七”字本或爲“七十”。【今注】案，曹金華《後漢書稽疑》：“《後漢紀》卷十三作‘十七’。”（第622頁） 海：疑指秦海。在今新疆博湖縣東博斯騰湖。本書卷八八《西域傳》：“北虜呼衍王常展轉蒲類、秦海之間，專制西域，共爲寇鈔。”

［8］【今注】陳睦故城：陳睦任西域都護時的駐地。

明年，下詔曰：“往者匈奴獨擅西域，寇盜河西，[1]永平之末，城門晝閉。先帝深愍邊萌嬰羅寇害，[2]乃命將帥擊右地，[3]破白山，臨蒲類，[4]取車師，城郭諸國震慴響應，[5]遂開西域，置都護。而焉耆王舜、舜子忠獨謀悖逆，恃其險隘，覆没都護，并及吏士。先帝重元元之命，[6]憚兵役之興，[7]故使軍司馬班超安集于寘以西。[8]超遂踰葱領，迄縣度，[9]出入二十二年，莫不賓從。改立其王，而綏其人。[10]不動中國，不煩戎士，得遠夷之和，同異俗之心，而致天誅，蠲宿恥，以報將士之讎。[11]《司馬法》曰：‘賞不踰月，欲人速睹爲善之利也。’[12]其封超爲定遠侯，邑千户。”[13]

［1］【今注】河西：河西走廊地區。

［2］【今注】愍：哀憐。　邊萌：邊地的民衆。萌，通“氓”。殿本作“氓”。　嬰羅：遭受。羅，大德本、殿本作“罹”。

［3］【今注】右地：指西部地區。

［4］【李賢注】《西河舊事》曰：“白山之中有好木，匈奴謂

之天山，去蒲類海百里。”郭義恭《廣志》曰：“西域有白山，通歲有雪，亦名雪山。”破曰山見《明紀》也（曰，紹興本、大德本、殿本作“白”，是）。【今注】白山：今新疆天山山脈。

［5］【今注】震慴：震驚惶懼。

［6］【今注】元元：百姓。

［7］【今注】憚：怕。

［8］【今注】案，干，紹興本、大德本、殿本作“于”，是。

［9］【李賢注】迄，至也。縣度，山名（曹金華《後漢書稽疑》：“‘山名’，《漢書·西域傳》作‘石山’。《陳禪傳》‘今揮國越流沙，逾縣度’，注引《前書西域傳》曰‘縣度者，山名也’，《校勘記》按：‘《前書·西域傳》“山名也”作“石山也”，此訛。《章帝紀》注引作“石山也”，不訛。’本傳注作‘山名’亦訛。”）。縣音玄。謂以繩索縣經而過也（經，紹興本、大德本、殿本作“縋”）。其處在皮山國以西，罽賓國之東也。【今注】縣度：縣度山，指今克什米爾北部之興都庫什山或喀喇昆侖山及帕米爾南部山地。

［10］【今注】綏：安撫。

［11］【李賢注】致猶至也。蠲，除也。【今注】宿恥：舊耻。

［12］【今注】司馬法：《史記》卷六四《司馬穰苴列傳》載，齊威王使大夫追論“司馬兵法”，附穰苴於其中，號稱《司馬穰苴兵法》。《漢書》卷八〇《宣元六王傳》有騶先生，善爲《司馬兵法》。《隋志》載，梁有《司馬法》三卷，又云，河間獻王得《司馬穰苴兵法》一百五十五篇。沈欽韓《漢書疏證》認爲，此書出於戰國。相傳周公所作，後太公、孫子、王子成、司馬穰苴皆有兵法著作，齊威王合衆家所著，共有一百五十五篇。今《司馬法》存五篇。

［13］【李賢注】《東觀記》曰：“其以漢中郡南鄭之西鄉户千封超爲定遠侯。”故城在今洋州西鄉縣南。【今注】定遠：故址在

今陜西漢中市。

超自以人在絶域，[1]年老思土。十二年，[2]上疏曰："臣聞太公封齊，五世葬周，狐死首丘，代馬依風。[3]夫周齊同在中土千里之間，況於遠處絶域，小臣能無依風首丘之思哉？蠻夷之俗，畏壯侮老。[4]臣超犬馬齒殲，[5]常恐年衰，奄忽僵什，[6]孤魂棄捐。昔蘇武留匈奴中尚十九年，[7]今臣幸得奉節帶金銀護西域，[8]如自以壽終屯部，誠無所恨，然恐後世或名臣爲没西域。臣不敢望到酒泉郡，[9]但願生入玉門關。[10]臣老病衰困，冒死瞽言，[11]謹遣子勇隨獻物入塞。[12]及臣生在，令勇目見中土。"而超妹同郡曹壽妻昭[13]亦上書請超曰：

[1]【今注】案，人，紹興本、大德本、殿本作"久"。

[2]【今注】案，曹金華《後漢書稽疑》："此謂班超永元十二年上疏求代，《後漢紀》卷十四載於十三年冬，《通鑑》卷四十八將超上書及還並卒全置於十四年。《考異》曰：'本傳稱超十二年上疏，十四年至雒陽。而妹昭上書曰："延頸踰望，三年於今。"注引《東觀記》曰："安息遣使獻大雀、師子，超遣子勇隨入塞。"按《帝紀》："十三年，安息國入貢"，《袁紀》載超書亦在十三年。今並置其書於此。《袁紀》又云"超到數月薨"，今從本傳。'然據實考之，皆不誤矣。本傳載永平十六年（73）超'使西域'，'在西域三十一歲，（永元）十四年（102）八月至洛陽……其年九月卒，年七十一'，《安帝紀》載永元十三年'冬十一月，安息國遣使獻師子及條支大雀'，此即超上書'謹遣子勇隨獻物入塞'也。而據此，本傳謂'十二年'乃是班超上書之始，《袁紀》所説則是

上書到達之時。昭上書云超‘自陳苦急，延頸踰望，三年於今，未蒙省録’，‘三年’當是十二年末至十四年初，否則便不能説‘三年於今’也。又本傳作八月至洛陽，九月卒，《袁紀》作‘數月薨’，若八月初至，九月末卒，則可稱‘數月’也。”（第622—623頁）

［3］【李賢注】《禮記》曰：“大公封於營丘（大，紹興本、大德本、殿本作“太”），比及五世，皆反葬於周。君子曰：‘樂樂其所自生，禮不忘其本。古之人有言曰：狐死正丘首，仁也。’”鄭玄注曰：“正丘首，丘也（中華本在“丘也”前補“正首”二字。校勘記：“據《集解》本補，與《禮·檀弓》鄭注合。”應據改）。”代，都名（都，紹興本、大德本、殿本作“郡”，是），在趙北。《韓詩外傳》曰“代馬依北風，飛鳥揚故巢”也。【今注】太公：指太公望吕尚。吕尚，本姓姜，西周初年人，協助武王伐紂，受封齊國。世家見《史記》卷三二。　五世葬周：五代都回葬在周。　狐死首丘：傳説狐狸將死，頭必朝向出生的山丘。喻不忘本，也喻對故鄉的思念。《禮記·檀弓上》：“狐死正丘首，仁也。”　代馬依風：代地之馬依戀故土之風。《韓詩外傳》：“代馬依北風，飛鳥棲故巢。”代馬，指代地所産之馬，是古代的良馬。代，代郡。治所在今河北蔚縣西南。

［4］【李賢注】案《前書》曰，匈奴，其俗壯者食肥美，老者食其餘。貴壯健，賤老弱也。

［5］【今注】犬馬齒殲：謙稱自己年老力衰。犬馬齒，臣子對君上卑稱自己的年齡。殲，盡。

［6］【今注】案，什，紹興本、大德本、殿本作“仆”，是。

［7］【今注】蘇武：杜陵（今陝西西安市）人。西漢武帝時爲郎。天漢元年（前100）以中郎將持節出使匈奴，被扣留。匈奴多次威脅利誘其投降，後將他遷到北海邊牧羊。蘇武留居匈奴十九年持節不屈。至昭帝始元六年（前81），方獲釋回漢。傳見《漢書》卷五四。

[8]【李賢注】金銀謂印也。金印紫綬，銀印青綬也。

[9]【今注】酒泉郡：治福禄縣（今甘肅酒泉市區）。

[10]【李賢注】玉門關在敦煌郡（在，紹興本、大德本、殿本作“屬”），今沙州也。去長安三千六百里。關在敦煌縣西北。酒泉，今肅州也。去長安二千八百五十里也。【今注】玉門關：西漢武帝置，在今甘肅敦煌市西北小方盤城附近。其與南邊的陽關，同爲漢代通往西域的重要門户。

[11]【今注】瞽言：瞎説。

[12]【李賢注】《東觀記》曰“印安息遣使獻大爵（印，紹興本、大德本、殿本作‘時’，是）、師子，超遣子勇隨入塞”也。

[13]【今注】曹壽妻昭：即班昭，班超之妹。嫁同郡曹壽，有才德，世稱“曹大家”。

妾同産兄西域都護定遠侯超，幸得以微功特蒙重賞，爵列通侯，[1]位二千石。[2]天恩殊絶，誠非小臣所當被蒙。超之始出，志捐軀命，冀立微功，以自陳效。[3]會陳睦之變，道路隔絶，超以一身轉側絶域，曉譬諸國，因其兵衆，每有攻戰，輒爲先登，身被金夷，[4]不避死亡。賴蒙陛下神靈，且得延命沙漠，至今積三十年。骨肉生離，不復相識。所與相隨時人士衆，皆已物故。超年最長，今且七十。衰老被病，頭髮無黑，兩手不仁，[5]耳目不聰明，扶杖乃能行。雖欲竭盡其力，以報塞天恩，迫於歲暮，犬馬齒索。蠻夷之性，悖逆侮老，而超旦暮入地，久不見代，恐開姦宄之源，[6]生逆亂之心。而卿大夫咸懷一切，莫肯遠慮。如有卒暴，超之氣力不能從心，便爲上損國家累世之功，下棄忠臣竭力之用，誠可痛也。故超萬里歸誠，自陳苦急，延頸踰望，[7]三年於今，未蒙省録。[8]

[1]【今注】通侯：爵名。漢代封爵僅次於諸侯王的等級。原稱徹侯，因避西漢武帝諱而改，又稱通侯。

[2]【今注】二千石：因漢代所得俸禄以米穀爲準，故官秩等級以“石”名。漢朝二千石爲中央政府機構的九卿等列卿，及地方州牧郡守、諸侯王國相等。又可細分爲中二千石、二千石、比二千石三等。此處泛指漢朝廷的高級官員。

[3]【今注】陳：上言，述説。

[4]【李賢注】夷，傷也。

[5]【李賢注】不仁猶不遂也。【今注】兩手不仁：兩手麻木遲鈍。

[6]【今注】姦宄：犯法作亂。

[7]【李賢注】踰，遥也。高祖踰謂黥布曰：“何苦而反？”【今注】延頸踰望：伸着脖子遠望。曹金華《後漢書稽疑》：“《集解》引《通鑑》胡注，謂《前書》‘踰’當作‘隃’，讀曰遥，傳寫誤作‘踰’。”（第623頁）

[8]【今注】省録：審察采納。

妾竊聞古者十五受兵，六十還之，[1]亦有休息不任職也。緣陛下以至孝理天下，得萬國之歡心，不遺小國之臣，況超得備侯伯之位，故敢觸死爲超求哀，匄超餘年。[2]一得生還，復見闕庭，使國永無勞遠之慮，西域無倉卒之憂，超得長蒙文王葬骨之恩，子方哀老之惠。[3]《詩》云："民亦勞止，汔可小康，惠此中國，以綏四方。"[4]超有書與妾生訣，恐不復相見。妾誠傷超以壯年竭忠孝於沙漠，疲老則便捐死於曠野，誠可哀憐。如不蒙救護，超後有一旦之變，冀幸超家得蒙趙母、衛姬先請之貸。[5]妾愚戇不知大義，[6]觸犯忌諱。

[1]【李賢注】《周禮》鄉大夫職曰："國中十尺以及六十（十，紹興本、大德本、殿本作'七'，是），野自六尺以及六十有五，皆征之。"征謂賦税從征役也。《韓詩外傳》曰"二十行役，六十免役"，與《周禮》國中同，即知日與《周禮》七尺同（日，紹興本、大德本、殿本作"一"。中華本據《刊誤》改作"二十"，是）。《禮》國中六十免役（禮，中華本據《刊誤》改作"周禮"，是），野即六十有五，晚於國中五年。國中七尺從役，野六尺，即是野又早於國中五年。十尺謂二十（十，紹興本、大德本、殿本作"七"，是），六尺即十五也。此言十五受兵，謂據野外爲言，六十還之，據國中爲説也。

[2]【李賢注】匄，乞（殿本"乞"後有"也"字）。

[3]【李賢注】葬骨，解見《明紀》。田子方，魏文侯之師也。見君之老馬棄之，曰："少盡其力，老而棄之，非仁也。"於是收而養之。事見《史記》也。【今注】文王葬骨：《吕氏春秋·孟冬紀·異用》："周文王使人抇池，得死人之骸。吏以聞於文王，文王曰：'更葬之。'吏曰：'此無主矣。'文王曰：'有天下者，天下之主也；有一國者，一國之主也。今我非其主也？'遂令吏以衣棺更葬之。天下聞之曰：'文王賢矣！澤及髊骨，又況於人乎？'或得寶以危其國，文王得朽骨以喻其意，故聖人於物也無不材。"

[4]【李賢注】《詩·大雅》也。汔，其也。康、綏，皆安

也。言先施恩惠於中國，然後乃安四方。

［5］【李賢注】趙母謂趙奢之妻，趙括之母也。懼括敗，先請，得不坐。事見《史記》。衛姬者，齊桓公之姬。桓公與管仲謀伐衛，桓公入，姬請衛之罪。事見《則女傳》也（則，紹興本、大德本、殿本作"列"，是）。【今注】案，《史記》卷八一《廉頗藺相如列傳》："趙括自少時學兵法，言兵事，以天下莫能當。嘗與其父奢言兵事，奢不能難，然不謂善。括母問奢其故，奢曰：'兵，死地也，而括易言之。使趙不將括即已，若必將之，破趙軍者必括也。'及括將行，其母上書言於王曰：'括不可使將。'王曰：'何以？'對曰：'始妾事其父，時爲將，身所奉飯飲而進食者以十數，所友者以百數，大王及宗室所賞賜者盡以予軍吏士大夫，受命之日，不問家事。今括一旦爲將，東向而朝，軍吏無敢仰視之者，王所賜金帛，歸藏於家，而日視便利田宅可買者買之。王以爲何如其父？父子異心，願王勿遣。'王曰：'母置之，吾已決矣。'括母因曰：'王終遣之，即有如不稱，妾得無隨坐乎？'王許諾。"　案，劉向《列女傳》卷二："衛姬者，衛侯之女，齊桓公之夫人也。桓公好淫樂，衛姬爲之不聽鄭衛之音。桓公用管仲、甯戚，行霸道，諸侯皆朝，而衛獨不至。桓公與管仲謀伐衛。罷朝入閨，衛姬望見桓公，脱簪珥，解環佩，下堂再拜，曰：'願請衛之罪。'桓公曰：'吾與衛無故，姬何請耶？'對曰：'妾聞之：人君有三色、顯然喜樂、容貌淫樂者，鐘鼓酒食之色。寂然清静、意氣沉抑者，喪禍之色。忿然充滿、手足矜動者，攻伐之色。今妾望君舉趾高，色厲音揚，意在衛也，是以請也。'桓公許諾。"　貸：寬恕。

［6］【今注】愚戇：愚笨戇直。自謙之詞。

書奏，帝感其言，乃徵超還。

超在西域三十一歲。十四年八月至洛陽，拜爲射聲校尉。[1]超素有胸脅疾，既至，病遂加。帝遣中黄門問疾，[2]賜醫藥。其年九月卒，[3]年七十一。朝廷愍惜焉，[4]使者弔祭，贈賵甚厚。[5]子雄嗣。

[1]【今注】洛陽：東漢國都。在今河南洛陽市東北。　射聲校尉：官名。西漢武帝始置，爲北軍八校尉之一，位次列卿。屬官有丞、司馬等。領待詔射聲士，所掌爲常備精兵，屯戍京師，兼任征伐。東漢光武帝建武七年（31）省，十五年復置，爲五校尉之一，隸北軍中候。掌宿衛兵，屬官有司馬一員。舊有虎賁校尉掌輕車，亦省併射聲，故皇帝大駕、法駕出，則乘輕車隨行。當時五校尉所掌北軍五營，爲京師主要的常備禁軍，故地位親要，官顯職閑，多以宗室外戚近臣充任。

[2]【今注】中黄門：官名。隸屬少府，用宦官擔任。職掌給事禁中，位次小黄門。秩比百石，後增比三百石。

[3]【今注】案，大德本、殿本無"年"字。

[4]【今注】愍惜：憐憫。

[5]【今注】贈賵：贈送車馬、財物等助辦喪事。

初，超被徵，以戊己校尉任尚爲都護。[1]與超交代。尚謂超曰：[2]"君侯在外國三十餘年，而小人猥承君後，[3]任重慮淺，宜有以誨之。"超曰："年老失智，任君數當大位，豈班超所能及哉！必不得已，願進愚言。塞外吏士，本非孝子順孫，皆以罪過徙補邊屯。[4]而蠻夷懷鳥獸之心，難養易敗。今君性嚴急，水清無大魚，察政不得下和。[5]宜蕩佚簡易，[6]寬小過，總大綱而已。"超去後，[7]尚私謂所親曰："我以班君當有奇策，今所言平平耳。"尚至數年，而西域反亂，以罪被徵，如超所戒。

［1］【今注】戊己校尉：官名。西漢元帝初元元年（前48）始置，掌管屯田事務，治所在車師前王庭，隸西域都護，單獨設府，有丞、司馬、候等屬官。所領吏士亦任征伐。秩比二千石。新莽至東漢初或置或省。東漢明帝永平十七年（74）復置二員，一屯車師後王部金蒲城，一屯車師前王部柳中城，相去千餘里。後或置或罷。安帝永初元年（107）省西域都護後，常與西域長史共同管理西域事務。中華本校勘記："《刊誤》謂是時但有戊校尉，多'己'字。"曹金華《後漢書稽疑》："'是時但有戊校尉'未詳何據？《和帝紀》載永元三年'復置西域都護、騎都尉、戊己校尉'，《西域傳》載永元'三年，班超遂定西域，因以超爲都護，居龜兹。復置戊己校尉，領兵五百人，居車師前部高昌壁，又置戊部候，居車師後部候城，相去五百里'，又云永元'八年，戊己校尉索頵欲廢後部王涿鞮'。而任尚爲此官在永元十四年，檢《後漢書及注釋綜合引得》'戊己校尉'條，亦未見此時'但有戊校尉'也。"（第623—624頁）　任尚：東漢章帝章和二年（88）爲護羌校尉鄧訓長史。和帝永元元年（89）爲竇憲司馬，遷中郎將。和帝永元六年任護烏桓校尉。又任西域都護。安帝時任征西校尉，封樂亭侯，侍御史。安帝永初五年（111），因詐增所斬首級，貪贓枉法，遭棄市。

［2］【今注】案，中華本校勘記："《集解》引王補説，謂《袁宏紀》作'尚與超書曰'。"曹金華《後漢書稽疑》："本傳載班超被征，以任尚代之，'與超交代'，當是面陳，而不當未待尚到任而去職也。《類聚》卷二三引《東觀記》亦作'尚謂超曰'。"（第624頁）

［3］【今注】猥：自謙詞。辱。

［4］【今注】案，皆，大德本作"昔"。

［5］【李賢注】《家語》孔子曰："水至清則無魚，人至察則無徒。"

[6]【今注】蕩佚：放蕩縱逸。“佚”，通“逸”。

[7]【今注】案，衣，紹興本、大德本、殿本作“去”，是。

有三子。長子雄，累遷屯騎校尉。[1]會叛羌寇三輔，[2]詔雄將五營兵屯長安，[3]就拜京兆尹。[4]雄卒，子始嗣，尚清河孝王女陰城公主。[5]主順帝之姑，[6]貴驕淫亂，與嬖人居帷中，[7]而召始入，[8]使伏床下。始積怒，永建五年，[9]遂拔刃殺主。帝大怒，腰斬始，[10]同産皆棄市。[11]超少子勇。

[1]【今注】屯騎校尉：官名。西漢武帝始置，爲北軍八校尉之一。領本營騎士，掌戍衛京師，兼任征伐。秩二千石。東漢初改名“驍騎校尉”。光武帝建武十五年（39）復舊，隸北軍中候，爲北軍五校尉之一，秩比二千石。掌宿衛禁兵。

[2]【今注】羌：古民族名。殷周時期分布在黄河中上游地區，與周部族雜居。後秦逐諸戎，其部族逐漸西遷至河湟谷地。東漢時羌族内徙於隴西、漢陽、安定等地。本書卷八七有傳。　三輔：地區名。西漢京畿地區的合稱。漢景帝二年（前155）分内史爲左、右内史，與主爵中尉（後改主爵都尉），同治京城長安城中。武帝時，左内史、右内史、主爵都尉分别改名爲左馮翊、京兆尹、右扶風。

[3]【今注】五營兵：東漢北軍下轄屯騎、越騎、步兵、長水、射聲五營，設北軍中候監領之。　長安：西漢都城。在今陝西西安市西北。

[4]【今注】京兆尹：官名。西漢京畿地方行政長官之一。武帝時改右内史置，職掌如郡太守。其地屬京畿，爲“三輔”之一，故不稱郡。因治京師，又得參與朝政，故又有中央官性質。秩中二千石（一説秩二千石），地位高於郡守，位列諸卿。東漢改其秩爲

二千石。

［5］【今注】尚：娶帝王之女爲妻。　清河孝王：劉慶，東漢章帝子，母宋貴人。安帝生父。章帝建初三年（78）生，四年立爲皇太子，後被廢。傳見本書卷五五。

［6］【今注】順帝：東漢順帝劉保，公元125年至144年在位。紀見本書卷六。

［7］【今注】嬖人：身份卑下而受寵愛的人。

［8］【今注】案，大，紹興本、大德本、殿本作“人”，是。

［9］【今注】永建：東漢順帝劉保年號（126—132）。

［10］【今注】腰斬：古代酷刑，將犯人從腰部斬爲兩截。

［11］【今注】同産：同母兄弟。或説爲同父兄弟。　棄市：刑罰名。在鬧市執行死刑，尸體暴露街頭，言與衆人共棄之。

勇字宜僚，少有父風。永初元年，[1]西域反叛，以勇爲軍司馬。與兄雄俱出敦煌，迎都護及西域甲卒而還。因罷都護。後西域絶無漢吏十餘年。

［1］【今注】永初：東漢安帝劉祜年號（107—113）。

元初六年，敦煌太守曹宗遣長史索班將千餘人屯伊吾，[1]車師前王及鄯善王皆來降班。後數月，北單于與車師後部遂共攻没班，[2]進擊走前王，略有北道。鄯善王急，求救於曹宗，宗因此請出兵五千人擊匈奴，報索班之恥，因復取西域。鄧太后召勇詣朝堂會議。[3]先是公卿多以爲宜閉玉門關，遂棄西域。勇上議曰：“昔孝武皇帝患匈奴彊盛，[4]并總百蠻，[5]以逼障塞。於是開通西域，離其黨與，論者以爲奪匈奴府藏，斷其右臂。遭王莽篡盜，[6]徵求無厭，[7]胡夷忿毒，遂以背叛。光武中興，[8]未遑外事，故匈奴負彊，率諸國。[9]及至永平，再攻敦煌，河西諸郡，城門晝閉。孝明皇帝深惟廟策，[10]乃命虎臣，出征西域，[11]故匈奴遠遁，邊境得安。及至永元，[12]莫不内屬。會間者羌亂，[13]西域復絶，北虜遂遣責諸國，備其逋租，[14]高其價直，嚴以期會。鄯善、車師皆懷憤怨，思樂事漢，其路無從。前所以時有叛者，皆中後養失軍，[15]遂爲其害故也。[16]今曹宗徒恥於有負，[17]欲報雪匈奴，而不尋出兵故事，未度當時之宜也。夫要荒外，萬無一成，若兵連禍結，悔無及已。況今府藏未充，師無後繼，是示弱於遠夷，暴短於海内，臣愚以爲不可許也。舊敦煌郡有營兵三百人，今宜復之，復置護西域副校尉，[18]居於敦煌，如永元故事。又宜遣西域長史將五百人屯樓蘭，[19]西當焉耆、龜兹徑路，[20]南彊鄯善、于寘心膽，北扞匈奴，[21]東近敦煌。如此誠便。"

[1]【今注】敦煌：郡名。治敦煌縣（今甘肅敦煌市西）。　太守：官名。掌一郡政事。秩二千石。　長史：官名。即郡長史。漢代邊郡置長史一人，職掌兵馬。東漢光武帝建武十四年（38）罷邊郡太守丞，長史兼丞職，在政務上輔佐太守。秩六百石。曹金華《後漢書稽疑》："'長史'當作'行長史'。《西域傳》載'元初六年，乃上遣行長史索班，將千餘人屯伊吾以招撫之'，又下文'至永寧元年……殺後部司馬及敦煌行事'，章懷注：'行事謂前行長史索班。'"（第624頁）

[2]【今注】北單于：北匈奴的君長。

［3］【今注】鄧太后：東漢和帝皇后，名綏，太傅鄧禹孫女。和帝死後，被尊爲皇太后。紀見本書卷一〇上。

［4］【今注】孝武皇帝：西漢武帝劉徹，公元前141年至前87年在位。紀見《史記》卷一二、《漢書》卷六。

［5］【今注】案，并，紹興本、大德本、殿本作“兼”。

［6］【今注】王莽：字巨君。西漢元帝王皇后侄。漢末以外戚掌權。初始元年（8）稱帝，改國號爲新，實行改制。地皇四年（23），政權被緑林、赤眉等義軍推翻。傳見《漢書》卷九九。

［7］【今注】厭：滿足。

［8］【今注】光武中興：東漢光武帝劉秀統治時期出現的治世。

［9］【今注】案，紹興本、大德本、殿本“率”前有“驅”字。

［10］【李賢注】古者謀事必就祖，故言“廟敢”也（敢，紹興本、大德本、殿本作“策”，是）。【今注】孝明皇帝：東漢明帝劉莊，公元57年至75年在位。紀見本書卷二。

［11］【李賢注】《毛詩》曰：“進厥虎臣，闞如虓虎。”

［12］【今注】永元：東漢和帝劉肇年號（89—105）。

［13］【今注】間者：近來。

［14］【今注】逋租：欠租。

［15］【今注】案，中後，紹興本、大德本、殿本作“由牧”，是。牧養，治理，統治。軍，紹興本、大德本、殿本作“宜”，是。

［16］【今注】案，遂，紹興本、大德本、殿本作“還”。

［17］【今注】案，有，紹興本、大德本、殿本作“前”。

［18］【今注】護西域副校尉：官名。即西域都護副校尉，爲都護之副職，西漢宣帝時初置，監護西域各屬國。東漢沿置。在都護暫缺時，即由副校尉或其他吏員任其事。

［19］【今注】樓蘭：即鄯善。

[20]【今注】徑路：道路。

[21]【今注】扞：抵禦。

尚書問勇曰：[1]"今立副校尉，何以爲便？又置長史屯樓蘭，利害云何？"勇對曰："昔永平之末，[2]始通西域，初遣中郎將居敦煌，[3]後置副校於車師，[4]既爲胡虜節度，又禁漢人不得有所侵擾。故外夷歸心，匈奴畏威。今鄯善王尤還，[5]漢人外孫，若匈奴得志，則尤還必死。此等雖同鳥獸，亦知避害。若出屯樓蘭，足以招附其心，愚以爲便。"長樂衛尉鐔顯、廷尉綦母參、司隸校尉崔據難曰：[6]"朝廷前所以棄西域者，以其無益於中國而費難供也。今車師已屬匈奴，鄯善不可保信，一旦反覆，班將能保北虜不爲邊害乎？"[7]勇對曰："今中國置州牧者，[8]以禁郡縣姦猾盜賊也。若州牧能保盜賊不起者，臣亦願以要斬保匈奴之不爲邊害也。[9]今通西域則虜埶必弱，虜埶必弱則爲患微矣。[10]孰與歸其府藏，續其斷臂哉！今置校尉以扞撫西域，設長史以招懷諸國，若棄而不立，則西域望絶。望絶之後，屈就北虜，緣邊之郡將受困害，恐河西城門必復有晝閉之儆矣。[11]今不廓開朝廷之德，[12]而拘屯戍之費，[13]若北虜遂熾，豈安邊久長之策哉！"太尉屬毛軫難曰：[14]"今若置校尉，則西域駱驛遣使，求索無猒，與之則費難供，不與則失其心。一旦爲匈奴所迫，當復求救，則爲役大矣。"勇對曰："今設以西域歸匈奴，而使其恩德大漢，不爲鈔盜則可矣。如其不然，則因西域租入之饒，兵馬之衆，以擾動緣邊，是爲富仇讎之財，[15]增暴夷之埶也。置校尉者，宣威布德，以繫諸國内向之心，以疑匈奴覬覦之情，而無財費耗國之慮也。且西域之人無它求索，其來入者，不過稟食而已。[16]今若拒絶，埶歸北屬，夷虜并力以寇并、涼，[17]則中國之費不上十億。[18]置之誠便。”於是從勇議，復敦煌郡營兵三百人，置西域副校尉居敦煌。雖復羈縻西域，[19]然亦未能出屯。其後匈奴果數與車師共入寇鈔，河西大被其害。

［1］【今注】尚書：官名。東漢尚書臺六曹，每曹設尚書一人，分别負責己曹事務。秩六百石。

［2］【今注】案，末，大德本作“未”。

［3］【今注】中郎將：官名。秦置。漢沿置，爲中郎的長官。西漢武帝設中郎三將，分五官、左、右三署，隸光禄勳，秩皆比二千石。職掌護衛侍從天子。至東漢，三署中郎將主要協助光禄勳考課察舉三署諸郎。東漢還遣中郎將領兵，遂增設東、西、南、北四中郎將，以征討四方，類似將軍。

［4］【今注】案，校，大德本、殿本“校”後多一“尉”字。中華本據汲本及殿本補。應據改。

［5］【李賢注】尤還，王名。

［6］【今注】長樂衛尉：官名。漢朝置衛尉，主宫門警衛，長樂宫、建章宫、甘泉宫皆置。不常置，秩二千石。　廷尉：官名。位列九卿，主掌司法審判，秩中二千石。　司隸校尉：官名。東漢時主掌監察皇親國戚、京城百官，兼有領兵、檢敕、捕殺罪犯之權。同時爲司隸州行政長官，轄有京兆、左馮翊、右扶風、河東、河内、河南及弘農七郡，治所在今河南洛陽市。秩二千石。　案，母，中華本校勘記：“《集解》本‘母’作‘毋’，《校補》謂據

《通鑑》正。”曹金華《後漢書稽疑》：“《集解》本作‘毋’，《校補》謂‘“毋”原訛“母”，官本亦訛，據《通鑑》正’。是‘母’當作‘毋’字。然此字自古多異。《通鑑》卷五十作‘綦毋参’，胡注：‘綦毋，姓也，《左傳》晉有綦毋張。’而吴樹平《風俗通義校釋》據《姓解》三、《元和姓纂》卷二引《風俗通》，輯作‘晉大夫綦母張，漢有廷尉綦母參。《戰國策》，綦母子與公孫龍争辯’，諸人皆作‘母’字，唯《風俗通義·愆禮》‘河南尹太山羊翩祖’中有‘綦毋廣明’作‘毋’。范書《劉表傳》有‘綦母闓’，《校勘記》按：‘殿本“綦母”作“綦毋”。’《魏志·劉表傳》注引《英雄記》也作‘綦毋闓’。《魏志·陶謙傳》注引《謝承書》有‘綦毋君’，《吴志·虞翻傳》注引《會稽典録》有‘綦毋俊’。又《漢書·樊噲傳》有‘綦母卬’，《史記·樊噲傳》作‘綦毋卬’。《史記·趙世家》三注《集解》有‘綦毋邃’。故雖諸書多異，大抵作‘毋’爲是。”（第624—625頁）

［7］【李賢注】以勇爲軍司馬，故以將言之。將音子亮反。

［8］【今注】州牧：官名。又稱刺史。西漢武帝元封五年（前106）置，共十三部（州），每部置刺史一人，秩六百石。無治所，每年歲末入奏。成帝綏和元年（前8）更名州牧，秩二千石。哀帝建平二年（前5）復爲刺史，元壽二年（前1）又稱州牧。東漢光武帝建武元年（25）復置牧。建武十一年省。十八年，罷州牧，置刺史，秩六百石。有固定治所，高於郡級地方行政長官。掌監察、選舉、劾奏、領兵等。屬吏有從事史、假佐。靈帝中平五年（188），改置州牧。

［9］【今注】要斬：即腰斬。

［10］【今注】案，必，中華本據《刊誤》删，是。

［11］【今注】儆：警戒。

［12］【今注】廓開：闡揚，闡明。

［13］【今注】案，拘，大德本作“抱”。

［14］【今注】太尉屬：太尉的屬官。

［15］【今注】仇讎：仇敵。

［16］【今注】稟食：糧食。

［17］【今注】并涼：指并州與涼州。并州，西漢武帝時所置十三刺史部之一。東漢時治太原郡（今山西太原市西南）。涼州，西漢武帝時所置十三刺史部之一。東漢時治隴縣（今甘肅張家川回族自治縣）。

［18］【今注】案，上，紹興本、大德本、殿本作“止”，是。十，殿本作“千”。

［19］【今注】羈縻：羈，馬絡頭；縻，牛靷。引申爲籠絡控制。

延光二年夏，[1]復以勇爲西域長史，將兵五百人出屯柳中。[2]明年正月，勇至樓蘭，以鄯善歸附，特加三綬。[3]而龜兹王白英猶自疑未下，勇開以恩信，白英乃率姑墨、温宿自縛詣勇降。勇因發其兵步騎萬餘人到車師前王庭，擊走匈奴伊蠡王於伊和谷，[4]收得前部五千餘人，[5]於是前部始復開通。還，屯田柳中。

［1］【今注】延光：東漢安帝劉祜年號（122—125）。

［2］【李賢注】柳中，今西州縣。【今注】柳中：城邑名。故址即今新疆鄯善縣西南魯克沁。

［3］【今注】特加三綬：綬，綬帶。有不同的顏色，用於標識身份。中華本校勘記：“《集解》引《通鑑》胡注，謂‘三綬’疑當作‘王綬’。”

［4］【今注】伊蠡王：東漢時匈奴單于部屬，曾占據車師前王所轄區域。　伊和谷：在今新疆吐魯番市西北、烏魯木齊縣東南。

［5］【今注】前部：指車師前部。

四年秋，勇發敦煌、張掖、酒泉六千騎及鄯善、疏勒、車師前部兵擊後部王軍就，大破之。[1]首虜八千餘人，馬畜五萬餘頭。捕得軍就及匈奴持節使者，將至索班没處斬之，以報其恥，傳首京師。永建元年，[2]更立後部故王子加特奴爲王。勇又使别校誅斬東且彌王亦更立其種人爲王，[3]於是車師六國悉平。

［1］【李賢注】軍就，名也。【今注】張掖：郡名。治觻得縣（今甘肅張掖市西北）。　酒泉：郡名。治福禄縣（今甘肅酒泉市）。

［2］【今注】永建：東漢順帝劉保年號（126—132）。

［3］【李賢注】且音子余反。【今注】東且彌王：東且彌國國王。東且彌國，國名。國都故治在今新疆烏魯木齊市。爲西漢武帝時西域三十六國之一。後屬西域都護府。東漢同。

其冬，勇發諸國兵擊匈奴呼衍王，[1]呼衍王亡走，其衆二萬餘人皆降。捕得單于從兄，[2]勇使加特奴手斬之，以結車師匈奴之隙。北單于自將萬餘騎入後部，至金且谷，[3]勇使假司馬曹俊馳救之。單于引去，俊追斬其貴人骨都侯，[4]於是呼衍王遂徙居枯梧河上。[5]是後車師無復虜跡，城郭皆安。唯焉耆王元孟未降。

［1］【今注】呼衍王：北匈奴的首領。

［2］【今注】從兄：堂兄。

［3］【今注】金且谷：今新疆天山之柏格達山。

［4］【今注】骨都侯：匈奴官名。分左、右，由異姓貴族充任。通常居單于庭，爲單于輔政近臣。

［5］【今注】枯梧河：水名。疑即今新疆福海縣東南烏倫古河。枯梧河之古音譯當與今烏倫古河音譯相近。故址地處車師後部北，東漢時匈奴轄地。

二年，勇上請攻元孟，於是遣敦煌太守張朗將河西四郡兵三千人配勇。[1]因發諸國兵四萬餘人，分騎爲兩道擊之。勇從南道，朗從北道，約期俱至焉耆。[2]而朗先有罪，欲徼功自贖，[3]遂先期至爵離關，[4]遣司馬將兵前戰，首虜二千餘人。元孟懼誅，逆遣使乞降，張朗徑入焉耆受降而還。元孟竟不肯面縛，[5]唯遣子詣闕貢獻。朗遂得免誅。勇以後期，徵下獄，免。[6]後卒于家。

［1］【李賢注】河西四郡，金城、敦煌、張掖、酒泉。

［2］【今注】案，曹金華《後漢書稽疑》："《後漢紀》卷十八作'勇發諸國兵，使龜兹、鄯善自南道入，勇將諸郡兵，率車師六國兵自北道入'，與此不同。"（第625頁）

［3］【今注】徼功自贖：邀功以彌補自己的過錯。

［4］【今注】爵離關：地名。約在今新疆焉耆縣附近。

［5］【今注】面縛：以繩繫頸或雙手反縛，表示投降。

［6］【今注】案，曹金華《後漢書稽疑》："本傳載張朗與班勇約期俱征焉耆，而朗欲徼功先期而至，焉耆王元孟'遣使乞降，張朗徑入焉耆受降而還。元孟竟不肯面縛，唯遣子詣闕貢獻。朗遂得免誅。勇以後期，征下獄，免'。而《後漢紀》卷十八作'張朗乃要經自尉黎入，焉耆王請降於朗，既而不出，漢兵罷還，焉耆王卒不加誅。漢以兩將不和，皆征免，故勇不論'。《校補》謂范書不言張朗征免，疑被征在勇之後，蓋因朗卒未得焉耆要領，察知朗之

先期邀功貽誤，故並征之。朗既征，而勇亦得出獄也。然朗雖受焉耆之降，而范於《西域傳》仍歸功於勇，又《西域傳》叙言所傳建武以後西域事皆勇所記，則勇並優於文事矣。”（第625頁）

梁慬字伯威，[1]北地弋居人也。[2]父諷，歷州宰。[3]永元元年，車騎將軍竇憲出征匈奴，[4]除諷爲軍司馬，令先齎金帛使北單于，宣國威德，其歸附者萬餘人。後坐失憲意，髡輸武威，[5]武威太守承旨殺之。竇氏既滅，和帝知其爲憲所誣，[6]徵慬，除爲郎中。[7]

［1］【李賢注】慬音勤。

［2］【李賢注】弋居，縣名。《郡國志》曰有鐵官。【今注】北地：郡名。治富平縣（今寧夏吴忠市西南）。

［3］【今注】州宰：州刺史的别稱。

［4］【今注】車騎將軍：漢初爲臨時將軍之號，因領車騎士得名，事訖即罷。西漢武帝後常設，地位次於大將軍、驃騎將軍。武帝後常典京城、皇宫禁衛軍隊，出征時常總領諸將軍。文官輔政者亦或加此銜，領尚書政務，成爲中朝重要官員。東漢時位比三公，常以貴戚充任，秩萬石。出掌征伐，入參朝政。　竇憲：字伯度，扶風平陵（今陝西咸陽市西北）人。其妹爲章帝皇后，拜爲郎，遷侍中、虎賁中郎將。率軍大破北單于，刻石燕然山。拜大將軍，封武陽侯。和帝永元四年（92）封冠軍侯。後自殺。傳見本書卷二三。

［5］【今注】髡：古代刑罰之一種，去髮爲髡。《説文》：“髡，剃髮也。”　武威：郡名。治姑臧縣（今甘肅武威市）。

［6］【今注】和帝：東漢和帝劉肇，公元88年至105年在位。紀見本書卷四。

［7］【今注】郎中：官名。爲郎中令或光禄勳下屬的官員，無

定員，掌持戟值班，宿衛殿門，出充車騎，秩比三百石。東漢罷郎中三將，遂分隸五官、左、右中郎將三署，名義上備宿衛，實爲後備官吏人材。

慬有勇氣，常慷慨好功名。初爲車騎將軍鄧鴻司馬，[1]再遷，延平元年拜西域副校尉。[2]慬行至河西，會西域諸國反叛，攻都護任尚於疏勒。尚上書求救，詔慬將河西四郡羌胡五千騎馳赴之，[3]慬未至而尚已得解。會徵尚還，以騎都尉段禧爲都護，[4]西域長史趙博爲騎都尉。禧、博守它乾城。它乾城小，慬以爲不可固，乃譎説龜兹王白霸，[5]欲入共保其城，白霸許之。吏人固諫，白霸不聽。慬既入，遣將急迎禧、博，合軍八九千人。龜兹吏人並叛其王，而與温宿、姑墨數萬兵反，共圍城。慬等出戰，大破之。連兵數月，胡衆敗走，乘勝追擊，凡斬首萬餘級，獲生口數千人，駱駝畜産數萬頭，龜兹乃定。而道路尚隔，檄書不通。歲餘，朝廷憂之。公卿議者以爲西域阻遠，數有背叛，吏士屯田，其費無已。永初元年，遂罷都護，遣騎都尉王弘發關中兵迎慬、禧、博及伊吾盧、柳中屯田吏士。[6]

[1]【今注】鄧鴻：南陽新野（今河南新野縣）人，鄧禹少子。東漢將領。明帝時，鴻爲小侯，引入與議邊境之事，帝以爲能，拜將兵長史，率五營兵屯雁門。章帝時，爲度遼將軍。和帝初，與竇憲一道出擊北匈奴，有功，徵入爲光禄勳，行車騎將軍事。永元七年（95），南匈奴單于安國從弟子逢侯率叛胡亡出塞，

鴻率兵追擊，坐逗留，下獄死。　司馬：車騎將軍屬吏。秩千石。

[2]【今注】延平元年：公元106年。東漢殤帝劉隆年號。這個年號時間共計1年。元興元年（105）十二月殤帝即位沿用元興年號，次年正月初一改元延平。延平元年（106）八月安帝即位沿用，次年正月初一（公元107年2月10日）改元永初。

[3]【今注】羌胡五千騎：漢代軍隊中出身游牧民族的騎兵。（參見王子今《兩漢軍隊中的"胡騎"》，《中國史研究》2007年第3期）

[4]【今注】騎都尉：官名。秩比二千石。秦至漢初爲統兵武職，不統兵時爲侍衛武官。漢宣帝令中郎將、騎都尉監羽林。亦見西域騎都尉領西域事者。後又有領三輔胡越騎、監河堤事者。因親近皇帝，多以侍中兼任。東漢騎都尉屬光禄勳，除監軍外，也領軍出征。

[5]【今注】譎説：心懷詭詐地勸説。

[6]【今注】伊吾盧：簡稱伊吾。故址在今新疆哈密城（一説在今哈密市西北）。本爲匈奴呼衍王庭。東漢明帝永平十六年（73）取之以通西域，置宜禾都尉，爲屯田、兵鎮之所。

二年春，還至敦煌。會衆羌反叛，朝廷大發兵西擊之，逆詔慬留爲諸軍援。慬至張掖日勒。[1]羌諸種萬餘人攻亭候，[2]殺略吏人。慬進兵擊，大破之，乘勝追至昭武，[3]虜遂散走，其能脱者十二三。及至姑臧，羌大豪三百餘人詣慬降，並慰譬遣還故地，[4]河西四郡復安。

[1]【李賢注】日勒，縣名，屬張掖郡，故城在今甘州删丹縣東南。【今注】日勒：縣名。治所在今甘肅永昌縣西北。

［2］【今注】亭候：設置邊境用於瞭望監視敵情的亭障。

［3］【李賢注】縣名，屬張掖郡，故城在今甘州張掖縣西北也。【今注】昭武：縣名。治所在今甘肅臨澤縣西北。

［4］【今注】慰譬：安慰開導。

慬受詔當屯金城，[1]聞羌轉寇三輔，迫近園陵，[2]即引兵赴擊之，轉戰武功美陽關。[3]慬臨陣被創，不顧，連破走之，盡還得所掠生口，獲馬畜財物甚衆，羌遂奔散。朝廷嘉之，數璽書勞勉，委以西方事，令爲諸軍節度。

［1］【今注】金城：郡名。治允吾縣（今甘肅永靖縣西北）。

［2］【今注】園陵：指西漢帝陵。

［3］【李賢注】美陽，縣名，故城在武功縣北七里，於其所置關。【今注】武功：縣名。秦、西漢時治所在今陝西眉縣橫渠鎮古城村北。西漢平帝元始五年（5），以武功縣爲安漢公王莽采邑，稱"漢光邑"。其後新莽代漢，改其名爲"新光"。東漢初省併。至東漢明帝永平八年（65）復置武功縣，縣治遷至西漢斄縣治所（今陝西咸陽市楊陵區永安村一帶）。　美陽關：故址在美陽縣治（今陝西武功縣普集鎮）。

三年冬，南單于與烏桓大人俱反。[1]以大司農何熙行車騎將軍事，[2]中郎將龐雄爲副，將羽林五校營士，[3]及發緣邊十郡兵二萬餘人，[4]又遼東太守耿夔率將鮮卑種衆共擊之，[5]詔慬行度遼將軍事。[6]龐雄與耿夔共擊匈奴奥鞬日逐王，[7]破之。單于乃自將圍中郎將耿种於美稷，[8]連戰數月，攻之轉急，种移檄求救。明年正月，慬將八千餘人馳往赴之，至屬國故城，與匈奴左將軍、烏桓大人戰，破斬其渠帥，[9]殺三千餘人，虜其妻子，獲財物甚衆。單于復自將七八千騎迎攻，圍慬。慬被甲奔擊，所向皆破，虜遂引還虎澤。三月，何熙軍到五原曼柏，[10]暴疾，不能進，遣龐雄與慬及耿种步騎萬六千人攻虎澤。連營稍前，單于惶怖，遣左奧鞬日逐王詣慬乞降，慬乃大陳兵受之。單于脱帽徒跣，[11]面縛稽顙，[12]納質。[13]會熙卒于師，即拜慬度遼將軍。龐雄還爲大鴻臚。[14]雄，巴郡人，[15]有勇略，稱爲名將。

[1]【今注】南單于：南匈奴的君長。　烏桓大人：烏桓渠帥之稱。有勇健能理決鬬訟者，推爲大人，無世業相繼。烏桓，古族名。東胡的一支。秦末爲匈奴所敗，退居烏桓山。西漢武帝後歸漢，分布於上谷、漁陽、右北平、遼西、遼東五郡塞外。傳見本書卷九〇。

[2]【今注】大司農：官名。西漢武帝太初元年（前104）改大農令置。秩中二千石。九卿之一。掌管全國租賦收入和國家財政經濟等。新莽先後改名羲和、納言。東漢機構減省，掌皇室財政開支。　行車騎將軍事：攝行車騎將軍職事。秩級低的官員攝行秩級高的官員職事叫“行……事”。

[3]【今注】羽林：皇帝衛軍名。西漢武帝太初元年，初置建章營騎，後更名爲羽林騎，取意象天有羽林星，爲國羽翼。東漢因之，分左騎、右騎，分由羽林左監、右監主之。　五校：東漢有屯騎校尉、越騎校尉、步兵校尉、長水校尉、射聲校尉五校尉。秩皆比二千石，掌宿衛兵。

[4]【李賢注】緣邊十郡謂五原、雲中、定襄、鴈門、朔方、

代郡、上谷、漁陽、遼西、右北平。

［5］【今注】遼東：郡名。治襄平縣（今遼寧遼陽市）。　耿夔：字定公，扶風茂陵（今陝西興平市東北）人。東漢和帝永元初，以車騎將軍從竇憲北擊匈奴，拜騎都尉。永元三年（91），任大將軍左校尉，隨憲出居延塞，大破匈奴。封粟邑侯。後爲中郎將、長水校尉。歷任五原、遼東、雲中等太守，遷度遼將軍，後坐法免。傳見本書卷一九。　鮮卑：古族名。東胡的一支，因別依鮮卑山，故稱。漢初，爲匈奴所敗，入遼東塞外，與烏桓相接。東漢初，與匈奴攻遼東。和帝永元中，北匈奴西遷後，徙據其地。因兼併其衆，逐漸强盛，多次攻漢邊郡。桓帝時，首領檀石槐建庭立制，分爲東、中、西三部，各置大人率領。其後聯合體瓦解，步度根、軻比能等首領各擁其衆，附屬曹魏。

［6］【今注】度遼將軍：官名。因渡遼水而得名。本書卷五《孝安帝紀》引《漢官儀》曰："度遼將軍屯五原曼柏縣。"

［7］【今注】奧鞬日逐王：匈奴貴族封號。

［8］【今注】自將：親自率領。　案，利，紹興本、大德本、殿本作"种"，是。　美稷：縣名。治所在今内蒙古准格爾旗西北。

［9］【今注】渠帥：首領。

［10］【李賢注】曼柏，縣名，屬五原郡。【今注】虎澤：湖澤名。故址在今内蒙古達拉特旗東南，黄河南岸附近。曹金華《後漢書稽疑》："'虎澤'，范書僅見本傳，《漢書·地理志》西河郡谷羅縣有'武澤'，云'武澤在西北'。《集解》引《通鑑》胡注，謂'虎澤'即'武澤'。"（第626頁）　曼柏：治所在今内蒙古托克托縣西南。

［11］【今注】徒跣：赤脚步行。跣，赤脚。

［12］【今注】稽顙：屈膝跪拜，以額觸地。稽，叩頭至地。顙，額。

［13］【今注】納質：送納人質。

［14］【今注】大鴻臚：官名。九卿之一，秩中二千石。秦漢時初名典客。景帝中元六年（前144）更名大行令，武帝太初元年更名大鴻臚。職掌諸侯、四方歸附的少數民族，以及典禮祭祀的禮儀工作。曹金華《後漢書稽疑》："《輿地紀勝》卷一六二引《華陽國志》作'遷大鴻臚，封都亭侯'，又云'雄字宣孟，宕渠人也'，范書皆不載。"（第626頁）

［15］【今注】巴郡：治江州縣（今重慶市北）。

明年，安定、北地、上郡皆被羌寇，[1]穀貴人流，不能自立。詔懂發邊兵迎三郡太守，使將吏人徙扶風界。[2]懂即遣南單于兄子優孤塗奴將兵迎之。既還，懂以塗奴接其家屬有勞，輒授以羌侯印綬，[3]坐專擅，徵下獄，抵罪。明年，校書郎馬融上書訟懂與護羌校尉龐參，[4]有詔原刑。[5]語在《龐參傳》。

［1］【今注】安定：郡名。東漢時治臨涇縣（今甘肅鎮原縣東南）。　北地：郡名。治富平縣（今寧夏吴忠市西南）。　上郡：治膚施縣（今陝西綏德縣）。

［2］【今注】案，曹金華《後漢書稽疑》："此謂徙安定、北地、上郡吏民於'扶風界'，而《安帝紀》作'安定徙美陽，北地徙池陽，上郡徙衙'。《西羌傳》與紀同，並注美陽'屬右扶風'，北地、上郡'屬左馮翊'，合《郡國志》。故不當云'徙扶風界'。"（第626頁）　案，入，紹興本、大德本、殿本作"人"。

［3］【今注】羌侯印綬：漢朝頒賜給歸附羌族首領的印綬。1953年，新疆新和縣曾出土"漢歸義羌長"印（參見肖之興《試釋"漢歸義羌長"印》，《文物》1976年第7期）。

［4］【今注】馬融：字季長，扶風茂陵（今陝西興平市東北）人。東漢名將馬援從孫，經學大師。傳見本書卷六〇上。　護羌校

尉：西漢武帝始置，掌西羌事務，秩比二千石，治護羌城（今青海湟源縣西），擁節，不常置。東漢光武帝建武六年（30）復置，都隴西令居縣（今甘肅永登縣西北），後時置時廢。章帝建初元年（76）至靈帝中平元年（184）遂爲常職，屬員有長史、司馬，從事等。　龐參：字仲達，河南緱氏（今河南偃師市東南）人。東漢大臣。安帝永初元年（107），涼州先零種羌叛，車騎將軍鄧騭討之。參爲樊准所薦，西督三輔諸軍屯，又任漢陽太守，以惠政得民。安帝元初元年（114），遷護羌校尉。爲先零種羌所敗，下獄，因馬融上書，赦還。後任遼東太守，順帝永建元年（126），遷度遼將軍。四年，入爲大鴻臚。陽嘉四年（135），爲太尉。傳見本書卷五一。曹金華《後漢書稽疑》："據本傳載永初'三年冬……明年正月……明年……（梁慬）坐專擅，征下獄，抵罪。明年，校書郎馬融上書訟慬與護羌校尉龐參'云云，是梁慬坐罪在永初五年，馬融上書在永初六年，《南匈奴傳》載'五年，梁慬免'，與之亦合。然據《龐參傳》載'元初元年，遷護羌校尉。畔羌懷其恩信。明年……坐以詐疾征下獄。校書郎中馬融上書請之曰："宜遠覽二君，使參、慬得在寬宥之科，誠有益於折衝，毗佐於聖化。"書奏，赦參等'，《西羌傳》亦云元初二年'龐參以失期軍敗抵罪'，馬融上書當在元初二年，而非永初六年也。"（第626—627頁）

［5］【今注】原刑：寬恕罪責。

會叛羌寇三輔，關中盜賊起，拜慬謁者，[1]將兵擊之。至湖縣，[2]病卒。

［1］【今注】謁者：官名。戰國始置。西漢時隸中郎將（光禄勳屬官），秩比六百石。其長官爲謁者僕射，秩比千石。主賓贊受事。東漢謁者僕射比千石，屬下有常侍謁者比六百石，給事謁者比四百石，灌謁者比三百石。掌殿上時節威儀。多從郎中、孝廉中

選拔。

［2］【今注】湖縣：縣名。治所在今河南靈寶市西北。

何熙字孟孫，陳國人。[1]少有大志。永元中，爲謁者。身長八尺五寸，善爲威容，贊拜殿中，[2]音動左右。和帝偉之，擢爲御史中丞，[3]歷司隸校尉、大司農。及在軍臨歿，遺言薄葬。三子：臨，瑾，阜。臨、瑾並有政能。阜俊才早没。臨子衡，爲尚書，以正直稱，坐訟李膺等下獄，[4]免官，廢于家。

［1］【今注】陳國：東漢王國，治所在今河南淮陽縣。曹金華《後漢書稽疑》："《書鈔》卷六二引《東觀記》作'何熙，字子温'，姚本作'何熙，字曰温'，聚珍本作'何熙字温'，於'何熙字'下注云'此下原闕一字'，吴樹平《東觀漢記校注》據《書鈔》補'子'字，作'何熙，字子温'。而《魏志·何夔傳》注、《御覽》卷三八八引《華嶠書》作'熙字孟孫'，未詳其故。"（第627頁）

［2］【今注】贊拜：臣下拜見君主，贊禮者在旁唱禮。

［3］【今注】御史中丞：官名。御史大夫屬官。西漢時監御史在殿中，掌密舉非法。成帝綏和元年（前8）御史大夫轉爲司空，因別留中，爲御史臺長官，後又屬少府。掌監察執法，領治書侍御史、侍御史，常受命領兵。秩千石。與司隸校尉、尚書令並稱"三獨坐"。

［4］【今注】李膺：字元禮，潁川襄城（今河南襄城縣）人。東漢桓帝時任司隸校尉。因黨錮事被捕下獄。靈帝時，因與陳蕃謀誅宦官，失敗後遭禁錮，死於獄中。傳見本書卷六七。

論曰：時政平則文德用，而武略之士無所奮其力能，故漢世有發憤張膽，争膏身於夷狄以要功名，[1]多矣。祭肜、耿秉啓匈奴之權，[2]班超、梁慬奮西域之略，卒能成功立名，享受爵位，薦功祖廟，勒勳于後，亦一時之志士也。

［1］【今注】膏身：獻身。

［2］【今注】祭肜：字次孫，潁川潁陽（今河南許昌市西南）人。傳見本書卷二〇。　耿秉：字伯初，扶風茂陵（今陝西興平市東北）人。傳見本書卷一九。

贊曰：定遠慷慨，專功而遐。[1]坦步葱、雪，咫尺龍沙。[2]慬亦抗憤，勇乃負荷。[3]

［1］【今注】案，而，紹興本、大德本、殿本作“西”，是。遐：遥遠。

［2］【李賢注】雪山（紹興本、大德本、殿本“雪山”前有“葱領”二字，是），白龍堆沙漠也。八寸曰咫。坦步言不以爲艱，咫尺言不以爲遠也。【今注】龍沙：指白龍堆。即今庫木塔格沙漠。在今新疆羅布泊以東至甘肅敦煌市間。《漢書》卷九六上《西域傳上》：“樓蘭國最在東垂，近漢，當白龍堆，乏水草。”卷九四下《匈奴傳下》亦稱：“豈爲康居、烏孫能逾白龍堆而寇西邊哉？”孟康注：“龍堆形如土龍身，無頭有尾，高大者二三丈，埤者丈餘，皆東北向，相似也，在西域中。”

［3］【李賢注】《左傳》曰：“其父析薪，其子弗克負荷。”言勇能繼超之功業。

後漢書　卷四八

列傳第三十八

楊終　李法　翟酺　應奉 子劭　霍諝　爰延　徐璆

楊終字子山，蜀郡成都人也。[1]年十三，爲郡小吏，太守奇其才，遣詣京師受業，習《春秋》。[2]顯宗時，[3]徵詣蘭臺，[4]拜校書郎。[5]

[1]【今注】蜀郡：治成都縣（今四川成都市武侯區）。

[2]【李賢注】《袁山松書》曰："時蜀郡有雷震決曹，終上白記，以爲斷獄煩苛所致，太守乃令終賦雷電之意，而奇之也（殿本無'也'字）。"【今注】詣：前往，《玉篇·言部》："詣，往也，到也。"　春秋：現存最早的編年體史書，相傳是孔子依據魯國史官編撰的《魯國春秋》整理而成，記載了魯隱公元年（前722）到魯哀公十四年（前481）共242年間魯國及周王室和其他諸侯國的大事，其開創了編年史體例，在史學史上具有重要地位。

案，王先謙《後漢書集解》引惠棟言："《華陽國志》楊終年十三能做《雷賦》，通屈原《七諫章》。"曹金華《後漢書稽疑》引劉琳《華陽國志校注》"此時終已爲郡決曹掾，其年當不止十三"之説，懷疑“年十三”“決曹”二者有一誤（中華書局2014年版，第629頁）。

［3］【今注】顯宗：東漢明帝劉莊，公元57年至75年在位。紀見本書卷二。

［4］【今注】徵：即徵召，漢代選官形式之一。指皇帝徵召有才能或有德望之人爲官。　蘭臺：官署名。漢朝宫内藏書之所，設有蘭臺令史等職，秩位六百石，班固以“蘭臺令史”身份編撰史書，故後以“蘭臺”稱呼史官。西漢蘭臺歸御史中丞掌管，故也稱御史臺爲蘭臺。　案，王先謙《後漢書集解》引沈欽韓言：“《論衡》云：‘子山爲郡上計吏，見三府爲《哀牢傳》不成，歸郡作上，孝明奇之，徵在蘭臺。’案，‘歸郡’下當有‘邸’字。”

［5］【今注】校書郎：官名。在宫中東觀或蘭臺校讎圖書典籍的郎官，亦稱校書郎中。

建初元年，[1]大旱，穀貴，終以爲廣陵、楚、淮陽、濟南之獄，[2]徙者萬數，又遠屯絕域，[3]吏民怨曠，乃上疏曰：“臣聞‘善善及子孫，惡惡止其身’，百王常典，不易之道也。[4]秦政酷烈，違牾天心，一人有罪，延及三族。[5]高祖平亂，約法三章。[6]太宗至仁，除去收孥。[7]萬姓廓然，蒙被更生，澤及昆蟲，功垂萬世。陛下聖明，德被四表。今以比年久旱，灾疫未息，[8]躬自菲薄，[9]廣訪失得，三代之隆，無以加焉。臣竊案《春秋》水旱之變，皆應暴急，惠不下流。[10]自永平以來，[11]仍連大獄，有司窮考，轉相牽引，掠考冤濫，[12]家屬徙邊。加以北征匈奴，西開三十六國，[13]頻年服役，轉輸煩費。又遠屯伊吾、樓蘭、車師、戊己，[14]民懷土思，怨結邊域。[15]《傳》曰：

‘安土重居，謂之衆庶。’[16]昔殷民近遷洛邑，且猶怨望，[17]何況去中土之肥饒，寄不毛之荒極乎？[18]且南方暑濕，障毒互生。愁困之民，足以感動天地，移變陰陽矣。陛下留念省察，以濟元元。”[19]書奏，肅宗下其章。[20]司空第五倫亦同終議。[21]太尉牟融、司徒鮑昱、校書郎班固等難倫，[22]以施行既久，孝子無改父之道，先帝所建，不宜回異。終復上書曰：“秦築長城，功役繁興，胡亥不革，[23]卒亡四海。故孝元弃珠崖之郡，光武絶西域之國，不以介鱗易我衣裳。[24]魯文公毁泉臺，《春秋》譏之曰‘先祖爲之而己毁之，不如勿居而已’，以其無妨害於民也。[25]襄公作三軍，昭公舍之，君子大其復古，以爲不舍則有害於民也。[26]今伊吾之役，樓蘭之屯，久而未還，非天意也。”帝從之，聽還徙者，[27]悉罷邊屯。

[1]【今注】建初：東漢章帝劉炟年號（76—84）。

[2]【今注】廣陵楚淮陽濟南之獄：東漢明帝時山陽王劉荆因罪徙封廣陵王，治廣陵縣（今江蘇揚州市西北），後因謀反罪自殺。光武帝劉秀封皇子劉英爲楚公，後進爵爲楚王，治彭城縣（今江蘇徐州市云龍區），後因謀反罪自殺。光武帝劉秀封皇子劉延爲淮陽公，後進爵爲淮陽王，治陳縣（今河南淮陽縣），後因謀逆罪徙封阜陵。光武帝劉秀封皇子劉康爲濟南公，後進爵爲濟南王，治東平陵縣（今山東濟南市章丘區西北），後因不守法度、交通賓客，削減封國五縣。四王案件牽連甚廣，被處死徙邊者甚衆。

[3]【今注】案，又，大德本作“人”，紹興本、殿本、中華本皆作“又”，後者可從。

[4]【李賢注】《春秋》：“昭公二十年，曹公孫會自鄸出奔宋

（王先謙《後漢書集解》引《官本考證》言：‘注“鄭”字，舊本誤“鄭”，從《春秋》原文改’）。”《公羊傳》曰：“畔也。曷爲不言畔？爲公子喜時之後諱也。《春秋》爲賢者諱也。何賢乎公子喜時？讓國也。君子善善也長，惡惡也短，惡惡止其身，善善及子孫。賢者子孫，故君子爲之諱。”【今注】善善：贊許善行。惡惡：憎恨惡行。

［5］【李賢注】《前書音義》曰：“父族、母族、妻族也。”【今注】啎：背逆，抵觸。《説文・午部》：“啎，逆也。”　三族：《史記》卷五《秦本紀》載：“法初有三族之罪。”《集解》：“張晏曰：‘父母、兄弟、妻子也。’如淳曰：‘父族、母族、妻族也。’”關於“三族”的理解，古人注解已有分歧。三族之法非僅行於秦代，西漢吕后曾廢除，武帝時期又恢復，有漢一代三族之法都在施行。

［6］【今注】高祖：西漢高祖劉邦，公元前206年至前195年在位。紀見《史記》卷八、《漢書》卷一。　約法三章：《史記》卷八《高祖本紀》記載，劉邦進入關中、滅亡秦朝之後，召集父老、豪傑宣布：“與父老約，法三章耳：殺人者死，傷人及盜抵罪。餘悉除去秦法。”史稱“約法三章”。一些學者據此認爲劉邦入關後曾廢除秦朝苛法，也有學者認爲這衹是劉邦的政治宣傳，並未實際執行。據《漢書・刑法志》載，因爲“三章之法不足以禦姦”，劉邦派蕭何制定《九章律》。湖北江陵出土的張家山漢簡《二年律令》，一般認爲是吕后二年（前186）使用的法律，其中有律27種、令1種，遠超出“約法三章”的範圍。

［7］【李賢注】太宗，文帝也。《史記》曰：“文帝德至盛也，豈不仁哉。”除去收孥相坐之律也。【今注】太宗至仁除去收孥：《漢書》卷四《文帝紀》載，漢文帝前元元年（前179）十二月，“盡除收帑相坐律令”。應劭注曰：“帑，子也。秦法，一人有罪，并其室家。今除此律。”太宗即漢文帝劉恒，公元前180年至前157

年在位。紀見《史記》卷一〇、《漢書》卷四。收孥是將罪犯的妻、子等親屬罰爲官奴婢，被“收孥”者稱爲“收人”，睡虎地秦簡、嶽麓書院藏秦簡中有不少關於“收孥”“收人”的律令規定，張家山漢簡《二年律令》中有專門的《收律》。

［8］【李賢注】“宊”（宊，紹興本、大德本、殿本、中華本在其後皆有“字”，可從）或作“牛”。疫，病也。【今注】息：消失。《字彙·心部》：“息，絶也。”

［9］【今注】躬：親自。　菲薄：此指生活節儉。

［10］【今注】惠：恩惠。　下流：向下傳布。

［11］【今注】永平：東漢明帝劉莊年號（58—75）。

［12］【今注】掠考：掠打，審問。考，漢代司法用語，調查，審訊。長沙五一廣場東漢簡木兩行 2010CWJ1③：202—7 有“不詣考所”〔長沙市文物考古研究所等編：《長沙五一廣場東漢簡牘（貳）》，中西書局 2018 年版，第 176 頁〕，東漢時期“考”有專門的場所。

［13］【今注】西開三十六國：代指西域事宜。

［14］【今注】伊吾：即伊吾盧，古地名。故址在今新疆哈密市。　樓蘭車師：皆西域古國。樓蘭故址在今新疆羅布泊西北岸，車師故址在今新疆吐魯番市西北。　戊己：即戊己校尉，官名。秩比二千石，掌西域屯田事務。《漢書·百官公卿表上》載：“戊己校尉，元帝初元元年置，有丞、司馬各一人，候五人，秩比六百石。”有時分爲戊校尉和己校尉，其下設丞、司馬、史等職官。戊己校尉一般屬西域都護府，也可單獨設府。東漢時期戊己校尉時設時廢。

［15］【今注】民懷土思怨結邊域：百姓因爲遠離家鄉在西域屯田，邊疆充滿思念故鄉而不能回的怨氣。土思，思念故土。案，《群書治要》“民”作“人”。

［16］【李賢注】元帝詔曰“安土重遷，黎人之性”也。【今注】安土重居：即安土重遷。　衆庶：即普通百姓。

［17］【李賢注】《尚書·盤庚序》曰："盤庚五遷，將治亳，殷人咨胥怨。"亳，今河南偃師，故曰"近遷洛邑"。【今注】案，民，大德本、殿本作"人"，《尚書·盤庚序》作"民"。　洛邑：古城邑名。故址在今河南洛陽市洛水北岸。案，王先謙《後漢書集解》引王鳴盛言："周公遷殷頑民於洛邑，殷人迪屢不静，見《書·多士》《多方》等篇。李注引'盤庚五遷，將治亳'，亳洛非一地，注非。"

［18］【李賢注】毛，草也。《爾雅》曰："孤竹、北户、西王母、日下謂之四荒。"又曰："東至於泰遠，西至於邠國，南至於濮鈆，北至於祝栗，謂之四極。"言不毛、荒極，直論遠耳，非必此地也。【今注】中土：即中原地區。　不毛之荒極：即荒蕪的邊疆地區。

［19］【今注】元元：平民百姓。

［20］【今注】肅宗：東漢章帝劉炟，公元 75 年至 88 年在位。紀見本書卷三。

［21］【今注】司空：官名。東漢三公之一，掌工程、祭祀等，地位尊崇。本書《百官志一》："司空，公一人。本注曰：掌水土事。凡營城起邑、浚溝洫、修墳防之事，則議其利，建其功。凡四方水土功課，歲盡則奏其殿最而行賞罰。凡郊祀之事，掌掃除樂器，大喪則掌將校復土。凡國有大造大疑，諫争，與太尉同。世祖即位，爲大司空，建武二十七年，去'大'。"　第五倫：字伯魚，京兆長陵（今陝西咸陽市）人。東漢名臣，官至三公，以正直著稱。傳見本書卷四一。

［22］【今注】太尉：官名。三公之一，西漢時期雖名義上"掌武事"，但並無實際的領兵、發兵之權，不常設，武帝時設大司馬，東漢光武帝時期恢復太尉職，職權有所擴大。本書《百官志一》載："太尉，公一人。本注曰：掌四方兵事功課，歲盡即奏其殿最而行賞罰。凡郊祀之事，掌亞獻；大喪則告謚南郊。凡國有大

造大疑，則與司徒、司空通而論之。國有過事，則與二公通諫争之。世祖即位，爲大司馬。建武二十七年，改爲太尉。” 牟融：字子優，北海安丘（今山東安丘市西南）人。傳見本書卷二六。司徒：官名。西漢哀帝元壽二年（前1）改丞相爲大司徒，掌教化、刑罰。本書《百官志一》載：“司徒，公一人。本注曰：掌人民事。凡教民孝悌、遜順、謙儉，養生送死之事，則議其制，建其度。凡四方民事功課，歲盡則奏其殿最而行賞罰。凡郊祀之事，掌省牲視濯，大喪則掌奉安梓宫。凡國有大疑大事，與太尉同。世祖即位，爲大司徒，建武二十七年，去‘大’。” 鮑昱：字文泉，上黨屯留（今山西長治市屯留區）人。傳見本書卷二九。 班固：字孟堅，右扶風安陵（今陝西咸陽市東北）人。著有《漢書》。詳見《漢書》一〇〇《叙傳》。傳見本書卷四〇。 難（nàn）：辯難，争辯。

［23］【今注】胡亥：即秦二世，公元前210年至前207年在位，在專權的趙高逼迫下自殺。詳見《史記》卷六《秦始皇本紀》。

［24］【李賢注】元帝初元三年，珠崖郡反，待詔賈捐之以爲宜弃珠崖，救人飢餓，乃罷珠崖郡。光武二十一年，鄯善、車師王等十六國皆遣子入侍，請都護。帝以中國初定，未遑外事，還其侍子，厚加賞賜。介鱗喻遠夷，言其人與魚鱉無異也。衣裳謂中國也。楊雄《法言》曰：“珠崖之絶，捐之之力也，否則鱗介易我衣裳。”【今注】孝元：西漢元帝劉奭，公元前49年至前33年在位。紀見《漢書》卷九。 珠崖之郡：漢武帝元封元年（前110）設，元帝初元三年（前46）廢棄，治瞫都縣（今海南海口市瓊山區龍塘鎮）。 案，曹金華《後漢書稽疑》認爲李賢注據《光武帝紀》，而《西域傳》作“車師前王、鄯善、焉耆等十八國俱遣子入侍”，與此略異（第629—630頁）。

［25］【李賢注】《公羊傳》曰“毁泉臺何以書？譏爾。築之

譏，毀之譏，先祖爲之而己毀之，勿居而已”也。【今注】泉臺：爲魯莊公所築，魯文公時毀壞。

［26］【李賢注】《公羊傳》曰：“襄公十一年作三軍。三軍者何？三卿也。”昭公五年《傳》曰：“舍中軍。舍中軍者何？復古也。”言舍之與留，量時制宜也。【今注】三軍：即上軍、中軍、下軍，各以一卿率領，故有三卿。　舍：捨棄，廢棄。　君子大其復古：相較三軍而言，二軍編制下百姓負擔較輕，故受到君子的稱贊。君子，此指《公羊傳》的作者。大，推崇，稱贊。復古，恢復到古代上軍、下軍的軍事編制。

［27］【今注】聽還徙者：聽從楊終等人建議，允許遷徙邊疆之人返回故土。

終又言：“宣帝博徵群儒，[1]論定《五經》於石渠閣。[2]方今天下少事，學者得成其業，而章句之徒，破壞大體。[3]宜如石渠故事，[4]永爲後世則。”於是詔諸儒於白虎觀，論考同異焉。[5]會終坐事繫獄，博士趙博、[6]校書郎班固、賈逵等，[7]以終深曉《春秋》，學多異聞，表請之，終又上書自訟，即日貰出，[8]乃得與於白虎觀焉。[9]後受詔删《太史公書》爲十餘萬言。[10]

［1］【今注】宣帝：西漢宣帝劉詢，公元前74年至前49年在位。紀見《漢書》卷八。

［2］【今注】五經：即《詩》《書》《禮》《易》《春秋》這五部儒家經典。　石渠閣：西漢皇室收藏圖書的地方，在未央宫北邊。《三輔黄圖》卷六“閣”載：“石渠閣，蕭何造，其下礲石爲渠以導水，若今御溝，因爲閣名。所藏入關所得秦之圖籍。至於成帝，又於此藏秘書焉。”　論定五經於石渠閣：甘露三年（前51），

針對當時各家經學在版本、内容等方面的紛争，漢宣帝召集蕭望之、劉向、韋玄成、薛廣德、施讎、梁丘臨、林尊、周堪、張山拊等名儒，在石渠閣講論《五經》異同，由宣帝親自裁定評判。石渠閣會議的内容整理成《石渠議奏》一書，但該書已經亡佚。石渠閣會議的相關情況，詳見《漢書》卷八《宣帝紀》、卷八八《儒林傳》等。

［3］【今注】章句之徒破壞大體：當時一些專注章句之人過於注重字詞，反而丢掉了經典基本的義理，故言“章句之徒，破壞大體”。章句，通過對儒家經典進行傳注和闡釋來解説經義的方式。大體，基本的義理。案，王先謙《後漢書集解》引惠棟言：“《前書》夏侯勝云‘章句小儒，破碎大道’也。”

［4］【今注】故事：成例，過去的典章制度。

［5］【今注】詔諸儒於白虎觀論考同異：西漢後期儒學派系紛争再次興起，今文經（漢代文字所寫儒家經典）和古文經（戰國東方六國文字所寫儒家經典）之間鬬争激烈。各家講究家法，字詞、經義的理解分歧衆多。東漢章帝建初四年（79），在楊終等人建議下，章帝召集大夫、博士、議郎、郎官及諸生、諸儒於白虎觀（北宫中），講議五經同異，章帝親臨裁決。班固將會議内容整理爲《白虎議奏》，也稱《白虎通德論》《白虎通義》。白虎觀，也稱白虎殿，宫殿名。位於東漢洛陽城北宫章德殿内。本書卷五五《章帝八王傳》載：“永元四年，帝移幸北宫章德殿，講於白虎觀。”

［6］【今注】博士：官名。屬太常。秦漢皆置，掌教育弟子，備皇帝諮詢。本書《百官志二》載：“博士十四人，比六百石。本注曰……掌教弟子。國有疑事，掌承問對。本四百石，宣帝增秩。”

［7］【今注】賈逵：字景伯，右扶風平陵（今陝西咸陽市）人。傳見本書卷三六。

［8］【今注】貰：赦免，釋放。韋昭注《國語·吴語》：“貰，赦也。”

［9］【李賢注】與音預。【今注】與：參與。

［10］【今注】太史公書：即《史記》，司馬遷繼承其父司馬談遺志所著，因其爲太史令，故稱此書爲《太史公書》。公，對他人的尊稱。　案，王先謙《後漢書集解》引周壽昌言："《隋書·經籍志》衛颯《史要》十卷，'約《史記》要言，以類相從'。颯當建武時，本傳不載。終在顯宗建初間，又後於颯。又應奉《漢事》十七卷，亦云删《史記》《漢書》及《漢記》，則《史公書》在東漢屢被删削，然世所行原本也。"曹金華《後漢書稽疑》言此事在章帝建初四年白虎觀會議之後，而《華陽國志》卷一〇上《先賢士女總贊》認爲在東漢明帝時，二者不同（第630頁）。

時太后兄衛尉馬廖，[1]謹篤自守，[2]不訓諸子。終與廖交善，以書戒之曰："終聞'堯舜之民，可比屋而封；桀紂之民，可比屋而誅'。[3]何者？堯舜爲之隄防，桀紂示之驕奢故也。《詩》曰：'皎皎練絲，在所染之。'[4]上智下愚，謂之不移；[5]中庸之流，[6]要在教化。《春秋》殺太子母弟，直稱君甚惡之者，坐失教也。[7]《禮》制，人君之子年八歲，爲置少傅，教之書計，以開其明；[8]十五置太傅，[9]教之經典，以道其志。[10]漢興，諸侯王不力教誨，多觸禁忌，故有亡國之禍，而乏嘉善之稱。今君位地尊重，海内所望，豈可不臨深履薄，[11]以爲至戒！[12]黄門郎年幼，血氣方盛，[13]既無長君退讓之風，[14]而要結輕狡無行之客，縱而莫誨，視成任性，[15]鑒念前往，[16]可爲寒心。君侯誠宜以臨深履薄爲戒。"[17]廖不納。子豫後坐縣書誹謗，[18]廖以就國。[19]

［1］【今注】太后：此指東漢明帝皇后馬皇后，馬援小女兒。紀見本書卷一〇上。　衛尉：官名。九卿之一，西漢景帝時曾更名爲中大夫令，後復爲衛尉，統帥衛士，宿衛宫内。本書《百官志二》載：“衛尉，卿一人，中二千石。本注曰：掌宫門衛士，宫中徼循事。”　馬廖：字敬平，右扶風茂陵（今陝西興平市東北）人。傳見本書卷二四。

［2］【今注】謹：謹慎。　篤：敦厚，忠誠。　自守：堅持自己的操守。

［3］【李賢注】事見陸賈《新語》。【今注】案，“堯舜之民，可比屋而封；桀紂之民，可比屋而誅”，此句爲楊終見於《新語·無爲篇》。

［4］【李賢注】逸《詩》曰（曰，紹興本、中華本作“也”，可從）。皎皎，白貌也。《墨子》曰：“墨子見染絲者歎曰：‘染於蒼則蒼，染於黄則黄，故染不可不慎也。’”【今注】練：潔白的熟絲。案，王先謙《後漢書集解》言：“惠棟曰：‘高誘《淮南子注》云：練，白也。《論衡》云：《詩》曰‘彼姝之子，何以與之’，《傳》曰‘譬猶練絲，染之藍則青，染之朱則赤’。其《傳》者，謂《詩》之《傳》也。’王逸《正部》曰：‘皎皎練絲，得藍則青，則丹則赤，得蘗則黄，得泥則黑。’”

［5］【今注】上智下愚謂之不移：《論語·陽貨》載：“唯上知與下愚不移。”意即難以讓聰明人爲非作歹，也難以讓最愚笨之人變得賢明。

［6］【今注】中庸之流：才智中等之人。

［7］【李賢注】《公羊傳》曰：“晉侯殺其太子申生。曷爲直稱，晉侯？曰以殺其太子母弟，直稱君者甚之也。”【今注】案，王先謙《後漢書集解》引惠棟言：“隱元年，鄭伯克段于鄢。《左氏》曰‘稱鄭伯，譏失教也’。”

［8］【李賢注】《大戴禮》曰：“古者八歲出就外舍，學小藝

焉，履小節焉。”又曰：“爲置三少，曰少保、少傅、少師，是與太子宴者也。”《禮記・内則》曰“十年出就外傅，居宿於外學書計”也。【今注】書計：文字書寫、算術。

［9］【今注】太傅：官名。皇帝之師，位於三公之上，地位尊崇，不常設。本書《百官志一》載：“太傅，上公一人。本注曰：掌以善導，無常職。世祖以卓茂爲太傅，薨，因省。其後每帝初即位，輒置太傅録尚書事，薨，輒省。”

［10］【今注】道：同“導”。引導。

［11］【今注】臨深履薄：形容爲人謹慎。《詩・小雅・小旻》：“戰戰兢兢，如臨深淵，如履薄冰。”

［12］【今注】案，王先謙《後漢書集解》言：“先謙曰：‘末有復語，疑此衍文。’”今就文意言，不爲衍文。

［13］【李賢注】廖子防及光俱爲黄門郎。孔子曰“及其壯也，血氣方剛，戒之在鬭”也。【今注】黄門郎：官名。黄門侍郎的簡稱，名義上屬少府，掌侍從皇帝，傳達詔命。本書《百官志三》：“黄門侍郎，六百石。本注曰：無員。掌侍從左右，給事中，關通中外。及諸王朝見於殿上，引王就坐。”此以黄門郎的官職代指馬防、馬光。　案，沈欽韓《後漢書疏證》言：“按文當云‘廖及防、光子’。”據本書《皇后紀上》“帝遂封三舅廖、防、光爲列侯”，防確不爲廖子，注誤。中華本校勘記言此楊終所指黄門郎當爲廖子豫，豫爲黄門郎而史書不載。

［14］【李賢注】文帝竇后兄長君，弟廣國字少君，此兩人所出微，絳、灌等選長者之有節行者與之居，長君、少君由此爲退讓君子，不敢以富貴驕人也。（王先謙《後漢書集解》引王會汾言認爲出自《史記・外戚傳》，脱“士”字，衍“之”字。曹金華《後漢書稽疑》認爲《史記》無《外戚傳》，有《外戚世家》，案文當出自《漢書・外戚傳》，王説有誤。案《漢書・外戚傳》，曹説可從，注衍“之”字）

[15]【李賢注】《馬防傳》曰“兄弟貴盛，賓客奔湊，四方畢至，數百餘人皆爲食客”也。【今注】要：通“邀”。邀請。結：結交。

[16]【今注】前往：過去。往，大德本、殿本作“世”，不從。

[17]【今注】君侯：對封侯者的尊稱，封侯者在封國内可稱“君”，故有此稱謂。

[18]【李賢注】縣音懸。【今注】縣書：懸掛書信。

[19]【今注】就國：到自己的封國去。

終兄鳳爲郡吏，太守廉范爲州所考，[1]遣鳳候終，[2]終爲范游説，坐徙北地。[3]帝東巡狩，鳳皇黄龍並集，終贊頌嘉瑞，上述祖宗鴻業，凡十五章，奏上，詔貰還故郡。著《春秋外傳》十二篇，改定章句十五萬言。[4]永元十二年，[5]徵拜郎中，以病卒。[6]

[1]【今注】廉范：字叔度，京兆杜陵（今陝西西安市）人。傳見本書卷三一。　考：拷問。　案，本書《廉范傳》載：“在蜀數年，坐法免歸鄉里。”“廉范爲州所考”當與此有關。

[2]【今注】候：看望，問候。《字彙·人部》：“候，訪也。”

[3]【李賢注】《益部耆舊傳》曰“終徙於北地望松縣，而母於蜀物故。終自傷被罪充邊，乃作《晨風》之詩以舒其憤”也（王先謙《後漢書集解》引惠棟言：“案《前志》，望松屬上郡，不屬北地。《華陽國志》云，終‘坐太守徙邊，作《孤憤詩》’，即《陳風詩》也。”望松縣，《漢書·地理志上》屬上郡，非北地郡，然本書《郡國志》北地郡、上郡屬縣皆無望松縣。或此“北地”非郡名，猶北邊、北部）。【今注】北地：郡名。治富平縣

（今寧夏吴忠市西南）。

［4］【今注】案，王先謙《後漢書集解》言："惠棟曰：'《華陽國志》云終作《生民詩》，制《封禪書》，皆傳于世。'周壽昌曰：'案，終本傳未言習《春秋》何家，而考終上疏三引皆《公羊傳》語，知所治必《公羊》。《春秋外傳》及改定之章句亦是公羊學也。'"

［5］【今注】永元：東漢和帝劉肇年號（89—105）。

［6］【李賢注】《袁山松書》曰"侍中賈逵薦終博達忠直，徵拜郎中。及卒，賜錢二十萬"也。【今注】郎中：官名。屬光禄勳，比三百石，宿衛宫廷，出充車騎。

李法字伯度，漢中南鄭人也。[1]博通群書，性剛而有節。和帝永元九年，[2]應賢良方正對策，[3]除博士，遷侍中、[4]光禄大夫。[5]歲餘，上疏以爲朝政苛碎，[6]違永平、建初故事；宦官權重，椒房寵盛；[7]又譏史官記事不實，後世有識，尋功計德，必不明信。[8]坐失旨，下有司，免爲庶人。還鄉里，杜門自守。故人儒生時有候之者，言談之次，問其不合上意之由，法未嘗應對。友人固問之，法曰："鄙夫可與事君乎哉？苟患失之，無所不至。[9]孟子有言：'夫仁者如射，正己而後發。發而不中，不怨勝己者，反諸身而已矣。'"[10]在家八年，徵拜議郎、[11]諫議大夫，[12]正言極辭，無改於舊。出爲汝南太守，[13]政有聲迹。後歸鄉里，卒於家。[14]

［1］【今注】漢中：郡名。治南鄭縣（今陝西漢中市漢臺區）。

［2］【今注】和帝：東漢和帝劉肇，公元88年至105年在位。

紀見本書卷四。

[3]【今注】賢良方正：漢代察舉選官科目。

[4]【今注】侍中：官名。名義上屬少府。原爲加官，東漢時成爲比二千石的實職，掌侍從、顧問。本書《百官志三》："比二千石。本注曰：無員。掌侍左右，贊導衆事，顧問應對。法駕出，則多識者一人參乘，餘皆騎在乘輿車後。本有僕射一人，中興轉爲祭酒，或置或否。"

[5]【今注】光禄大夫：官名。名義上屬光禄勳。掌顧問應對，備皇帝諮詢差使，無固定職事。本書《百官志二》載："光禄大夫，比二千石。本注曰：無員。凡大夫、議郎皆掌顧問應對，無常事，唯詔令所使。凡諸國嗣之喪，則光禄大夫掌弔。"

[6]【今注】朝政苛碎：政治舉措嚴苛瑣碎。

[7]【今注】椒房：漢代後宫妃嬪所住的宫室。因用花椒和泥塗壁得名。本書卷四〇上《班固傳上》載："後宫則有掖庭椒房，後妃之室。"後以此代指妃嬪。

[8]【今注】案，不，大德本無"不"字。據文意，當有"不"字。

[9]【李賢注】此以上《論語》孔子之言也。鄭玄注云："無所不至謂諂佞邪媚，無所不爲也。"

[10]【李賢注】《孟子·公孫丑篇》之言也。反諸身而已（諸身，大德本作"言克"，不從），言克己自責，不責人也。【今注】案，大德本無"有"字，不從。

[11]【今注】議郎：官名。名義上屬光禄勳。秩六百石，備皇帝咨詢，也參與朝議。本書《百官志二》："凡大夫、議郎皆掌顧問應對，無常事，唯詔令所使。"

[12]【今注】諫議大夫：官名。西漢武帝元狩五年（前118）初置，秩比八百石，屬郎中令（後更名爲光禄勳），東漢光武中興後改爲諫議大夫，名義上屬光禄勳。六百石，掌顧問應對，備皇帝

諮詢差使，無固定職事。本書《百官志二》載："諫議大夫，六百石。本注曰：無員。"

［13］【今注】汝南：郡名。治平輿縣（今河南平輿縣北）。案，王先謙《後漢書集解》引惠棟言："《華陽國志》：'拜汝南太守，遷司隸校尉，湛然無自得之容。'《傳》不載其爲司隸也。"

［14］【今注】案，王先謙《後漢書集解》校補言："侯康曰：《列女傳》陳文矩妻即法之姊，年八十餘卒。臨終敕諸子曰：'吾弟伯度，智達士也。所論薄葬，其義至矣。'"

翟酺字子超，[1]廣漢雒人也。[2]四世傳《詩》。酺好《老子》，尤善圖緯、[3]天文、歷筭。[4]以報舅讎，[5]當徙日南，[6]亡於長安，爲卜相工，後牧羊涼州。遇赦還。仕郡，徵拜議郎，遷侍中。

［1］【今注】子超：曹金華《後漢書稽疑》言《北堂書鈔》卷六〇引《謝承書》作"子庶"，《御覽》卷二一二引作"子廣"，周天游《八家後漢書輯注》謂"未知孰是"，《華陽國志》卷一〇中作"子超"（第631頁）。

［2］【李賢注】雒屬廣漢郡，漳山雒水所出，南入湔，故城在今雒縣南。湔音子田反。【今注】廣漢：郡名。初治涪縣（今四川綿陽市東北），安帝元初二年（115）徙治雒縣（今四川廣漢市）。案，王先謙《後漢書集解》引王補言："《通鑑》作'廣陵'，誤。"

［3］【今注】圖緯：漢代解釋儒家經典的預言書，多爲虚妄、荒誕不經的言論。圖指圖録，緯指讖緯，與"經"相對。

［4］【今注】案，王先謙《後漢書集解》引惠棟言："《華陽國志》：酺'少事段翳'。"

［5］【今注】讎：同"仇"。此爲仇恨之意。

［6］【今注】日南：郡名。治西卷縣（今越南廣治省東河市）。

時尚書有缺，[1]詔將大夫六百石以上試對政事、[2]天文、道術，以高第者補之。[3]酺自恃能高，而忌故太史令孫懿，[4]恐其先用，乃往候懿。既坐，言無所及，唯涕泣流連。懿怪而問之，酺曰："圖書有漢賊孫登，[5]將以才智爲中官所害。觀君表相，似當應之。[6]酺受恩接，[7]悽愴君之禍耳！"懿憂懼，移病不試。[8]由是酺對第一，拜尚書。

［1］【今注】尚書：官名。名義上屬少府。原爲皇帝近侍，負責文書傳達等，後權力逐漸上升。東漢光武帝時期，尚書臺成爲政務中樞機構，尚書也成爲擁有實權的官職。本書《百官志三》載："尚書六人，六百石。本注曰：成帝初置尚書四人，分爲四曹：常侍曹尚書主公卿事；二千石曹尚書主郡國二千石事；民曹尚書主凡吏上書事；客曹尚書主外國夷狄事。世祖承遵，後分二千石曹，又分客曹爲南主客曹、北主客曹，凡六曹。"

［2］【今注】將：曹金華《後漢書稽疑》言，《北堂書鈔》卷六〇、《御覽》卷二一二引《謝承書》作"將軍"（第631頁）。

［3］【今注】高第：考試、選官、考績中成績優異者。

［4］【今注】太史令：官名。屬太常，掌天文曆法、圖書典籍等。本書《百官志二》載："太史令一人，六百石。本注曰：掌天時、星曆。凡歲將終，奏新年曆。凡國祭祀、喪、娶之事，掌奏良日及時節禁忌。凡國有瑞應、災異，掌記之。"

［5］【今注】案，王先謙《後漢書集解》引洪亮吉言："案，讖即可信，則中興時上郡賊孫登已應之矣，懿其未之知耶！"

［6］【李賢注】《春秋保乾圖》曰"漢賊臣，名孫登，大形小

口，長七尺九寸，巧用法，多技方，《詩》《書》不用，賢人杜口”也。【今注】中官：即宦官，因其在宫省之中任官而得名。

［7］【今注】恩接：恩惠知遇。

［8］【李賢注】移病謂作文移而稱病也。【今注】移病：即移送病假的文書。移，表示移送文書的文書用語。可用於平級及互不統屬的官署之間，也可以用於上下級之間。

時安帝始親政事，[1]追感祖母宋貴人，[2]悉封其家。又元舅耿寶及皇后兄弟閻顯等並用威權。[3]酺上疏諫曰：

［1］【今注】安帝：東漢安帝劉祜，公元106年至125年在位。紀見本書卷五。

［2］【今注】宋貴人：東漢章帝貴人，生皇太子劉慶，後遭竇太后陷害自殺。劉慶後廢爲清河王，生安帝。

［3］【今注】耿寶：字君達，右扶風茂陵（今陝西興平市東北）人。東漢安帝舅，嗣爵牟平侯，官至大將軍，勾結宦官，排擠太尉楊震，受人非議，安帝死後被閻太后貶爲亭侯，到封國途中自殺。詳見本書卷一九《耿弇傳》。　皇后：即閻皇后。閻姬，河南滎陽（今河南滎陽市東北）人。紀見本書卷一〇下。　閻顯等並用威權：閻氏兄弟專權。閻顯官至車騎將軍，閻景爲衛尉，閻耀爲城門校尉，閻晏爲執金吾。

臣聞微子佯狂而去殷，[1]叔孫通背秦而歸漢，[2]彼非自疏其君，[3]時不可也。臣荷殊絶之恩，[4]蒙值不諱之政，[5]豈敢雷同受寵，而以戴天履地。[6]伏惟陛下應天履祚，[7]歷值中興，當建太平之功，而未聞致化之道。蓋遠者難明，請以近事徵之。[8]昔竇、鄧之寵，[9]傾動四方，兼官重紱，[10]盈金積貨，至使議弄神器，改更社稷。[11]豈不以埶尊威廣，以致斯患乎？及其破壞，頭顙墮地，願爲孤豚，豈可得哉！[12]夫致貴無漸失必暴，受爵非道殃必疾。[13]今外戚寵幸，功均造化，漢元以來，[14]未有等比。陛下誠仁恩周洽，以親九族。然禄去公室，政移私門，覆車重尋，寧無摧折。[15]而朝臣在位，莫肯正議，翕翕訿訿，更相佐附。[16]臣恐威權外假，[17]歸之良難，虎翼一奮，卒不可制。[18]故孔子曰"吐珠於澤，誰能不含"；[19]老子稱"國之利器，不可以示人"。[20]此最安危之極戒，[21]社稷之深計也。

[1]【今注】微子：名啓，一作"開"，商紂王庶兄，封於微（今山東梁山縣西北），見紂王荒淫無道，多次勸諫無效，後出走投奔周，封於宋。　佯狂：據《史記》卷三《殷本紀》，佯狂者爲箕子而非微子。

[2]【今注】叔孫通：秦待詔博士，見秦二世朝政混亂而出逃，先爲項羽部下，後投降劉邦。傳見《漢書》卷四三。

[3]【今注】疎：同"疏"。疏遠。《廣韻·魚韻》："疏，俗作疎。"

[4]【今注】荷：承蒙。　殊絶之恩：特别的恩寵。

[5]【今注】不諱之政：無所避忌的政治局面，形容政治氛圍很寬鬆。

[6]【李賢注】雷之發聲，物皆同應，言無是非者謂之雷同。《禮記》曰："無雷同（無，殿本、大德本作'毋'。案《禮記》，

可從)。"《左傳》曰"君履后土而戴皇天"也。

[7]【今注】應天履祚：順應天命，繼承帝位。

[8]【今注】徵：證明。《廣雅·釋詁四》："徵，明也。"

[9]【今注】竇鄧之寵：即東漢外戚竇氏、鄧氏，權傾一時。

[10]【今注】紱（fú）：繫官印的絲帶。《廣雅·釋器》："紱，綬也。"

[11]【李賢注】神器謂天位也。《老子》曰："天下神器，不可爲也。"竇憲出入禁中，得幸太后，圖爲殺害。帝知其謀，誅之。鄧太后崩，宫人告鄧悝、鄧弘等取廢帝故事，謀立平原王得。帝聞，遂免鄧氏爲庶人也。【今注】議弄神器改更社稷：即陰謀操控帝位，更立皇帝。社稷，原指國家，此代指皇帝。案，王先謙《後漢書集解》引《通鑑》胡三省注言："威福，人主之神器，此言弄威福耳。"曹金華《後漢書稽疑》據本書卷一六《鄧騭傳》認爲悝、弘等先死，且爲宫人所污，李賢注引過於簡略，導致文意不明(第631頁)。

[12]【李賢注】《莊子》曰，或聘莊子，莊子謂其使曰："子見夫犧牛乎？衣以文繡，食以芻菽。及其牽而入於太廟，欲爲孤犢，其可得乎？"此作"豚"，不同也。【今注】顙（sǎng）：額頭。《説文·頁部》："顙，額也。"

[13]【今注】非道：不合道義、制度。案，大德本無"道"字，不從。

[14]【今注】漢元以來：漢朝創立以來。漢代從劉邦受封漢王開始紀元，經過四年楚漢戰争，漢五年（前202）二月，劉邦打敗項羽，在定陶即位爲帝。

[15]【李賢注】賈誼曰"諺云前車覆，後車誡"也（誡，殿本作"誠"，不從)。【今注】案，賈誼《新書·保傅》載："鄙諺曰：'不習爲史，而視已事。'又曰：'前車覆而後車戒。'"

[16]【李賢注】《詩·小雅》曰："翕翕訿訿，亦孔之哀。"

《毛傳》曰："翕翕然患其上，訿訿然不思稱職。"《爾雅》曰："翕翕，訿訿，莫供職也。"訿音將徙反。"訿"與"訿"古字通。【今注】翕翕：巧言附和的樣子。 訿訿：詆毀，誹謗。 佐附：即不忠於皇帝而攀附權臣，漢武帝時期有《左官律》，限制官民攀附諸侯王。

［17］【今注】威權外假：即皇權旁落。假，借。《廣雅·釋詁二》："假，借也。"

［18］【李賢注】《韓詩外傳》曰："無爲虎傅翼，將飛入邑，擇人而食。"夫置不肖之人於位，是爲虎傅翼也。（《韓詩外傳》原文爲："《周書》曰：'無爲虎傅翼，將飛入邑，擇人而食。'"李賢注脱"《周書》曰"）【今注】虎翼一奮卒不可制：言權臣若有異心，倉促之間難以控制。

［19］【李賢注】《春秋保乾圖》曰："臣功大者主威侵，權并族害已姦行（已，紹興本作'尸'，不從），吐珠於澤，誰能不含。"諭君之權柄外假（柄，大德本作'病'，不從），則必競取以爲己利，猶珠出於澤中，誰能不含取以爲己寶也。吐猶出也。【今注】案，正文所引實際出自假託孔子之言的圖讖《春秋保乾圖》，並非孔子所言。由此可見圖讖對東漢政治的影響。

［20］【李賢注】《老子·道經》曰："魚不可脱於泉，國之利器不可以示人。"河上公注曰："利器謂權道也。理國權道，不可以示執事之臣。"【今注】利器：代指國家權力。

［21］【今注】案，紹興本無"之極"二字。按文意，不從。

夫儉德之恭，政存約節。[1]故文帝愛百金於露臺，飾帷帳於皁囊。[2]或有譏其儉者，上曰："朕爲天下守財耳，豈得妄用之哉！"至倉穀腐而不可食，錢貫朽而不可校。[3]今自初政已來，日月未久，費用賞賜已不可筭。斂天下之財，積無功之家，帑藏單盡，[4]民物彫傷，卒有不虞，[5]復當重賦百姓，怨叛既生，危亂可待也。

［1］【李賢注】《左氏傳》魯大夫御孫曰“儉，德之恭；侈，惡之大”也。【今注】案，注引出自《左傳》莊公二十四年，原爲“共”，李賢引作“恭”。阮元刻本《十三經注疏》“案《弘明集》引作‘儉者德之共’”。俞樾評議：“共，當讀爲洪。《爾雅·釋詁》：‘洪，大也。’德之洪，猶曰德之大也。下文曰‘侈，惡之大也。’洪與大，文異而義同。”

［2］【李賢注】文帝常欲作露臺，計直百金。曰：“百金中人十家之産，何以臺爲？”遂止不作。又東方朔曰：“文帝集上書囊以爲殿帷。”【今注】皁囊：即密封奏章用的黑色囊袋。

［3］【今注】貫：穿錢的繩子。　校：秦漢時期有定期清點、校對府庫物資數額的制度，稱爲“校計”，若發生錯誤將按其價值多少予以處罰。睡虎地秦簡《效律》載：“計校相繆（謬）殹（也），自二百廿錢以下，誶官嗇夫；過二百廿錢以到二千二百錢，貲一盾；過二千二百錢以上，貲一甲。人户、馬牛一，貲一盾；自二以上，貲一甲。”（睡虎地秦墓竹簡整理小組編：《睡虎地秦墓竹簡》，文物出版社1990年版，“釋文”部分第76頁）案，《漢書·食貨志上》載：“京師之錢累百鉅萬，貫朽而不可校。太倉之粟陳陳相因，充溢露積於外，腐敗不可食。”曹金華《後漢書稽疑》引《史記·平準書》認爲此非漢文帝時，當爲武帝時之事（第631—632頁）。此雖非文帝之時，但却是文景之治的盛世景象。

［4］【今注】帑（tǎng）藏：國庫。　單：同“殫”。盡。

［5］【今注】卒：同“猝”。突然。　不虞：意外情况。

昔成王之政，[1]周公在前，邵公在後，畢公在左，史佚在右，[2]四子挾而維之。[3]目見正容，耳聞正言，一日即位，天下曠然，[4]言其法度素定也。[5]今陛下有成王之尊而無數子之佐，雖欲崇雍熙，[6]致太平，其可得乎？

［1］【今注】成王：即周成王姬誦，周武王姬發之子，在位時間衆説紛紜，一説公元前1063年至前1027年在位（楊寬：《西周史》附録二《西周大事年表》，上海人民出版社1999年版，第871頁），一説公元前1024年至前1005年在位（陳夢家：《西周年代考·六國紀年》第四部附表三《西周分期表》，中華書局2005年版，第51頁）。事迹詳見《史記》卷四《周本紀》。

［2］【今注】周公：即姬旦，周文王子，周武王弟，封於魯，子代爲就國，成王年幼時代攝國政，平定三監之亂，制定禮樂制度，爲儒家所尊崇。世家見《史記》卷三三。　邵公：也寫作"召公"，姓姬名奭，周王朝宗室，因封於召，故稱召公，滅商後封於燕。世家見《史記》卷三四。　案，王先謙《後漢書集解》引沈欽韓言："語見《大戴·保傅篇》。"

［3］【今注】挾：輔佐。《廣雅·釋詁四》："挾，輔也。"　維：維持。

［4］【今注】曠然：知曉明白。

［5］【今注】素：舊時。《漢書》卷一上《高帝紀上》載："高祖爲亭長，素易諸吏。"顏師古注曰："素，故也，謂舊時也。"

［6］【今注】雍熙：形容社會安定祥和。

自去年已來，灾譴頻數，[1]地坼天崩，[2]高岸爲谷。[3]脩身恐懼，則轉禍爲福；輕慢天戒，則其害彌深。願陛下親自勞恤，研精致思，勉求忠貞之臣，誅遠佞諂之黨，損玉堂之盛，[4]尊天爵之重，[5]割情欲之歡，罷宴私之好。帝王圖籍，陳列左右，心存亡國所以失之，鑒觀興王所以得之，庶灾害可息，[6]豐年可招矣。

［1］【今注】灾譴：漢代人們認爲自然災害是上天對國家施政、個人言行的警告。董仲舒《春秋繁露·必仁且智》載："灾者，天之譴也；異者，天之威也。譴之而不知，乃畏之以威。《詩》云：'畏天之威。'殆此謂也。凡灾異之本，盡生于國家之失，國家之失乃始萌芽，而天出灾害以譴告之；譴告之而不知變，乃見怪異以驚駭之；驚駭之尚不知畏恐，其殃咎乃至。以此見天意之仁，而不欲陷人也。"

［2］【今注】坼（chè）：裂開。《説文·土部》："坼，裂也。"

［3］【今注】高岸爲谷：《詩·小雅·十月之交》載："高岸爲谷，深谷爲陵。"比如事物發展錯位。

［4］【今注】玉堂：宫殿名。在未央宫西，也泛指宫殿。案，王先謙《後漢書集解》引沈欽韓言："玉堂，嬖幸所居也。《韓子·守道篇》：'人主甘服於玉堂之中。'"《韓子》即《韓非子》。

［5］【李賢注】《孟子》曰："公卿大夫，人爵也。仁義禮智信，天爵也。"【今注】案，《孟子·告子上》："孟子曰：'有天爵者，有人爵者。仁義忠信，樂善不倦，此天爵也。公卿大夫，此人爵也。'"與注引不同。

［6］【今注】庶：希冀。《玉篇·广部》："庶，幸也，冀也。"

書奏不省，[1]而外戚寵臣咸畏惡之。

［1］【今注】省：察看。《爾雅·釋詁下》："省，察也。"

延光三年，[1]出爲酒泉太守。[2]叛羌千餘騎徙敦煌來鈔郡界，[3]酺赴擊，斬首九百級，羌衆幾盡，威名大震。遷京兆尹。[4]順帝即位，[5]拜光禄大夫，遷將作大匠。[6]損省經用，歲息四五千萬。[7]屢因灾異，多所匡正。[8]由是權貴共誣酺及尚書令高堂芝等交通屬託，[9]坐減死歸家。復被章云酺前與河南張楷等謀反，[10]逮詣廷尉。[11]及杜真等上書訟之，事得明釋。[12]卒於家。[13]

[1]【今注】延光：東漢安帝劉祜年號（122—125）。

[2]【今注】酒泉：郡名。西漢武帝元狩二年（前121）置，因“城下有金泉，其水若酒”而得名。治禄福縣（今甘肅酒泉市肅州區）。

[3]【今注】案，王先謙《後漢書集解》引劉攽言：“案文‘徙’當作‘從’。”可從。　敦煌：郡名。西漢武帝元鼎六年（前111）分酒泉郡西部所置，“敦煌”爲盛大之意。治敦煌縣（今甘肅敦煌市七星區）。　鈔：搶劫，也寫作“抄”。《方言》卷一二：“鈔，强也。”郭璞注曰：“强取物也。”

[4]【今注】京兆尹：此爲官名。行政區京兆尹的長官。

[5]【今注】順帝：東漢順帝劉保，公元125年至144年在位。紀見本書卷六。

[6]【今注】將作大匠：官名。掌營建宫室、宗廟等。本書《百官志四》載：“將作大匠一人，二千石。本注曰：承秦，曰將作少府，景帝改爲將作大匠。掌修作宗廟、路寢、宫室、陵園木土之功，並樹桐梓之類列于道側。”

[7]【李賢注】經，常也。【今注】損省：減少裁撤。　經用：制度規定的辦公經費。　息：消失。《字彙·心部》：“息，絶也。”

此指節省。

［8］【李賢注】《益部耆舊傳》曰："時詔問酺陰陽失序，水旱隔并，其設銷復興濟之本。酺上奏陳圖書之意曰：'漢四百年將有弱主閉門聽難之禍，數在三百年之間。宜升歷改憲（中華本據《校補》改"升"爲"斗"，並移"宜"至"行"前，可從），行先王至德要道，奉率時禁，抑損奢侈，宣明質樸，以延四百年之難。'帝從之。"【今注】案，王先謙《後漢書集解》引惠棟言："《華陽國志》：酺'上言："漢四百年，當有弱主，閉門聽政，數在三百年之間。"薦故太尉龐參、故司徒李郃明通三才，忠正可以輔世。所言每指利病。'"

［9］【今注】尚書令：官名。尚書臺的長官。名義上屬少府。本書《百官志三》載："尚書令一人，千石。本注曰：承秦所置，武帝用宦者，更爲中書謁者令，成帝用士人，復故。掌凡選署及奏下尚書曹文書衆事。"　交通：交接往來。　屬託：即囑託。　案，王先謙《後漢書集解》引惠棟言："《續漢志》云：'是時中常侍高梵、張防、將作大匠翟酺、尚書令高堂芝、僕射張敦、尚書尹就、郎姜述、楊鳳等，及兖州刺史鮑就、使匈奴中郎將張國、金城太守張篤、敦煌太守張朗相與交通，漏泄，就、述棄市，梵、防、酺、芝、敦、鳳、就、國皆抵罪。'"

［10］【今注】河南：即河南尹。政區名。本書《郡國志一》載："河南尹，秦三川郡，高帝更名。世祖都雒陽，建武十五年改曰河南尹。"治所在今河南洛陽市東北，其長官亦稱"河南尹"。

［11］【今注】廷尉：官名。九卿之一，最高司法官，掌立法、司法及案件審理等。本書《百官志二》載："廷尉，卿一人，中二千石。本注曰：掌平獄，奏當所應。凡郡國讞疑罪，皆處當以報。"

［12］【今注】事得明釋：案文意，當斷句爲："事得明，釋。"

［13］【李賢注】《益部耆舊傳》曰（部，大德本、殿本作"都"，不從）："杜真字孟宗，廣漢綿竹人也。少有孝行，習

《易》《春秋》，誦百萬言，兄事同郡翟酺。酺後被繫獄，真上檄章救酺，繫獄笞六百，竟免酺難，京師莫不壯之。”

著《援神》《鉤命解詁》十二篇。[1]

[1]【李賢注】《援神契》《鉤命決》，皆《孝經緯》篇名也。詁音古。【今注】解詁：解爲解釋，詁即訓詁，解詁即對名物、義理進行解釋、訓詁，是注解經典的一種形式。

初，酺之爲大匠，[1]上言：“孝文皇帝始置一經博士，[2]武帝大合天下之書，[3]而孝宣論《六經》於石渠，學者滋盛，弟子萬數。[4]光武初興，愍其荒廢，起大學博士舍、[5]内外講堂，諸生横巷，[6]爲海内所集。明帝時辟雍始成，[7]欲毀太學，太尉趙憙以爲太學、[8]辟雍皆宜兼存，故並傳至今。而頃者穨廢，[9]至爲園採芻牧之處。宜更修繕，誘進後學。”帝從之。酺免後，遂起太學，更開拓房室，學者爲酺立碑銘於學云。

[1]【今注】大匠：即將作大匠。

[2]【李賢注】武帝建元五年始置《五經》博士（元，大德本作“武”，不從），文帝之時未遑庠序之事，酺之此言，不知何據（不，大德本作“下”，不從）。【今注】孝文皇帝始置一經博士：孝文皇帝即西漢文帝劉恒。據《史記》卷六《秦始皇本紀》，秦始皇三十四年（前 213）已有七十名博士，並設有博士僕射。案，王先謙《後漢書集解》言：“何焯曰：‘劉歆《移太常博士》云，漢興至孝文皇帝，“天下衆書往往頗出，皆諸子傳説，猶廣立學官，爲置博士”。酺言非無據也。’惠棟曰：‘趙岐《孟子題辭》

云："孝文欲廣游學之路，《論語》《孝經》《孟子》《爾雅》皆置博士。"'周壽昌曰：'《前書·楚元王傳》，文帝時聞申公爲《詩》精，以爲博士。《儒林傳》，韓嬰，文帝時爲博士；轅固，景帝時爲博士。皆《詩》博士也。據王氏《玉海》，引此作"文帝始置一經博士"，殆宋本此書有作"一經"者，非五經也。'先謙曰：'官本"建武"作"建元"，是。"五經"，正作"一經"。'"中華本校勘記認爲當作"五經"，"一經"爲後人以文帝未嘗於《五經》遍置博士而改。今案，一般認爲置《五經》博士始於漢武帝。

［3］【李賢注】武帝詔曰："其令禮官勸學，舉遺興禮。"舉遺謂搜求遺逸，是合天下之書也。【今注】武帝：西漢武帝劉徹，公元前 141 年至前 87 年在位。紀見《史記》卷一二、《漢書》卷六。事在漢武帝元朔五年（前 124），注引有節省。

［4］【李賢注】宣帝甘露三年（三，大德本作"二"，不從），詔諸儒講《五經》於殿中，兼平《公羊》《穀梁》同異，上親臨決焉。時更崇《穀梁傳》，故此言"六經"也。石渠，閣名。昭帝時博士弟子員百人，宣帝末增倍之，元帝時詔無置弟子員，以廣學者，故言以萬數也。【今注】六經：本指《詩》《書》《禮》《易》《樂》《春秋》這六部儒家經典，但《樂》早已亡佚，故漢武帝設"五經博士"。此《六經》爲《詩》《書》《禮》《易》《春秋公羊傳》《春秋穀梁傳》。

［5］【今注】大學：國家最高學府，西漢武帝元朔五年設置太學，設立《五經》博士，後因戰亂一度衰落，東漢光武帝建武五年（29）恢復了太學。案，大，殿本、中華本作"太"，可從。

［6］【今注】巷：曹金華《後漢書稽疑》言閩本同，汲本、《集解》本作"卷"（第 632 頁）。按文意，"巷"字爲宜。

［7］【今注】辟雍：本爲西周所設大學，東漢恢復，爲禮儀教化之所。《白虎通·辟雍》："天子立辟雍何？辟雍所以行禮樂，宣德化也。辟者，璧也。象璧圓，又以法天也。雍者，壅之以水，象

教化流行也。"

［8］【今注】趙憙：字伯陽，南陽宛（今河南南陽市卧龍區）人。傳見本書卷二六。

［9］【今注】穨（tuí）廢：廢棄。

應奉字世叔，汝南南頓人也。[1]曾祖父順，字華仲。和帝時爲河南尹、將作大匠，[2]公廉約己，明達政事。[3]生十子，皆有才學。中子疊，江夏太守。[4]疊生郴，武陵太守。[5]郴生奉。

［1］【今注】南頓：縣名。治所在今河南項城市南頓鎮。案，王先謙《後漢書集解》引惠棟言："孫愐云：'漢有應曜，隱於淮陽山中，與四皓俱徵，曜獨不至，時人語之曰："南山四皓，不如淮陽一老。"八代孫劭集解《漢書》。'"

［2］【今注】案，王先謙《後漢書集解》引沈欽韓言："《藝文類聚》應劭《漢官儀》曰：'永元七年，大匠應慎字華仲，上言："百郡計吏，觀國之光，而舍逆旅，崎嶇私館，貢篚之物，朽濕曝露。朝會邈遠，事不肅給。昔晉霸國之主耳，舍諸侯于隸人，鄭子産以爲大譏。況今四海之大，而可無乎？"和帝嘉納之，即創業焉。'案《前書》言郡邸者不一。孝宣在襁褓'繫郡邸獄'，朱買臣'步歸郡邸'。《百官表》大鴻臚屬官有'郡邸長、丞'。至東京，百事省約，故未之建也。《續志》中興，省'郡邸長、丞，但令郎治郡邸'。《何進傳》'引兵百郡邸'，蓋在華仲建議之後也。"曹金華《後漢書稽疑》言《華嶠書》等作"華仲"，《御覽》引《東觀記》等作"仲華"，未知孰是（第632頁）。

［3］【李賢注】《華嶠書》曰："華仲少給事郡縣，爲吏清公，不發私書。舉孝廉，尚書郎轉右丞，遷冀州刺史，廉直無私。遷東平相，賞罰必信，吏不敢犯。有梓樹生於廳事室上，事後母至

孝，衆以爲孝感之應。時竇憲出屯河西，刺史、二千石皆遣子弟奉賂遺憲，憲敗後咸被繩黜，順獨不在其中，由是顯名。爲將作大匠，視事五年，省費億萬。”《汝南記》曰“華仲妻本是汝南鄧元義前妻也。元義父伯考爲尚書僕射，元義還鄉里，妻留事姑甚謹，姑憎之，幽閉空室，節其食飲，羸露日困，妻終無怨言。後伯考怪而問之。時義子朗年數歲，言母不病，但苦飢耳。伯考流涕曰：‘何意親姑反爲此禍！’因遣歸家。更嫁爲華仲妻。仲爲將作大匠，妻乘朝車出，元義於路傍觀之，謂人曰：‘此我故婦，非有它過，家夫人遇之實酷，本自相貴。’其子朗時爲郎，母與書皆不答，與衣裳輒燒之。母不以介意，意欲見之，乃至親家李氏堂上，令人以它詞請朗。朗至，見母，再拜涕泣，因起出。母追謂之曰：‘我幾死，自爲汝家所弃，我何罪過，乃如此邪？’因此遂絶”也。【今注】案，王先謙《後漢書集解》言：“《東觀記》順‘事後母至孝，精誠感應，梓樹生廳前屋上，徙置府庭，繁茂長大。’”

［4］【今注】江夏：郡名。治西陵縣（今湖北武漢市新洲區西）。

［5］【今注】武陵：郡名。治臨沅縣（今湖南常德市武陵區）。

奉少聰明，自爲童兒及長，凡所經履，[1]莫不暗記。讀書五行並下。[2]爲郡決曹史，[3]行部四十二縣，[4]録囚徒數百千人。[5]及還，太守備問之，[6]奉口説罪繫姓名，坐狀輕重，無所遺脱，時人奇之。[7]著《漢書後序》，多所述載。[8]大將軍梁冀舉茂才。[9]

［1］【今注】案，曹金華《後漢書稽疑》言《御覽》卷三八四所引《續漢書》、周亮工首引《謝承書》中“經履”皆作“經歷”

（第633頁）。

［2］【今注】案，王先謙《後漢書集解》言："先謙曰：《魏志·王粲傳》注引《華嶠書》曰：奉'才敏，善諷誦，故世稱"應世叔讀書，五行俱下"'。"

［3］【今注】郡決曹：掌一郡決獄、斷獄，設有掾、史等屬吏。

［4］【今注】行部：巡視部屬。　案，王先謙《後漢書集解》引錢大昕言："《郡國志》汝南郡領三十七城，此云'四十二'，未詳。"

［5］【今注】録囚徒：皇帝或官吏巡視監獄、詢問案件，並決定是否赦免、釋放。

［6］【今注】案，太，大德本作"大"，不從。

［7］【李賢注】《謝承書》曰："奉少爲上計吏，許訓爲計掾，俱到京師。訓自發鄉里，在路晝頓暮宿，所見長吏、賓客、亭長、吏卒、奴僕，訓皆密疏姓名，欲試奉。還郡，出疏示奉。奉云：'前食潁川綸氏都亭，亭長胡奴名禄，以飲漿來，何不在疏？'坐中皆驚。"又云："奉年二十時，嘗詣彭城相袁賀，賀時出行閉門，造車匠於内開扇出半面視奉，奉即委去。後數十年於路見車匠，識而呼之。"【今注】案，周天游《八家後漢書輯注（修訂本）》據《北堂書鈔》卷七九補"奉云"爲"奉省讀之，云"（上海古籍出版社2020年版，第71頁），可從。周天游《八家後漢書輯注（修訂本）》輯無名氏《後漢書》言："奉至汝潁，見袁賀於門中出其半面。後廿餘年，在路見賀而識之。又奉仕郡爲決曹吏，録囚數百人，奉口誦名字，罪之輕重，無有遺脱，太守奇之。舉孝廉，遷會稽太守也。"（第725—726頁）與《謝承書》有異。王先謙《後漢書集解》引劉攽言："注'奉少爲上計吏，許訓爲計掾'，案'吏'當爲'史'，總而言掾史，皆吏，别而言之不同。上計有史有掾也。"

[8]【李賢注】《袁山松書》曰："奉又删《史記》《漢書》及《漢記》三百六十餘年，自漢興至其時，凡十七卷，名曰《漢事》。"【今注】案，王先謙《後漢書集解》引惠棟言："《華嶠書》云'著《後序》十餘篇'，《經籍志》曰'《後序》十二卷'。"

[9]【今注】梁冀：字伯卓，安定烏氏（今寧夏固原市東南）人。傳見本書卷三四。　茂才：漢代察舉選官科目之一，西漢時稱"秀才"，東漢避光武帝劉秀之諱改稱"茂才"。

先是，武陵蠻詹山等四千餘人反叛，執縣令，屯結連年。詔下公卿議，四府舉奉才堪將帥。[1]永興元年，[2]拜武陵太守。到官慰納，山等皆悉降散。於是興學校，舉仄陋，[3]政稱變俗。坐公事免。

[1]【李賢注】四府，解見《皇后紀》。【今注】四府：據本書卷六《質帝紀》李賢注，四府爲大將軍府、太尉府、司徒府、司空府。

[2]【今注】永興：東漢桓帝劉志年號（153—154）。

[3]【今注】仄陋：指地位卑微、身份低賤但有才能之人。案，仄，大德本、殿本作"側"，不從。

延熹中，[1]武陵蠻復寇亂荆州，車騎將軍馮緄以奉有威恩，[2]爲蠻夷所服，上請與俱征。拜從事中郎。[3]奉勤設方略，賊破軍罷，緄推功於奉，薦爲司隸校尉。[4]糾舉姦違，不避豪戚，以嚴厲爲名。

[1]【今注】延熹：東漢桓帝劉志年號（158—167）。

[2]【今注】馮緄：字鴻卿，巴郡宕渠（今四川渠縣東北）

人。傳見本書卷三八。

[3]【李賢注】《謝承書》曰："時詔奉曰：'蠻夷叛逆作難，積惡放恣，鑊中之魚，火熾湯盡，當悉燋爛，以刷國恥。朝廷以奉昔守南土，威名播越，故復式序重任。奉之廢興，期在於今。賜奉錢十萬，駮犀方具劍、金錯把刀劍、革帶各一。奉其勉之！'"【今注】從事中郎：官名。大將軍、車騎將軍幕府有設，掌參謀軍事。本書《百官志一》載："從事中郎二人，六百石。本注曰：職參謀議。"

[4]【今注】司隸校尉：官名。監察三公以下百官，且爲司隸州部的長官。本書《百官志四》載："司隸校尉一人，比二千石。本注曰：孝武帝初置，持節，掌察舉百官以下，及京師近郡犯法者。元帝去節，成帝省，建武中復置，并領一州。"

及鄧皇后敗，[1]而田貴人見幸，[2]桓帝有建立之議。[3]奉以田氏微賤，不宜超登后位，上書諫曰："臣聞周納狄女，襄王出居于鄭；[4]漢立飛燕，[5]成帝胤嗣泯絶。[6]母后之重，興廢所因。宜思《關雎》之所求，遠五禁之所忌。"[7]帝納其言，竟立竇皇后。[8]

[1]【今注】鄧皇后：東漢桓帝皇后，名猛女，南陽新野（今河南新野縣）人。和熹皇后從兄子鄧香之女。紀見本書卷一〇下。

[2]【今注】見：放在動詞前，表示被動。

[3]【今注】桓帝：東漢桓帝劉志，公元146年至167年在位。紀見本書卷七。　建立之議：建號立后的議論。

[4]【李賢注】《左傳》襄王將以狄女爲后，富臣諫曰："不可，狄固貪惏（固，大德本作'國'，不從），王又啓之。"王不從。狄人伐周，襄王出奔。

[5]【今注】案，永始元年（前16），西漢成帝立趙飛燕爲

皇后。

［6］【今注】成帝：西漢成帝劉驁，公元前 33 年至前 7 年在位。紀見《漢書》卷一〇。　胤（yìn）嗣泯絶：趙飛燕不育，又害死後宫其他妃嬪所生之子，故成帝無後。

［7］【李賢注】《韓詩外傳》曰："婦人有五不娶：喪婦之長女不娶，爲其不受命也；世有惡疾不娶，弃於天也；世有刑人不娶，弃於人也；亂家女不娶，類不正也；逆家子不娶，廢人倫也。"【今注】案，《大戴禮記·本命》："女有五不取：逆家子不取，亂家子不取，世有刑人不取，世有惡疾不取，喪婦長子不取。"王聘珍《解詁》："取讀曰娶。逆，謂悖逆。亂，淫亂也。刑人，謂以罪受墨、劓、宫、刖、髡刑者。惡疾，謂瘖、聾、盲、癘、秃、跛、傴，不逮人倫之屬也。喪婦長子，謂父喪其婦，其女子年長愆期者也。命者，母之教命也。"《公羊傳》莊公二十七年"曰來歸"條何休注曰："婦人有七棄、五不娶、三不去……喪婦長女不娶，無教戒也；世有惡疾不娶，棄於天也；世有刑人不娶，棄於人也；亂家女不娶，類不正也；逆家女不娶，廢人倫也。"

［8］【今注】竇皇后：東漢桓帝皇后，名妙，右扶風平陵（今陝西咸陽市西北）人。竇武之女。紀見本書卷一〇下。

及黨事起，[1]奉乃慨然以疾自退。追愍屈原，[2]因以自傷，著《感騷》三十篇，數萬言。[3]諸公多薦舉，會病卒。子劭。

［1］【今注】黨事：即黨錮之禍。詳見本書卷六七《黨錮傳》。

［2］【今注】屈原：羋姓，屈氏，名平，字原，戰國楚國貴族，官至三閭大夫，因遭排擠而被流放，公元前 278 年楚國都城郢被秦攻破後自沉於汨羅江，著有《離騷》《天問》等。傳見《史記》卷八四。

［3］【今注】案，數萬言，中華本校勘記言汲本作“數十萬言”。

劭字仲遠。[1]少篤學，[2]博覽多聞。靈帝時舉孝廉，[3]辟車騎將軍何苗掾。[4]

［1］【李賢注】《謝承書》曰《應氏譜》並云“字仲遠”，《續漢書·文士傳》作“仲援”，《漢官儀》又作“瑗”（殿本、中華本“瑗”前有“仲”字，可從），未知孰是。【今注】案，王先謙《後漢書集解》引惠棟言：“《劉寬碑陰》有故吏‘南頓應劭、仲瑗’。洪适云：‘《漢官儀》作‘瑗’。’《官儀》既應劭所著。又，此碑可據，則知‘遠’‘援’皆非也。”曹金華《後漢書稽疑》言當作“仲瑗”（第634頁）。

［2］【今注】篤學：專心於學習。

［3］【今注】靈帝：東漢靈帝劉宏，公元168年至189年在位。紀見本書卷八。 舉孝廉：舉即察舉，漢代選官制度之一，即地方郡國向中央舉薦人才。常科有孝廉、茂才等，特科有賢良、方正、文學、明經等。

［4］【今注】辟：即辟除。漢代選官制度之一，三公以下任用屬吏稱爲“辟”。 何苗：南陽宛（今河南南陽市卧龍區）人。何皇后同母弟，或説爲何皇后異父兄（爲朱苗），鎮壓黄巾起義中因軍功拜車騎將軍，封濟陽侯。何進謀誅宦官，何苗則多次爲宦官説情。何進被殺後，何苗被何進部將吴匡所殺。事載本書卷六九《何進傳》。 案，王先謙《後漢書集解》引錢大昕言：“按，《風俗通義·正失篇》：‘予爲蕭令，謁辭故司空宣伯應’。考宣酆爲司空在延熹九年十二月，次年四月免。是劭爲蕭令在靈帝初，而《傳》失書。”

中平二年，[1]漢陽賊邊章、[2]韓遂與羌胡爲寇，[3]東侵三輔，[4]時遣車騎將軍皇甫嵩西討之。[5]嵩請發烏桓三千人。北軍中候鄒靖上言：[6]"烏桓衆弱，宜開募鮮卑。"事下四府，大將軍掾韓卓議，[7]以爲"烏桓兵寡，而與鮮卑世爲仇敵，若烏桓被發，則鮮卑必襲其家。烏桓聞之，當復弃軍還救。非唯無益於實，乃更沮三軍之情。[8]鄒靖居近邊塞，究其態詐。[9]若令靖募鮮卑輕騎五千，必有破敵之效"。劭駁之曰：[10]"鮮卑隔在漠北，犬羊爲群，無君長之帥，廬落之居，[11]而天性貪暴，不拘信義，故數犯障塞，[12]且無寧歲。唯至互市，[13]乃來靡服。[14]苟欲中國珍貨，非爲畏威懷德。計獲事足，旋踵爲害。[15]是以朝家外而不内，蓋爲此也。[16]往者匈奴反叛，度遼將軍馬續、[17]烏桓校尉王元發鮮卑五千餘騎，[18]又武威太守趙沖亦率鮮卑征討叛羌。[19]斬獲醜虜，既不足言，而鮮卑越溢，多爲不法。裁以軍令，則忿戾作亂；制御小緩，[20]則陸掠殘害。[21]劫居人，鈔商旅，噉人牛羊，[22]略人兵馬。得賞既多，不肯去，復欲以物買鐵。邊將不聽，便取縑帛聚欲燒之。邊將恐怖，畏其反叛，辭謝撫順，無敢拒違。今狡寇未殄，[23]而羌爲巨害，如或致悔，其可追乎！臣愚以爲可募隴西羌胡守善不叛者，[24]簡其精勇，[25]多其牢賞。[26]太守李參沈静有謀，必能獎厲得其死力。[27]當思漸消之略，不可倉卒望也。"韓卓復與劭相難反覆。於是詔百官大會朝堂，皆從劭議。

〔1〕【今注】中平：東漢靈帝劉宏年號（184—189）。

〔2〕【今注】漢陽：郡名。治冀縣（今甘肅甘谷縣東）。　邊章：金城郡（今甘肅永靖縣西北）人，本名邊允，因造反被朝廷通緝而改名邊章，曾殺涼州刺史郡守叛亂，被推舉爲涼州叛軍首領，後爲韓遂所殺。

〔3〕【今注】韓遂：金城郡人，本名韓約，因造反被朝廷通緝而改名韓遂，曾殺涼州刺史郡守，涼州叛軍首領之一，割據涼州三十餘年，依附曹操後又反叛，被夏侯淵所敗，病死，一説被殺。

〔4〕【今注】三輔：指京兆尹、左馮翊、右扶風三個行政區。

〔5〕【今注】案，車騎將軍，曹金華《後漢書稽疑》引《皇甫嵩傳》言當爲"左車騎將軍"（第634頁）。　皇甫嵩：字義真，安定朝那（今寧夏彭陽縣東）人。傳見本書卷七一。

〔6〕【今注】北軍中候：官名。掌北軍，宿衛京師。本書《百官志四》載："北軍中候一人，六百石。本注曰：掌監五營。"

〔7〕【今注】韓卓：字子助，陳留（今河南開封市）人。東漢靈帝時爲大將軍掾，後曾建議鮮卑護衛三輔，未被采納。

〔8〕【今注】沮：壞，敗。《集韻·語韻》："沮，敗也。"

〔9〕【今注】究：探求。《字彙·穴部》："究，推尋也。"　態詐：情態詐僞。

〔10〕【今注】駮（bó）：同"駁"。反駁，辯駁。　案，王先謙《後漢書集解》引惠棟言："案《漢名臣奏》，劭與司徒屬孫嵩、司空掾孔曲等議也。'曲'當作'佃'。"

〔11〕【今注】廬落：廬舍。

〔12〕【今注】障塞：邊境的防禦設施。　案，曹金華《後漢書稽疑》言《藝文類聚》卷六六所引《漢名臣奏》在"數犯障塞，且無寧歲"後有"吏民創禁，不與交關"句（第634頁）。

〔13〕【今注】互市：中原王朝與少數民族及中國與鄰國進行貿易的市場，後也指與此種貿易制度。

〔14〕【今注】靡：親順，順服。《古今韻會舉要·紙韻》：

“靡，順也。”

［15］【今注】旋踵：比喻時間短促。

［16］【李賢注】朝家猶國家也。《公羊傳》曰“《春秋》内諸夏而外夷狄”也。

［17］【今注】度遼將軍：雜號將軍之一，西漢昭帝時范明友曾以度遼將軍出擊烏桓等，東漢明帝永平八年（65）復置，駐五原郡曼柏縣（今内蒙古達拉特旗東南），秩二千石，下設長史、司馬等。　馬續：字季則，右扶風茂陵（今陝西興平市東北）人。東漢經學家馬融之兄，先後任中郎將、護羌校尉、度遼將軍。事迹見於本書卷二四《馬援傳》、卷八九《南匈奴傳》、卷九〇《烏桓鮮卑傳》等。

［18］【今注】烏桓校尉：即護烏桓校尉，官名。監領少數民族烏桓事務，有時也兼領鮮卑事務。比二千石。本書《百官志五》載：“護烏桓校尉一人，比二千石。本注曰：主烏桓胡。”

［19］【今注】武威：郡名。一説西漢武帝太初四年（前101）置（《漢書・地理志》），一説宣帝地節三年（前67）置（參見周振鶴、李曉傑、張莉《中國行政區劃通史・秦漢卷》，復旦大學出版社2017年版，第490頁）。治姑臧縣（今甘肅武威市涼州區）。案，王先謙《後漢書集解》引惠棟言：“《順帝紀》作‘武都太守’，案《西羌傳》亦作‘武威’，《紀》誤。”

［20］【今注】制御：限制，約束。

［21］【今注】陸掠：即擄掠，搶劫。案，王先謙《後漢書集解》引沈欽韓言：“《玉篇》：‘掠，有力，尚力，酌二音。’《釋名》：‘掠，狼也。’陸掠，蓋與陸梁義同。”

［22］【今注】噉（dàn）：同“啖”。吃。《説文・口部》：“啖，噍啖也。一曰噉。”

［23］【今注】殄（tiǎn）：盡，滅絶，消滅。《爾雅・釋詁上》：“殄，盡也。”《釋詁下》：“殄，絶也。”

［24］【今注】隴西：一爲郡名。初治狄道縣（今甘肅臨洮縣），安帝永初五年（111）徙治襄武縣（今甘肅隴西縣東南），延光三年（124）復治狄道縣。一爲地區名。指隴山（六盤山）以西，今甘肅一帶。據後文“太守李參沈静有謀，必能獎厲得其死力”句推測，此當爲郡名。

［25］【今注】簡：通“柬”。選擇。

［26］【李賢注】牢：稟食也。或作“勞”。勞，功也。【今注】牢賞：犒賞。

［27］【今注】厲：同“勵”。勉勵，激勵。

三年，舉高第，再遷，[1]六年，拜太山太守。[2]初平二年，[3]黄巾三十萬衆入郡界。劭糾率文武連與賊戰，前後斬首數千級，獲生口老弱萬餘人，[4]輜重二千兩，[5]賊皆退却，郡内以安。興平元年，[6]前太尉曹嵩及子德從琅邪入太山，[7]劭遣兵迎之，未到，而徐州牧陶謙素怨嵩子操數擊之，[8]乃使輕騎追嵩、德，[9]並殺之於郡界。劭畏操誅，弃郡奔冀州牧袁紹。[10]

［1］【今注】案，王先謙《後漢書集解》引沈欽韓言：“案《風俗通·城陽景王祠》云：‘予爲營陵令，以爲章本封朱虚，並食此縣。《春秋國語》：“以勞定國，能御大災。”凡在於他，尚列祀典。章功烈如彼，餘郡禁之可也，朱虚與莒，宜常血食。於是乃移書。’案，此是劭從公府爲令時也。”

［2］【今注】太山：即泰山，郡名。治奉高縣（今山東泰安市東），范曄避其父范泰之諱而改。

［3］【今注】初平：東漢獻帝劉協年號（190—193）。

［4］【今注】生口：指俘虜、奴隸或被賤賣的人。

［5］【今注】兩：通"輛"。計算車乘的單位。

［6］【今注】興平：東漢獻帝劉協年號（194—195）。　案，曹金華《後漢書稽疑》引《後漢書·陶謙傳》等考證認爲曹嵩等被殺在初平四年（193）之前，此言"興平元年"爲誤（第634—635頁）。

［7］【今注】曹嵩：字巨高，沛國譙（今安徽亳州市譙城區）人。東漢宦官曹騰養子，曹操之父，位至太尉，後避亂於琅邪郡，爲徐州刺史陶謙所殺。　琅邪：時爲郡，治開陽縣（今山東臨沂市北）。

［8］【今注】陶謙：字恭祖，丹陽郡（今安徽宣城市宣州區）人。傳見本書卷七三、《三國志》卷八。

［9］【今注】案，王先謙《後漢書集解》引惠棟言："郭頒《世語》云：'謙密遣數千騎掩捕嵩家，嵩以爲劭迎，不設備，謙兵至，殺太祖弟德于門中，嵩懼，穿後垣，先出其妾，妾肥不能得出，嵩逃于厠，與妾俱被害。闔門皆死。'"

［10］【今注】袁紹：字本初，汝南汝陽（今河南商水縣西北）人。傳見本書卷七四上。

初，安帝時河間人尹次、[1]潁川人史玉皆坐殺人當死，[2]次兄初及玉母軍並詣官曹求代其命，因縊而物故。[3]尚書陳忠以罪疑從輕，議活次、玉。劭後追駮之，據正典刑，有可存者。其議曰：

［1］【今注】河間：王國名。治樂成縣（今河北獻縣東南）。

［2］【今注】潁川：郡名。治陽翟縣（今河南禹州市）。

［3］【今注】縊：吊死。《説文·糸部》："縊，經也。"　物故：死亡。

《尚書》稱“天秩有禮，五服五章哉。天討有罪，五刑五用哉”。[1]而孫卿亦云“凡制刑之本，將以禁暴惡，且懲其末也。凡爵列、官秩、賞慶、刑威，皆以類相從，使當其實也”。[2]若德不副位，能不稱官，賞不酬功，刑不應罪，不祥莫大焉。[3]殺人者死，傷人者刑，此百王之定制，有法之成科。高祖入關，雖尚約法，然殺人者死，亦無寬降。夫時化則刑重，時亂則刑輕。[4]《書》曰“刑罰時輕時重”，[5]此之謂也。

［1］【今注】五服：此指天子、諸侯、卿、大夫、士五等的服飾。　章：同“彰”。彰顯。　五刑：即墨、劓、剕、宫、大辟五種刑罰。　案，所引文句出自《尚書·皋陶謨》，有節省。

［2］【今注】孫卿：即荀子，戰國晚期儒家代表人物。傳見《史記》卷七四。案，所引文句出自《荀子·正論》，有節省，又改“未”爲“末”。

［3］【今注】副：相稱，符合。　案，《荀子·正論》：“夫德不稱位，能不稱官，賞不當功，罰不當罪，不祥莫大焉。”文字有異。

［4］【李賢注】犯化之罪固重，犯亂之罪爲輕。【今注】案，王先謙《後漢書集解》引錢大昕言唐人諱“治”，章懷注《後漢書》多改爲“理”或“化”，改“世”爲“代”或“時”，如後文“時輕時重”。

［5］【今注】案，所引出自《尚書·吕刑》，改“世”爲“時”。應爲唐人避李世民諱而改。

今次、玉公以清時釋其私憾，[1]阻兵安忍，僵屍道路。[2]朝恩在寬，幸至冬獄，而初、軍愚狷，[3]妄自投斃。[4]昔召忽親死子糾之難，而孔子曰“經於溝瀆，人莫之知”。[5]朝氏之父非錯刻峻，遂能自隕其命，班固亦云“不如趙母指括以全其宗”。[6]《傳》曰“僕妾感慨而致死者，非能義勇，顧無慮耳”。[7]夫刑罰威獄，以類天之震燿殺戮也；温慈和惠，以放天之生殖長育也。[8]是故春一草枯則爲灾，秋一木華亦爲異。今殺無罪之初、軍，而活當死之次、玉，其爲枯華，不亦然乎？陳忠不詳制刑之本，而信一時之仁，遂廣引八議求生之端。[9]夫親故賢能功貴勤賓，豈有次、玉當罪之科哉？[10]若乃小大以情，原心定罪，[11]此爲求生，非謂代死可以生也。敗法亂政，悔其可追。

劭凡爲《駮議》三十篇，皆此類也。

[1]【今注】清時：清平之世。　憾：怨恨。《玉篇·心部》：“憾，恨也。”

[2]【李賢注】阻，恃也。《左傳》曰，衞州吁“阻兵而安忍”。【今注】安忍：安於殘忍，形容刑罰過度。

[3]【今注】狷：偏激，急躁。《玉篇·犬部》：“狷，急也。”

[4]【今注】斃：斃命。《廣韻·祭韻》：“斃，死也。”

[5]【李賢注】召忽，齊大夫。子糾，齊襄公之庶子也。子糾與小白爭國，子糾被殺，召忽其傅也，遂死之。《論語》孔子論召忽曰：“豈若匹夫匹婦之爲諒也，自經於溝瀆而莫之知也。”【今注】瀆：溝渠。《説文·水部》：“瀆，溝也。”　案，事載《左傳》

莊公九年，所引孔子文句出自《論語·憲問》。

[6]【李賢注】《前書》，鼂錯爲御史大夫，改更律令，諸侯諠嘩。錯父聞而非之，曰："劉氏安而鼂氏危矣。"遂飲藥而死。《史記》曰，趙母，趙將馬服君趙奢之妻，趙括之母也。奢死，趙欲以括爲將，母謂趙王曰："王以爲括如其父，父子異心，願王勿遣。"王曰："吾計決矣。"括母曰："王終將之，即有不稱，妾得無隨乎？"王許諾。及括敗，王以母先言，竟不誅也。而班固引之以爲鼂錯贊詞。【今注】案，鼂錯主張削藩，削減地方諸侯王封地，激起"七國之亂"，又遭到袁盎排擠，被腰斬。詳見《漢書》卷四九《鼂錯傳》。

[7]【李賢注】言僕妾之致死者，顧由無計慮耳（由無，大德本、殿本作"無由"，可從）。語見《史記·欒布傳贊》也。（《史記》無"贊"，有"太史公曰"，但引文與《史記·欒布列傳》"太史公曰"及《漢書·欒布傳贊》文字有異）

[8]【李賢注】《左傳》鄭大夫游吉之詞（詞，殿本作"語"，不從）。【今注】案，出自《左傳》昭公二十五年，有節省。　燿：同"耀"。照耀。　放：通"仿"。仿效。《廣雅·釋詁三》："放，效也。"

[9]【今注】八議：即八辟。《周禮·秋官·小司寇》載："以八辟麗邦法，附刑罰：一曰議親之辟，二曰議故之辟，三曰議賢之辟，四曰議能之辟，五曰議功之辟，六曰議貴之辟，七曰議勤之辟，八曰議賓之辟。"這八種人犯罪之後需經特別審議，並可減免刑罰。

[10]【李賢注】《周禮·小司寇職》鄭司農曰："親，宗室有罪先請也。故謂舊知也。賢謂有德行者。能謂有道藝者。功謂有大勳也。貴謂若今墨綬，有罪先請也。勤謂憔悴國事。賓謂二王後。"

[11]【李賢注】《左傳》曰："小大之獄，雖不能察，必以

情。”原心定罪，解見《霍諝傳》也（《霍諝傳》爲“原情定罪”，文字略異）。【今注】小大以情：大小案件必須依據案情審理。　原心定罪：即根據犯罪動機定罪。

又删定律令爲《漢儀》，建安元年乃奏之。[1]曰：“夫國之大事，莫尚載籍。[2]載籍也者，[3]決嫌疑，明是非，[4]賞刑之宜，允獲厥中，[5]俾後之人永爲監焉。[6]故膠東相董仲舒老病致仕，朝廷每有政議，數遣廷尉張湯親至陋巷，問其得失。[7]於是作《春秋決獄》二百三十二事，[8]動以經對，言之詳矣。逆臣董卓，[9]蕩覆王室，[10]典憲焚燎，[11]靡有孑遺，[12]開辟以來，莫或茲酷。[13]今大駕東邁，[14]巡省許都，[15]拔出險難，其命惟新。[16]臣累世受恩，榮祚豐衍，竊不自揆，[17]貪少云補，輒撰具《律本章句》[18]《尚書舊事》[19]《廷尉板令》[20]《決事比例》[21]《司徒都目》《五曹詔書》[22]及《春秋斷獄》凡二百五十篇。[23]蠲去復重，爲之節文。[24]又集《駮議》三十篇，以類相從，凡八十二事。其見《漢書》二十五，《漢記》四，[25]皆删叙潤色，以全本體。其二十六，博采古今瓌瑋之士，[26]文章煥炳，[27]德義可觀。其二十七，臣所創造。豈繄自謂必合道衷，[28]心焉憤邑，[29]聊以藉手。[30]昔鄭人以乾鼠爲璞，鬻之於周；宋愚夫亦寶燕石，緹緭十重。[31]夫覩之者掩口盧胡而笑，斯文之族，無乃類旃。[32]《左氏》實云雖有姬姜絲麻，不弃憔悴菅蒯，蓋所以代匱也。[33]是用敢露頑才，[34]廁于明哲之末。[35]雖未足綱紀國體，[36]宣洽時雍，[37]庶幾觀察，[38]增闡聖聽。[39]惟因萬機之餘暇，游意省覽焉。”[40]獻帝善之。

［1］【今注】建安：東漢獻帝劉協年號（196—220）。

［2］【今注】尚：崇尚，推崇。　載籍：書籍，典籍。案，殿本“載籍”後有“也”字，不從。

［3］【今注】案，王先謙《後漢書集解》引劉攽言：“案文多一‘也’字。”可從。

［4］【李賢注】《禮記》曰：“夫禮者，決嫌疑，明是非。”

［5］【今注】允獲厥中：指言行不偏不倚，適得其中。《尚書·大禹謨》：“人心惟危，道心惟微，惟精惟一，允執厥中。”

［6］【今注】俾：使。《爾雅·釋詁下》：“俾，使也。”　監：也作“鑑”，借鑑，參考。《廣韻·鑑韻》：“鑑，誡也，亦作監。”

［7］【李賢注】事見《前書》。【今注】膠東：王國名。治即墨縣（今山東平度市東南）。　相：當時王國和侯國都設有相，主治民，此爲王國相，二千石，職掌如太守。　董仲舒：廣川國（今河北棗强縣東）人。西漢大儒，著有《春秋繁露》等書，其所提出的“大一統”“天人感應”“君權神授”等思想和“獨尊儒術”的主張，對中國歷史産生了深遠影響。傳見《史記》卷一二一、《漢書》卷五六。　致仕：辭官歸家。　張湯：京兆杜縣（今陝西西安市東南）人。西漢武帝時期著名酷吏，官至廷尉。傳見《史記》卷一二二、《漢書》卷五九。

［8］【今注】案，王先謙《後漢書集解》引惠棟言：“《論衡》云：‘仲舒表《春秋》之義，稽合於律，無乖異者。’《經籍志》：‘《春秋決事》十卷。’”《春秋決獄》原文已佚，現僅存數例，散見於《通典》《太平御覽》《藝文類聚》。

［9］【今注】董卓：字仲穎，隴西臨洮（今甘肅岷縣）人。傳見本書卷七二。

［10］【今注】蕩覆：動摇，傾覆。

［11］【今注】典憲：典章制度，法律典籍。

［12］【今注】靡：没有。《爾雅·釋言》："靡，無也。"　孑（jié）遺：殘存，遺留。

［13］【李賢注】或，有也。【今注】酷：副詞。表示程度，相當於"極""甚"。《集韻·渼韻》："酷，甚也。"

［14］【今注】大駕：帝王的車駕，也代指皇帝。　邁：出行，遠行。《爾雅·釋言》："邁，行也。"

［15］【今注】巡省：巡視。　許：縣名。東漢末期都城，治所在今河南許昌市東。

［16］【今注】其命惟新：《詩·大雅·文王》："周雖舊邦，其命維新。"命，天命，國運。惟，在於。新，革新。

［17］【今注】揆：度量，揣度。《爾雅·釋言》："揆，度也。"

［18］【今注】案，王先謙《後漢書集解》引惠棟言："《晉書·刑法志》云：'叔孫宣、郭令卿、馬融、鄭玄諸儒章句十有餘家，家數十萬言。凡斷罪所當由用者，合二萬六千二百七十二條，七百七十三萬二千二百餘言'，陳寵言'漢興以來'，'律有三家，其説各異'。棟案，《漢書》注引律説及鄭氏説者皆諸家章句也。"

［19］【今注】案，王先謙《後漢書集解》引惠棟言："即《尚書故事》也。《謝承》云：'高祖及光武之後，將相名臣策文、通訓，條載南宫，秘於省閣，惟臺郎升複道取急，因得開覽。武帝案尚書，大行無遺詔。左雄案《尚書故事》，無乳母爵邑之制。靈帝徙南宫，覽録《故事》。'胡三省云：'漢故事皆《尚書》主之也。'"

［20］【今注】案，王先謙《後漢書集解》引惠棟言："漢有《尉律》，廷尉所用之律。許慎云'今雖有《尉律》，不課'，又云'廷尉説律至以字斷法'是也。《張湯傳》云：'上所是，受而著讞法廷尉挈令。'挈，獄之要也。板令者，猶云'板官''板詔'也。"

［21］【今注】案，王先謙《後漢書集解》引惠棟言："鄭衆

《周禮注》云：‘邦成，謂若今時決事比也。’賈公彦云：‘若今律，其有斷事，皆依舊事斷之，其無條，所比類以決之，故云“決事比”也。’《陳寵傳》云：寵‘爲（鮑）昱撰《辭訟比》七卷，決事科條，皆以事類相從’。《晉書·志》云：‘漢時決事，集爲令甲以下三百餘篇。’”

［22］【李賢注】司徒即丞相也。總領綱紀，佐理萬機，故有都目。成帝初置尚書員五人，《漢舊儀》有常侍曹、二千石曹、户曹、主客曹、三公曹也。【今注】案，本書《百官志》載漢成帝初置尚書四人，與注引不同。王先謙《後漢書集解》引惠棟言：“《東觀記》云：司徒鮑‘昱奏定《辭訟》七卷，《決事都目》八卷’。鄭衆《周禮注》云：‘八成者，行事有八篇，若今之“決事比”。’《風俗通》云：‘光武中興以來，五曹詔書，題鄉亭壁，歲補正，多有闕謬。永建中，兖州刺史過翔，箋撰卷別，改著板上，一勞而久逸。’王符《論衡》云：‘五曹自有條品，簿書自有故事。’”　都目：要則。　五曹：即尚書省下的三公曹、二千石曹、吏曹、民曹、主客曹。本書《百官志三》劉昭引蔡質《漢儀》注“常侍曹”曰：“主常侍黄門御史事，世祖改曰吏曹。”

［23］【今注】案，王先謙《後漢書集解》引蘇輿言：“隋唐《志》載董仲舒有《春秋決獄》七略，作斷獄。此疑是譔著董書，惜今不傳。”

［24］【李賢注】復音複，重音直容反（直，大德本、殿本作“定”，不從）。【今注】蠲（juān）：除去，剔除。《爾雅·釋詁三》：“蠲，除也。”　節文：減省文字。

［25］【李賢注】即《東觀記》。【今注】案，又稱《東觀漢記》。

［26］【今注】瓌瑋：人品、才能卓異。

［27］【今注】焕炳：本指明亮，此比喻文章詞采明麗。

［28］【李賢注】繄音烏兮反。繄猶是也。【今注】繄（yī）：

是。《廣韻·齊韻》："緊，是也。"　道衷：情理、心意。

［29］【今注】邑：通"悒"。愁悶不樂的樣子。

［30］【李賢注】藉音自夜反。【今注】聊：姑且。《廣雅·釋詁三》："聊，且也。"　藉手：假手，借助。　案，王先謙《後漢書集解》引惠棟言："成二年《左傳》云：'若苟有以藉口而復於寡君，君之惠也。'服虔云：'今河南俗，謂治生求利小有所得，皆言可用藉手矣。'"

［31］【今注】鬻：賣。　緹緗：用紅色帛製成的包裹東西的物品。緗，通"緁"。縫衣邊。《説文·糸部》："緗，緶衣也。"

［32］【李賢注】《尹文子》曰："鄭人謂玉未琢者爲璞，周人謂鼠未腊者爲璞。周人遇鄭賈，人曰：'欲買璞乎？'鄭賈曰：'欲之。'出璞視之，乃鼠也，因謝不取。"《戰國策》亦然。今此乃云"鄭人以乾鼠爲璞"，便與二説不同。此云"乾鼠"，彼云"未腊"，事又差舛。《闕子》曰："宋之愚人得燕石梧臺之東，歸而藏之，以爲大寶。周客聞而觀之，主人父齋七日，端冕之衣，釁之以特牲，革匱十重，緹巾十襲。客見之，俛而掩口盧胡而笑曰：'此燕石也，與瓦甓不殊。'主人父怒曰：'商賈之言，豎匠之心。'藏之愈固，守之彌謹。"旃，之也。緗音襲。緹，赤色繒也。《楚詞》曰："襲英衣兮緹緗。"謂鮮明之衣。【今注】覩：同"睹"。看見。《説文·目部》："覩，見也。"　盧胡：笑聲發於喉間。族：案，汲本作"俗"。　旃（zhān）：代詞。相當於"之""焉"。《廣雅·釋言》："旃，之也。"　案，王先謙《後漢書集解》言："錢大昕曰：'古文"襲"與"習"通。《士喪禮》"襚者以褶，則必有裳"。注古文"褶"爲"襲"。'沈欽韓曰：'《孔叢·抗志篇》"衛君乃胡盧大笑"，作"胡盧"。'"曹金華《後漢書稽疑》言"鄭賈，人曰"的"人"字當從前句讀（第636頁）。後文爲"鄭賈"，此論不從。或"人"字衍。

［33］【李賢注】《左傳》曰："《詩》云：'雖有絲麻，無弃菅

蒯。雖有姬、姜，無弃蕉萃。凡百君子，莫不代匱。’”杜注云（注，大德本作“預”，不從）：“逸《詩》也。姬、姜，大國之女。蕉萃，陋賤之人。”蕉萃、憔萃古字通。【今注】左氏：即《春秋左氏傳》，簡稱《左傳》。 菅（jiān）蒯（kuǎi）：可用於編繩的茅草，也比喻地位低微之人。 匱：缺乏，不足。

［34］【今注】是用：是以，所以。

［35］【今注】廁：間雜，置身。《廣雅·釋言》：“廁，閒也。”《玉篇·廣部》：“廁，雜也，次也。” 明哲：賢明智慧之人。

［36］【今注】綱紀：治理。 國體：國家制度。

［37］【今注】宣洽：廣泛傳播。 時雍：時世安定平和。

［38］【今注】庶幾：或許，也許。

［39］【今注】闡：開。《説文·門部》：“闡，開也。” 案，曹金華《後漢書稽疑》言《晉書·刑法志》引“聽”作“德”，二字繁體形近，當有一訛（第636頁）。然應作“聽”爲是。前文皆稱決獄之事，結語用“增闡聖聽”爲宜。且諸葛亮《前出師表》有“誠宜開張聖德”句，意同。

［40］【今注】游意：自謙之詞。稍稍留意。

二年，詔拜劭爲袁紹軍謀校尉。時始遷都於許，舊章堙没，[1]書記罕存。[2]劭慨然歎息，乃綴集所聞，著《漢官禮儀故事》，[3]凡朝廷制度，百官典式，多劭所立。

［1］【今注】舊章：過去的典章制度。 堙（yīn）没：埋没，此指毁而不存。

［2］【今注】書記：泛指文字書寫的書籍、檔案、文書等。

［3］【今注】案，王先謙《後漢書集解》引惠棟言：“《經籍志》云：‘《漢官》五卷’、‘《漢官儀》十卷’。云《禮儀故事》者

如《漢官名秩》《漢官鹵簿圖》之類是也。《續漢書》曰：‘劭所叙《漢官儀》及《禮儀故事》凡十一種，朝廷制度、百官儀式所以不亡，由劭記之。’”曹金華《後漢書稽疑》懷疑《漢官名秩》《漢官鹵簿圖》《狀人紀》等皆爲《漢官禮儀故事》的篇名（第637頁）。

初，父奉爲司隸時，並下諸官府郡國，各上前人像贊，[1]劭乃連綴其名，録爲《狀人紀》。又論當時行事，著《中漢輯序》。撰《風俗通》，以辯物類名號，釋時俗嫌疑。[2]文雖不典，[3]後世服其洽聞。[4]凡所著述百三十六篇。又集解《漢書》，[5]皆傳乎時。[6]後卒於鄴。[7]

［1］【今注】像贊：畫像上的題辭，多溢美之詞。　案，王先謙《後漢書集解》引惠棟言："應劭《漢官》云：‘郡府廳事壁諸尹畫贊，肇自建武，訖於陽嘉，注其清濁、進退，甚得述事之實。’"

［2］【今注】釋：中華本校勘記言汲本作"識"。案，據文意"釋"字更通。

［3］【今注】典：典雅。

［4］【今注】洽聞：博識多聞。

［5］【今注】案，王先謙《後漢書集解》引惠棟言："《經籍志》：《漢書集解》一百十五卷，《漢書集解音義》二十四卷。"曹金華《後漢書稽疑》據顔師古《漢書叙例》認爲應劭集解《漢書》之説爲誤，服虔、應劭有《音義》，晉灼著有《漢書集注》十四卷（第637頁）。查《隋書·經籍志》，有"《漢書集解音義》二十四卷應劭撰"，無應劭著《漢書集解》。

［6］【今注】案，乎，大德本、殿本、中華本皆作"于"，可從。

[7]【今注】鄴：縣名。治所在今河北臨漳縣西南。

弟子瑒、璩，並以文才稱。[1]

[1]【李賢注】《華嶠書》曰："劭弟珣，字季瑜，司空掾。珣生瑒。"《魏志》曰"瑒字德璉，瑒弟璩字休璉，咸以文章顯"也。【今注】瑒：即應瑒，字德璉。　璩：即應璩，字休璉。二人事迹見《三國志》卷二一《魏書·王粲傳》。　稱：爲人所稱道。

中興初，[1]有應嫗者，生四子而寡。[2]見神光照社，[3]試探之，乃得黄金。[4]自是諸子宦學，並有才名，至瑒七世通顯。[5]

[1]【今注】中興：即光武中興，代指東漢。

[2]【今注】案，王先謙《後漢書集解》引惠棟言："應亨爲其叔應立像贊，序曰：'王莽居攝，以告病歸。後赤眉賊攻其所居，城糧盡，以私穀數十萬斛賑城中，于時粟斛錢數萬，無不稱其仁。'棟案，立當中興之初，當爲應氏之始祖也。"

[3]【今注】社：祭祀土地神的場所。

[4]【今注】案，王先謙《後漢書集解》引惠棟言："《孝子傳》云：'嫗見光，以問卜人。卜人曰："此天符也，子孫其興乎！"乃探得黄金。'廣記云。"

[5]【李賢注】應順，將作大匠；子疊，江夏太守；疊生郴，武陵太守；郴生奉，從事中郎；奉生劭，車騎將軍掾；劭弟珣，司空掾；珣子瑒，曹操辟爲丞相掾。【今注】通顯：仕途通達，地位顯赫。　案，王先謙《後漢書集解》引惠棟言："《應亨集·讓著作表》曰：'自司隸校尉奉至臣，五世著作不絶，鄉族以爲美談。

崔駰三世相繼，其後無聞。若乃談、遷接武，彪、固踵迹，亦各一時之良也。’”

霍諝字叔智，魏郡鄴人也。[1]少爲諸生，明經。[2]有人誣諝舅宋光於大將軍梁商者，[3]以爲妄刊章文，[4]坐繫洛陽詔獄，[5]掠考困極。諝時年十五，奏記於商曰：[6]

[1]【今注】魏郡：治鄴縣（今河北臨漳縣西南）。

[2]【今注】明經：此爲明習經學義理，漢代察舉選官科目中亦有明經科。

[3]【今注】梁商：字伯夏，安定烏氏（今寧夏固原市東南）人。東漢外戚、大臣，女爲順帝皇后。傳見本書卷三四。

[4]【今注】刊：削除。《說文》："刊，剟也。"段玉裁注："凡有所削去謂之刊。"　章文：據後文可知此指詔書。

[5]【今注】詔獄：奉皇帝詔書關押犯人的監獄。

[6]【今注】奏記：向三公或州郡長官書面陳述意見。

將軍天覆厚恩，愍舅光冤結，前者温教許爲平議，[1]雖未下吏斷決其事，已蒙神明顧省之聽。皇天后土，寔聞德音。[2]竊獨踊躍，私自慶幸。諝聞《春秋》之義，原情定過，赦事誅意，故許止雖弑君而不罪，趙盾以縱賊而見書。[3]此仲尼所以垂王法，[4]漢世所宜遵前脩也。《傳》曰："人心不同，譬若其面。"[5]斯蓋謂大小窳隆醜美之形，[6]至於鼻目衆竅毛髮之狀，未有不然者也。[7]情之異者，剛柔舒急倨敬之閒。[8]至於趨利避害，畏死樂生，亦復均也。謂與光骨肉，義有相隱，言其冤濫，未必可諒，且以人情平論其理。[9]

［1］【今注】教：州郡長官下發的關於禮教、訓誡、日常行政等的命令，多以文書形式發布，漢晉簡牘、碑刻和吐魯番文書等出土資料中有不少“教”文書。 平議：公正地議論。

［2］【今注】寔：同“是”，這，此。《爾雅·釋詁下》：“寔，是也。”邢昺疏曰：“是，此也。”案，大德本、殿本作“實”，不從。

［3］【李賢注】許止，許悼公之子名止也。《公羊傳》曰：“冬，葬許悼公。賊未討何以書葬？不成乎弒也。許悼公是止進藥而殺，是以君子加弒焉。葬許悼公是君子之赦止。赦止者，免止罪之辭也。”何休注云：“原止欲愈父之病，無害父之意，故赦之。”是原情定過也。又曰：“晉史書趙盾弒其君。趙盾曰：‘天乎無辜，吾不弒君。’太史曰：‘爾爲仁爲義，人殺爾君而不討賊，此非弒君如何？’”此赦事誅意也。【今注】誅：指責，責備。《廣雅·釋詁一》：“誅，責也。”

［4］【今注】垂：留傳。

［5］【李賢注】《左傳》鄭子產謂子皮曰：“人心不同，譬如面焉。吾豈敢謂子面如吾面乎？”

［6］【今注】窳（yǔ）：低下。 隆：高。

［7］【今注】斯蓋謂大小窳隆醜美之形至於鼻目衆竅（qiào）毛髮之狀未有不然者也：案，曹金華《後漢書稽疑》比較此文與《後漢紀》卷一八後，認爲二者文字多異，諸書所引詔書、奏章等多不相同，史家多隨意增删潤色（第638頁）。

［8］【今注】倨：傲慢，不遜。《説文·人部》：“倨，不遜也。”

［9］【今注】案，平，大德本作“乎”，不從。

光衣冠子孫，[1]徑路平易，[2]位極州郡，日望徵辟，亦無瑕穢纖介之累，[3]無故刊定詔書，欲以何名？就有所疑，當求其便安，豈有觸冒死禍，以解細微？譬猶療飢於附子，止渴於酖毒，未入腸胃，已絶咽喉，豈可爲哉！[4]昔東海孝婦見枉不辜，幽靈感革，天應枯旱。[5]光之所坐，情既可原，守闕連年，[6]而終不見理。[7]呼嗟紫宫之門，泣血兩觀之下，[8]傷和致災，爲害滋甚。凡事更赦令，不應復案。[9]夫以罪刑明白，尚蒙天恩，豈有冤謗無徵，[10]反不得理？是爲刑宥正罪，戮加誣侵也。不偏不黨，其若是乎？明將軍德盛位尊，人臣無二，言行動天地，舉厝移陰陽，[11]誠能留神，沛然曉察，必有于公高門之福，[12]和氣立應，天下幸甚。

[1]【今注】衣冠：代指士大夫。案，王先謙《後漢書集解》引惠棟言："《袁子正書》云：'古者命士以上皆有冠冕，故謂之"冠族"。'"

[2]【李賢注】論遵依常徹（論，大德本、殿本、中華本皆作"謂"，可從），無所規求也。【今注】徑路：爲人處世的行徑。

[3]【今注】瑕穢纖介：細小的過失和惡行。

[4]【李賢注】《史記》蘇秦曰："飢人之所以飢而不食烏啄者，以其愈充腹而與餓死者同患也。"附子、烏喙，根同而狀異也。【今注】附子：植物名。有毒。《史記》六九《蘇秦列傳》《正義》注："《廣雅》云：'燋奚，毒附子也。一歲爲烏啄，三歲爲附子，四歲爲烏頭，五歲爲天雄。'"

[5]【李賢注】《前書》曰，東海有孝婦，少寡無子，養姑甚

謹，姑欲嫁之，終不肯。姑告鄰人曰："孝婦養我勤苦，我老，久累丁壯。"乃自經死。姑女告吏曰："婦殺我母。"吏驗之急，孝婦自誣服，具獄上府，太守竟論殺婦。郡中枯旱三年。後太守至，自祭孝婦墓，天立大雨，歲熟。【今注】案，事載《漢書》卷七一《于定國傳》。 東海：郡名。治郯縣（今山東郯城縣西北）。 枉：冤枉。 不辜：無罪。

［6］【今注】闕：此指宮闕。

［7］【今注】理：理出，釋放。

［8］【李賢注】天有紫微宮，是上帝之所居也。王者立宮，象而爲之。兩觀謂闕也。

［9］【今注】案：查案，追查。

［10］【今注】徵：驗證，證據。《廣韻·蒸韻》："徵，證也。"

［11］【今注】舉厝：即舉措。

［12］【李賢注】于公，東海人，爲郡決曹，決獄平。其閭門壞，父老共脩之。于公曰："少高大閭門（閭門，大德本作'門閭'，據《漢書·于定國傳》，當爲'閭門'），令容駟馬蓋車。我決獄多有陰德，子孫必有興者。"至子定國爲丞相，孫永御史大夫。【今注】于公：于定國之父。詳見《漢書》卷七一《于定國傳》。

商高謂才志，[1]即爲奏原光罪，[2]由是顯名。

［1］【今注】高：敬重，敬仰。《廣雅·釋詁一》："高，敬也。"

［2］【今注】原：原宥，赦免。

仕郡，舉孝廉，稍遷金城太守。[1]性明達篤厚，能以恩信化誘殊俗，甚爲羌胡所敬服。遭母憂，自上歸行喪。服闋,[2]公車徵,再遷北海相,[3]入爲尚書僕射。[4]是時大將軍梁冀貴戚秉權,自公卿以下莫敢違忤。諝與尚書令尹勳數奏其事,[5]又因陛見陳聞罪失。[6]及冀誅後,桓帝嘉其忠節,封鄴都亭侯。[7]前後固讓,不許。出爲河南尹,遷司隸校尉,轉少府、廷尉,[8]卒官。

[1]【今注】金城:郡名。治允吾縣(今甘肅永靖縣西北)。

[2]【今注】闋:服喪期滿。《字彙·門部》:"闋,服終亦曰闋。"

[3]【今注】北海:王國名。治劇縣(今山東昌樂縣西北)。

[4]【今注】尚書僕射:官名。尚書臺長官,名義上屬少府。本書《百官志三》載:"尚書僕射一人,六百石。本注曰:署尚書事,令不在則奏下衆事。"

[5]【今注】尹勳:字伯元,河南鞏(今河南鞏義市西南)人。黨人"八顧"之一。傳見本書卷六七。

[6]【今注】陛見:謁見皇帝。案,王先謙《後漢書集解》引周壽昌言:"引見謝恩。"

[7]【今注】鄴都亭侯:位於鄴縣都亭的亭侯。都亭侯,列侯之一,東漢列侯分爲縣侯、鄉侯、亭侯三等,都亭侯即設在都亭的亭侯。

[8]【今注】少府:官名。九卿之一,掌皇室財政。本書《百官志三》載:"少府,卿一人,中二千石。本注曰:掌中服御諸物,衣服寶貨珍膳之屬。"

子儁,安定太守。[1]

〔1〕【今注】安定：郡名。治臨涇縣（今甘肅鎮原縣東南）。

爰延字季平，[1]陳留外黄人也。[2]清苦好學，能通經教授。性質慤，[3]少言辭。縣令隴西牛述好士知人，乃禮請延爲廷掾，范丹爲功曹，[4]濮陽潛爲主簿，[5]常共言談而已。後令史昭以爲鄉嗇夫，[6]仁化大行，[7]人但聞嗇夫，不知郡縣。在事二年，[8]州府禮請，不就。桓帝時徵博士，太尉楊秉等舉賢良方正，[9]再遷爲侍中。

〔1〕【今注】案，曹金華《後漢書稽疑》言《御覽》卷一一引《謝承書》"爰"作"奚"（第638頁）。

〔2〕【今注】陳留：郡名。治陳留縣（今河南開封市祥符區東南）。　外黄：縣名。治所在今河南蘭考縣東南。

〔3〕【今注】質慤（què）：質樸，誠實。

〔4〕【今注】范丹：或作"范冉"。字史雲，陳留外黄（今河南民權縣西北）人。傳見本書卷八一。　功曹：官名。漢代郡縣屬吏之首，掌官吏選舉、獎罰等，有功曹掾、功曹史，簡稱"功曹"。

〔5〕【李賢注】濮陽，姓也。【今注】主簿：官名。漢代中央機構及地方郡縣均有設置，大將軍出征亦設，掌管文書簿記、印鑑事務。　案，王先謙《後漢書集解》引惠棟言："潛爲上黨太守，見《高士傳》。"

〔6〕【今注】鄉嗇夫：官名。漢制鄉大者爲"有秩"，小則爲"嗇夫"，皆爲一鄉之長，掌一鄉教化、徭役賦税。本書《百官志五》載："鄉置有秩、三老、游徼。本注曰：有秩，郡所署，秩百石，掌一鄉人；其鄉小者，縣置嗇夫一人。皆主知民善惡，爲役先後，知民貧富，爲賦多少，平其差品。"

［7］【今注】仁化：仁義教化。

［8］【今注】案，二年，汲本、殿本作“三年”，未知孰是。

［9］【今注】楊秉：字叔節，弘農華陰（今陝西華陰市東）人。傳見本書卷五四。

帝游上林苑，[1]從容問延曰：“朕何如主也？”[2]對曰：“陛下爲漢中主。”[3]帝曰：“何以言之？”對曰：“尚書令陳蕃任事則化，[4]中常侍黄門豫政則亂，[5]是以知陛下可與爲善，可與爲非。”[6]帝曰：“昔朱雲廷折欄檻，今侍中面稱朕違，敬聞闕矣。”[7]拜五官中郎將，[8]轉長水校尉，[9]遷魏郡太守，徵拜大鴻臚。[10]

［1］【今注】上林苑：皇家林苑之一，東漢上林苑在今河南洛陽市東。

［2］【今注】朕：先秦古人自稱之辭，秦始皇二十六年（前221）更改名號後，朕成爲皇帝專用的自稱。

［3］【今注】中主：中等才能的君主。案，王先謙《後漢書集解》引《通鑑》胡三省注：“中主爲中材之主。言可以上，可以下，顧輔佐者何如耳。”

［4］【今注】陳蕃：字仲舉，汝南平輿（今河南平輿縣北）人。有“不畏强暴陳仲舉”之美譽。傳見本書卷六六。　化：中華本校勘記言《御覽》引作“治”，當避唐諱（李治諱）所改。

［5］【今注】中常侍：官名。名義上屬少府。東漢時由宦官擔任，侍從皇帝，職掌顧問應對。本書《百官志三》載：“中常侍，千石。本注曰：宦者，無員。後增秩比二千石。掌侍左右，從入内宫，贊導内衆事，顧問應對給事。”　黄門：宫禁之門，此代指宦官。　豫：參與。

［6］【李賢注】《前書》曰：“齊桓公，管仲相之則霸，豎貂

輔之則亂。可與爲善，可與爲惡，是謂中人。”

［7］【李賢注】朱雲字游。成帝時上書求見，曰：“今朝廷大臣，上不能匡主，下無以益人，臣願賜尚方斬馬劍，斷佞臣一人，以勵其餘。”上問曰：“誰也?”對曰：“安昌侯張禹。”上大怒曰：“小臣廷辱師傅，罪死不赦。”御史將雲下，雲攀殿檻折。雲呼曰：“臣得從龍逄、比干遊於地下足矣，未知朝廷如何耳!”上意乃解。及後當脩檻，上曰“勿易”，因而緝之，以旌直臣。【今注】違：過失。　闕：缺點。

［8］【今注】五官中郎將：官名。屬光禄勳，掌宿衛宫廷。本書《百官志二》載：“五官中郎將一人，比二千石。本注曰：主五官郎。”　案，王先謙《後漢書集解》引汪文臺言：“《御覽》十一《謝承書》云：‘奚延轉議郎，徐州遭旱，延使持節到東海請雨，豐澤應澍雨，與京師同日俱霈，還拜五官中郎將。’奚，疑‘爰’字之誤。”

［9］【今注】長水校尉：官名。北軍五校之一，屬北軍中候，掌宿衛京師。本書《百官志四》載：“長水校尉一人，比二千石。本注曰：掌宿衛兵。”

［10］【今注】大鴻臚：官名。九卿之一，掌少數民族及諸侯的禮儀事務。本書《百官志二》載：“大鴻臚，卿一人，中二千石。本注曰：掌諸侯及四方歸義蠻夷。其郊廟行禮，贊導，請行事，既可，以命群司。諸王入朝，當郊迎，典其禮儀。及郡國上計，匡四方來，亦屬焉。皇子拜王，贊授印綬。及拜諸侯、諸侯嗣子及四方夷狄封者，臺下鴻臚召拜之。王薨則使弔之，及拜王嗣。”

帝以延儒生，常特宴見。[1]時太史令上言客星經帝坐，[2]帝密以問延。延因上封事曰：[3]“臣聞天子尊無爲上，故天以爲子，位臨臣庶，[4]威重四海。動静以禮，則星辰順序；意有邪僻，則晷度錯違。[5]陛下以河南尹鄧萬有龍潜之舊，[6]封爲通侯，[7]恩重公卿，惠豐宗室。加頃引見，與之對博，上下媟黷，[8]有虧尊嚴。臣聞之，帝左右者，所以咨政德也。故周公戒成王曰'其朋其朋'，言慎所與也。[9]昔宋閔公與彊臣共博，列婦人於側，積此無禮，以致大灾。[10]武帝與倖臣李延年、韓嫣同卧起，尊爵重賜，情欲無猒，遂生驕淫之心，行不義之事，卒延年被戮，嫣伏其辜。[11]夫愛之則不覺其過，惡之則不知其善，所以事多放濫，[12]物情生怨。[13]故王者賞人必酬其功，[14]爵人以甄其德。[15]善人同處，則日聞嘉訓；惡人從游，則日生邪情。孔子曰：'益者三友，損者三友。'[16]邪臣惑君，亂妾危主，以非所言則悦於耳，以非所行則翫於目，[17]故令人君不能遠之。仲尼曰：'唯女子與小人爲難養，近之則不遜，遠之則怨。'[18]蓋聖人之明戒也！昔光武皇帝與嚴光俱寢，上天之異，其夕即見。[19]夫以光武之聖德，嚴光之高賢，君臣合道，尚降此變，豈況陛下今所親幸，以賤爲貴，以卑爲尊哉？惟陛下遠讒諛之人，納謇謇之士，[20]除左右之權，寤宦官之敝。使積善日熙，[21]佞惡消殄，則乾灾可除。"[22]帝省其奏。因以病自上，乞骸骨還家。靈帝復特徵，不行，病卒。

［1］【今注】宴見：皇帝在閑暇時召見，有别於朝見。

［2］【今注】客星：泛指新出現的星，與主星相對。　帝坐：即帝座，星名。屬天市垣，今屬武仙座。《晉書·天文志上》載："帝坐一星，在天市中候星西，天庭也。光而潤則天子吉，威

令行。"

[3]【今注】封事：大臣向皇帝上書奏事，爲防止泄密，用皂囊將奏章封緘之後呈遞，故稱"封事"，又稱"封章"。

[4]【今注】臣庶：大臣和庶民。

[5]【今注】晷（guǐ）度：日晷的刻度，古人認爲晷度變化與人事禍福有聯繫。

[6]【今注】龍潛之舊：即位之前的舊恩。 案，王先謙《後漢書集解》引惠棟言："蔣杲云：'鄧萬世也，脱"世"字。案唐諱，"世"故削之，猶"韓擒虎"爲"韓擒"也。'"

[7]【今注】通侯：即列侯，也叫徹侯。《漢書》卷一《高帝紀》應劭注曰："通亦徹也。通者，言功德通於王室也。"

[8]【今注】對博：即對弈。博，即六博，漢代一種棋類游戲，北京大學藏西漢竹書有《六博》。 媟（xiè）黷：褻狎，輕慢。《漢書》卷五一《枚皋傳》顏師古注："媟，狎也。黷，垢濁也。"

[9]【李賢注】《尚書》周公戒成王曰："孺子其朋，孺子其朋，慎其往！"【今注】其朋：慎其朋黨。

[10]【李賢注】《公羊·經》書"宋萬弑其君捷"。《傳》曰："宋萬嘗與魯莊公戰，獲于莊公，歸舍諸宫中，數月然後歸之。與宋閔公博，婦人在側，萬曰：'甚矣魯侯之淑，魯侯之美！天下諸侯宜爲君者唯魯侯爾。'閔公矜此婦人，妒其言，顧曰：'此虜也，魯侯之美惡乎至？'萬怒，搏閔公，絶其脰。"【今注】彊臣：即宋萬，因力大被稱爲强臣。

[11]【李賢注】李延年，中山人也。身及父母兄弟皆故倡人也。武帝時，延年女弟得幸，號曰李夫人。延年善歌舞，爲協律都尉，佩二千石印綬，與上卧起。弟季與中人亂，出入驕恣，上遂誅延年兄弟。韓嫣，韓王信之曾孫也。武帝爲王時，與嫣相愛，後位至上大夫，賞賜擬鄧通，與上卧起，出入永巷，以姦聞被誅。

【今注】倖臣：即寵臣。李延年、韓嫣之事詳見《漢書》卷九三《佞幸傳》。 猒：同“厭”。滿足。《説文·甘部》：“猒，飽也。”

［12］【今注】放濫：放縱，没有節制。

［13］【今注】物情：民心。

［14］【今注】酬：以財物報答。《廣韻·尤韻》：“酬，以財貨曰酬。”

［15］【李賢注】甄，明也。【今注】案，以，殿本、中華本作“必”，可從。 甄：考察，甄别。《廣韻·仙韻》：“甄，察也。”

［16］【李賢注】《論語》孔子曰：“友直，友諒，友多聞，益矣。友便僻，友善柔，友便佞，損矣。”【今注】案，出自《論語·季氏》。殿本無“損者三友”句，不從。

［17］【今注】翫（wán）：同“玩”。貪戀，習慣。

［18］【今注】不遜：不謙遜。案，引文出自《論語·陽貨》。

［19］【李賢注】事見《逸人傳》。【今注】光武皇帝：即東漢開國之君光武帝劉秀，公元25年至57年在位。紀見本書卷一。 嚴光：字子陵，會稽餘姚（今浙江餘姚市）人。傳見本書卷八三。

［20］【今注】謇（jiǎn）謇之士：忠貞、正直之人。

［21］【李賢注】熙，廣也。【今注】熙：廣，光大。《玉篇·火部》：“熙，廣也。”

［22］【今注】乾灾：天災。

子驥，白馬令，[1]亦稱善士。[2]

［1］【今注】白馬：縣名。治所在今河南滑縣東。

［2］【李賢注】《謝承書》曰與字驥。

徐璆字孟玉，[1]廣陵海西人也。[2]父淑，度遼將軍，有名於邊。[3]璆少博學，辟公府，舉高第。[4]稍遷荆州刺史。時董太后姊子張忠爲南陽太守，[5]因埶放濫，臧罪數億。[6]璆臨當之部，[7]太后遣中常侍以忠屬璆。[8]璆對曰："臣身爲國，不敢聞命。"太后怒，遽徵忠爲司隸校尉，以相威臨。璆到州，舉奏忠臧餘一億，使冠軍縣上簿詣大司農，[9]以彰暴其事。又奏五郡太守及屬縣有臧汙者，[10]悉徵案罪，[11]威風大行。中平元年，與中郎將朱儁擊黄巾賊於宛，[12]破之。張忠怨璆，與諸閹官構造無端，[13]璆遂以罪徵。有破賊功，得免官歸家。後再徵，遷汝南太守，轉東海相，所在化行。

［1］【李賢注】璆音仇（殿本"仇"字後有"字孟玉"）。【今注】案，玉，殿本作"本"。王先謙《後漢書集解》引洪亮吉言："《先賢行狀》作'孟平'，《汝南先賢傳》作'孟玉'。"

［2］【今注】廣陵：郡名。治廣陵縣（今江蘇揚州市西北）。海西：縣名。治所在今江蘇灌南縣東南。

［3］【李賢注】《謝承書》曰："淑字伯進，寬裕博學，習《孟氏易》《春秋公羊傳》《禮記》《周官》。善誦《太公六韜》，交接英雄，常有壯志。"【今注】案，周天游輯注謝承《後漢書》："淑字伯進，廣陵海西人也。寬裕博雅，好學樂道。隨父慎在京師，鑽孟氏《易》、《春秋公羊》、《禮記》、《周官》，善誦《太公六韜》，交接英雄，常有壯志。舉茂才，除渤海脩令，遷琅邪都尉。"〔周天游輯注：《八家後漢書輯注（修訂本）》，第 74 頁〕與此略異。

［4］【李賢注】《袁山松書》曰："璆少履清高，立朝正色。稱揚後進，惟恐不及。"

［5］【今注】董太后：名諱不詳，河間國（今河北獻縣東南）人，解瀆亭侯劉萇之妻，東漢靈帝劉宏生母，因居永樂宫，又稱

"永樂太后"，後與何皇后鬬爭失敗，憂憤而死。　南陽：郡名。治宛縣（今河南南陽市卧龍區）

［6］【今注】臧：同"贜"。贜物。

［7］【今注】之：前往。《爾雅·釋詁上》："之，往也。"

［8］【今注】屬：同"囑"。囑託，託付。

［9］【今注】冠軍縣：治所在今河南鄧州市西北。　上簿：荆州派冠軍縣的人向國家呈送計簿。簿，即計簿，單位年度賬簿，每年要向上匯報。　大司農：官名。九卿之一，掌國家財政。本書《百官志三》載："大司農，卿一人，中二千石。本注曰：掌諸錢穀金帛諸貨幣。郡國四時上月旦見錢穀簿，其逋未畢，各具别之。邊郡諸官請調度者，皆爲報給，損多益寡，取相給足。"

［10］【今注】五郡：東漢獻帝前荆州轄南陽、南郡、江夏、零陵、桂陽郡、武陵、長沙七郡。

［11］【今注】徵：追究，問責。

［12］【今注】中郎將：據本書卷七一《朱儁傳》爲"右中郎將"。右中郎將，官名。屬光禄勳，掌宿衞宫廷。本書《百官志二》載："右中郎將，比二千石。本注曰：主右署郎。"　朱儁：字公偉，會稽上虞（今浙江紹興市上虞區）人。傳見本書卷七一。　宛：縣名。南陽郡治，治所在今河南南陽市卧龍區。

［13］【今注】閹官：即宦官，也稱閹宦、閹人。　構造：捏造，構陷。　無端：無中生有。

獻帝遷許，以廷尉徵，當詣京師，道爲袁術所劫，[1]授璆以上公之位。[2]璆乃歎曰："龔勝、鮑宣，獨何人哉？守之必死！"[3]術不敢逼。術死軍破，璆得其盜國璽，及還許，上之，[4]并送前所假汝南、東海二郡印綬。[5]司徒趙温謂璆曰：[6]"君遭大難，猶存此邪？"璆曰："昔蘇武困於匈奴，[7]不隊七尺之節，[8]況此方寸印乎？”

[1]【今注】袁術：字公路，汝南汝陽（今河南商水縣西北）人。傳見本書卷七五。　劫：劫持。

[2]【今注】上公：位在三公之上，故爲“上公”，有太傅、太師、太保，但不常設。

[3]【李賢注】龔勝字君賓（賓，大德本作“夒”，案《漢書》卷七二《龔勝傳》，不從），楚人也。好學明經，哀帝時爲光禄大夫，乞骸骨。王莽即位，遣使以上卿徵，勝不食而死。鮑宣字子都，渤海人也，哀帝時爲司隸校尉。王莽輔政，誅漢忠臣不附己者，宣及何武等皆死。【今注】龔勝鮑宣：二人傳見《漢書》卷七二。

[4]【李賢注】衞宏曰：“秦以前以金、玉、銀爲方寸璽。秦以來天子獨稱璽，又以玉，群下莫得用。其玉出藍田山，題是李斯書，其文曰‘受命于天，既壽永昌’，號曰傳國璽。漢高祖定三秦，子嬰獻之，高祖即位乃佩之。王莽篡位，就元后求璽，后乃出以投地，上螭一角缺。及莽敗時，仍帶璽紱，杜吴殺莽，不知取璽，公賓就斬莽首，並取璽。更始將李松送上更始。赤眉至高陵，更始奉璽上赤眉。建武三年，盆子奉以上光武。孫堅從桂陽入雒討董卓，軍於城南，見井中有五色光（五，大德本作‘王’，不從），軍人莫敢汲，堅乃浚得璽。袁術有僭盗意，乃拘堅妻求之。術得璽，舉以向肘。魏武謂之曰：‘我在，不聽汝乃至此。’”時璆得而獻之。【今注】案，王先謙《後漢書集解》引沈欽韓言：“《魏志》，袁紹‘嘗得一玉印，於太祖坐中舉向其肘’。注又引《魏書》云：太祖大笑曰：‘吾不聽汝也。’紹之事在其討董卓時，其云‘玉印’，不必定是傳國璽。又術拘堅妻奪之璽，在堅殁後，距討卓時已三年。術在淮南，何緣舉向曹操？此注合二袁兩事爲一，大謬。”

［5］【今注】假：給予，授予。　汝南東海二郡：據前文其任職時東海爲王國。

［6］【今注】趙温：字子柔，蜀郡成都（今四川成都市武侯區）人。官至司徒。詳見本書卷二七《趙典傳》。

［7］【今注】蘇武：字子卿，京兆杜陵（今陝西西安市東南）人。西漢武帝時出使匈奴，被扣留十九年，持漢節牧羊北海，有"蘇武牧羊"的故事流傳。傳見《漢書》卷五四。

［8］【今注】隊：同"墜"。喪失。　七尺之節：即漢的使節。案，王先謙《後漢書集解》引惠士奇言："使節常七尺，或云八尺。"

後拜太常，[1]使持節拜曹操爲丞相。[2]操以相讓璆，璆不敢當。卒於官。

［1］【今注】太常：官名。九卿之一，掌宗廟禮儀，兼管教育。本書《百官志二》載："太常，卿一人，中二千石。本注曰：掌禮儀祭祀，每祭祀，先奏其禮儀；及行事，常贊天子。每選試博士，奏其能否。大射、養老、大喪，皆奏其禮儀。每月前晦，察行陵廟。"

［2］【今注】使持節：節爲代表皇權的符節，持節者往往代表皇帝行事，權勢很大，其權力由高到低具體分爲使持節、持節和假節。

論曰：孫懿以高明見忌，而受欺於陰計；[1]翟酺資譎數取通，[2]而終之以謇諫。[3]豈性智自有周偏，[4]先後之要殊度乎？應氏七世才聞，而奉、劭采章爲盛。[5]及撰著篇籍，甄紀異知，[6]雖云小道，亦有可觀者焉。

延、璆應對辯正，而不可犯陵上之尤，斯固辭之不可以已也。[7]

[1]【今注】受欺於陰計：即前文翟酺欺騙孫懿，使其稱病不參與應試，自己却對策第一。

[2]【今注】資：憑借。譎（jué）數：欺詐之術。通：顯達。

[3]【今注】謇諫：正直的諫言。

[4]【今注】周偏：周全和偏差。

[5]【今注】采章：才華、文章。

[6]【今注】甄紀：甄别真僞，記入史書。

[7]【李賢注】《左氏傳》孔子曰："辭之不可以已也如是夫！子産有辭，諸侯賴之。"

贊曰：楊終、李法，《華陽》有聞。[1]二應克聰，亦表汝濆。[2]翟酺詐懿，霍諝請舅。延能訐帝，[3]璆亦牾后。[4]

[1]【李賢注】益州，古梁州之域。《尚書》曰："華陽黑水惟梁州。"孔安國注曰："北拒華山之陽，南拒黑水。"故常璩叙蜀事而謂之《華陽國志》焉。【今注】華陽：即《華陽國志》。

[2]【李賢注】鄭玄注《周禮》曰："水涯曰濆。"【今注】濆：水邊。《説文·水部》："濆，厓也。"

[3]【今注】訐（jié）：直言不諱。《集韻·廢韻》："訐，直言。"

[4]【今注】牾：古同"忤"，背逆。